疯狂阅读® CRAZY READING | 青春励志馆 ③

普通但热气腾腾地活着

杜志建 / 主编

不是每个人都可以做超级英雄，

不是每个人都可以在台上绽放光芒。

祝每一个普通的你

都能活成自己的骄傲！

汕頭大學出版社

图书在版编目(CIP)数据

疯狂阅读. 青春励志馆 3 / 杜志建主编 . -- 汕头 :
汕头大学出版社 , 2023.3
ISBN 978-7-5658-4950-3

Ⅰ. ①疯··· Ⅱ. ①杜··· Ⅲ. ①阅读课—中学—教学参
考资料 Ⅳ. ① G634.333

中国国家版本馆 CIP 数据核字（2023）第 037905 号

疯狂阅读. 青春励志馆 3　　FENGKUANG YUEDU. QINGCHUN LIZHIGUAN 3

主　　编 : 杜志建
责任编辑 : 黄洁玲
责任技编 : 黄东生
策　　划 : 多艳萍
封面设计 : 张　羽
封面绘图 : 懿　灵
出版发行 : 汕头大学出版社
广东省汕头市大学路 243 号汕头大学校园内　邮政编码 : 515063
电　　话 : 0754-82904613
印　　刷 : 洛阳和众印刷有限公司
开　　本 : 787mm × 1092mm　1/16
印　　张 : 10
字　　数 : 280 千字
版　　次 : 2023 年 3 月第 1 版
印　　次 : 2023 年 3 月第 1 次印刷
定　　价 : 22.80 元
ISBN 978-7-5658-4950-3

声明

基于对知识和创作的尊重，本书向所选文章、图片的作者给予补贴。因条件所限未能及时联系的作者，我们在此深表歉意，当您看到本书时，请与我们联系，以便我们向您支付补贴和赠送样书。因篇幅有限，部分文章有删节，敬请谅解。

联系方式 : 0371-68698032

CONTENTS

目录

我不介意普通，这是我的人生

002 不是每个人都可以做超级英雄 / 莉莉吴

004 没有人在少年的时候，想成为一个普通人 / 林一芙

006 像我这样不甘平凡的人 / 许 乔

008 我就是那种很不厉害的及格线女生 / 艾 润

010 我想一生奋力而为，也安慰自己平凡可贵 / 祝羽捷

012 春天睡了，种子醒着 / 刘 同

015 加油，逆风飞翔的普通人 / 米 粒

017 成长第一课：发现自己的“普通” / 韩大爷的杂货铺

019 小平凡 / 夏南年

021 我们都是没什么天赋却空有梦想的普通人 / 倪一宁

023 恰到好处地生活 / 沈嘉柯

025 长大是个残忍的词 / 小丸子

026 做一辈子普通人是一种怎样的生活体验？ / 饭团酱

027 生而为普通人，我也很骄傲 / 文长长

每个人的花期不同，不必焦虑有人比你提前拥有

030 大雨不只淋你一个人 /曾 颖
031 内向不是我的缺点，而是我的特点 /鱼 甜
033 所谓成长，不过泪中带伤 /辜好洁
036 不想隔着镜片看世界 /竹 姜
038 没有人是不自卑的 /少女绿妖
040 每一朵花都应该有它的春天 /梅 寒
042 第一百零一次肯定 /赵不易
044 我的孤独是一座花园 /秦浮梦
046 青春期里的小怪兽 /文星树
048 女孩子，优秀才是你的发言权 /杨熹文
050 你，终究是我的不朽 /莉莉吴
053 我曾被人“赏识”，又被狠狠“无视” /李柏林
055 两个有故事的女同学 /刘小念

做个普通人，过热气腾腾的生活

058 以前不理解我妈，现在很感激她 /巫小诗
059 我所认识的、普通的、具体的上海人 /张佳玮
062 培根路的茶与酒 /西门媚
064 我爸 /陆庆屹
066 热气腾腾地活着 /游宇明
067 那些被夕阳吹散的日子 /Summerr

071 去看飞机 / 徐海蛟
076 一生中落的雪，我们不能全部看见 / 里则林
078 我失去了我最好的朋友 / 张晓晗
083 用黄昏点亮清晨 / 夏 眠
086 我要做一个粉蒸肉女孩 / 溪梦鱼
088 我终于成长为自己喜欢的模样 / 今世未央

心里那个梦，万一实现了呢

092 重要的是你要往何处走 / 伊 心
094 蚕豆与男孩的电影梦 / 潇湘君子
096 那些阳光灿烂的日子我绽放过 / 苏思蓓
100 总有些热爱是纯粹的 / 琦 惠
102 以梦为马，不负星空 / 黄熙童
104 古风少年和他的拉风时代 / 清 池
106 是的，我是修飞机的！ / 可心儿
108 满怀期待地做梦，遍体鳞伤地成长 / 李尚龙
112 守住灯塔 / 谢鹤醒
115 普通人要想成功，只有一条路可选 / 阿 美
117 上海梦 / 邓安庆
118 那段不奇幻的漂流，将我变成写作者 / 闫 红
120 “小巨人”的成长蜕变之路 / 王小吉

这世界很好，但你也不差

122 带着你的勇气，大大方方做自己 / 闫晓雨
124 万　柳 / 顾一灯
126 你的角色 / 林特特
128 小镇少女飞翔记 / 陈静娴
131 愿你天真热血而灿烂地活着 / 玻璃沐沐
134 做自己前先寻找自己 / 曲家瑞
136 被海浪吻过的时光 / 潘云贵
138 当我决定瘦下来 / 王宇昆
141 那就换一种打开方式吧 / 赵不易
143 像和全世界一同背弃了自己 / 檠　宁
145 不由分说，爱上这个世界 / 艾　润
148 尘嚣是你，烟火也是你 / 胡优妮
150 运气好，也是一种实力 / 艾小羊
152 你是锦，何必他人来添花 / 刘　斌

我不介意普通，这是我的人生

不是每个人都可以做超级英雄

莉莉吴

1

17 岁那年，我爱上了学校的鸢尾花。

颀长的细颈，单薄的花瓣凑成蝶形的花骨朵，色泽艳丽，明明热热闹闹地开了一大片，偏偏各自为政，各有各的明亮与皎洁。它们长在学校的后山，亦落在画展的宣纸上，而画纸的右下角有小小的签名，高三 (20) 班顾池——20 班是市一中的艺术班。

而那时候我在理科的平行快班，有很多稀奇古怪的念头和很多无可奈何的妥协，成绩不好不坏，其貌不扬，是三秒钟便可以消失在人群中的普通高中生。我是舞台下的看客，艳羡地看着一个城市的明亮都在高楼的屋顶上跳舞，紫色的鸢尾花飞起飞落，柔软的尘土落下，覆满整张红色的卷子，眼眶干涩得没有一滴眼泪。

我从来不期待自己有所作为，我不敢期待自己有所作为。

“那么，这个人在画鸢尾花的时候，究竟是什么心情呢？”这样的念头在脑海里挥之不去。学校的画展两周更新一次，可每次顾池画的都是鸢尾花，含苞的，半开的，盛放的，姿态各异，却连空气都能染上那种梦幻的粉紫色……能画出这样感觉的人，一定是那种闪闪发亮的家伙吧，就像舞台上的玻璃人偶，他们不曾见过凌晨三点的眼泪。

然而，当我亲眼看到顾池时，却发现他出乎意料地普通：大大的黑框眼镜，乱糟糟的短发，脸上还有几粒小小

的青春痘……如果不是旁边有人喊他的名字，我绝对会以为自己认错了人，因为不管怎么看他都不像是能够画出那些花朵的人，不像是能够在舞台上起舞的人。

而我也是那个坐在舞台下面为别人鼓掌的存在。

2

其实我是有很多不甘心的。在发放成绩的时候，在被老师直接忽略的时候，在同班三年的同学喊不出自己名字的时候，那种不甘心是从时间缝里钻出的巨蟒，让人连呼吸都困难起来：为什么要有高考呢？为什么偏偏是自己如此普通呢？

所以顾池画的鸢尾花才会一次又一次出现在我的梦里：那样铺天盖地的粉紫色，浓郁得掸都掸不开，然而每一朵都嘶吼着，怒放着，在寂静的夜里发酵着辛辣的香气。在那些无法成眠的深夜，我都是想着那片鸢尾花入睡的。

后来，学校举办百日誓师大会，顾池负责绘制背景板。我看见他跪在地板上，在巨大的画布上作画，斑驳的色彩在纸上丝丝缕缕地渲染开，最后变成口号、气球和大片大片的鸢尾花。“你为什么这么喜欢画鸢尾花呢？”我忍不住问他。

他有些愣神，盯着手上的颜料看了许久，回答道：“鸢尾花在古埃及代表力量，我觉得它能带领我们走向远方。”我和顾池坐在台下，听着学生代表的铿锵誓言，他仰望着台上的鸢尾花，而我看着他的侧脸，不知怎的，忽然有落泪的冲动，好像短短一瞬，我们才是台上的人，演讲了属于我们的精彩。

可是我们依然在台下坐着，在静默地、努力地生活着。

3

等到4月中旬，鸢尾花凋零殆尽时，艺术生离校。那些即将毕业的同学抱在一起喊“茄子”，眼神里是满满的志在必得。我趴在走廊栏杆上看到顾池抱着箱子从画室里出来，低着头一步步往楼梯口走，忽然很想叫住他。而我也的确那么做了。

“顾池，要加油啊！”几乎是脱口而出。

其实我想表达的远不止这些。有“我很喜欢你的画”，有“我觉得我们是同类”，以及那句“我觉得你一定可以”……太多的话堵在嗓子眼，能够说出来的不过是一句“加油”而已。可是我知道他会明白我的意思，因为我们都是舞台下的人，追逐着舞台上的光，然后细数自己的影子。

艺术生离开后，学校的画栏不再更新。可我还是习惯在展板前看顾池的画，心里想着：一定会有那么一天，我们都能成长为自己喜欢的样子，而在那之前，我们要做的，不过是全力以赴而已。

高考前的最后两个月，我争分夺秒地奋斗着：每天只睡4个小时，其他时间全都用来学习，我做了4大本改错集，写了一纸箱的英语报，背了20遍古文……每天疲倦得连梦也不做，可内心却再无丝毫迷茫，如果仅凭努力就能获得成功的话，那么为什么不去努力呢？

我们是普通如沙粒的存在，是平庸如杂草的家伙，可是啊，哪怕是这样的我们，也是拼命想要做到些什么的，想要像鸢尾花一般，只此一刹，便是气势磅礴，无限风华……哪怕坐在台下，我们也是渴求着属于自己的精彩啊！

“深衷浅貌，短语长情”，我想要的，不过是这样的青春而已。

直到现在，我依然不是舞台上的主角。

我的职业是漫画编剧，每天要绞尽脑汁写出跌宕起伏的情节，然后交由画手去实现。最后，画手站到台上，接受读者的簇拥献花，而我则如17岁那年一般，坐在台下，无人问津。这么说的话，过去的自己会不会沮丧到哭鼻子？

但是，这就是人生啊。不是每个人都可以做超级英雄，不是每个人都可以在台上绽放光芒。普通的我们就这样生活在普通的星球，看着普通的风景，有着普通的喜怒哀乐。因为无法预知未来的自己会抵达哪里，所以才会在眼下这一刻拼命努力着，摸爬滚打也好，痛哭流涕也好，最终，南有鸢尾，向阳而开。

没有人在少年的时候，想成为一个普通人

林一芙

①

今天例行读书的时候，看到了一句话："没有人在少年的时候，想成为一个普通人。"

这句话瞬间就戳到了我的心坎。

传说每个妖精都有琵琶骨，一旦琵琶骨被锁住，修为就废了。大概每个少年都曾经梦想过叱咤风云地炸出一番天地，最后却都做了庸人。

小时候，我们学校要求女孩子必须把头发剪成齐耳的短发，唯独舞蹈队的女孩子不需要。所以，即便练舞蹈基本功，被老师压得胯下酸痛，她们也会强忍着，把牙齿咬得咯咯作响也要坚持下去，只为了留与众不同的长发，飘逸地甩一甩。

这一份幼稚，便是当年不肯落入俗世的倔强。

总觉得这个世界千人一面，而少年时的我暗暗发誓要做那个不一样的。让别人远观茫茫人海时，第一时间就看到我。

②

小时候，男孩们做梦要做英雄，拯救世界；女孩们则幻想成为公主，住进城堡。

少年时，梦想就像抽了芽的树，开始有各自缤纷的形状。但没有人会幻想未来自己是碌碌无为的普通人。

几乎每个人小的时候都写过一篇命题作文，题目叫"我的梦想"。如今回想起来，大家都想象未来的自己是音乐家、画家、科学家或工程师，总之都是人中龙凤，没人想做坡上的一棵无名小草。

3

当分享轰轰烈烈的梦想，去追求平平淡淡的生活时，我们才发现，原来平淡也是一个极具挑战性的目标。

每天按时上班打卡，工作中不出纰漏；下班按时回家，悉心照顾父母孩童，想要真正做好远比听上去困难得多。

一张100分的考卷，从0分升到10分是容易的，从20分升到60分要难一些，而从98分升到100分，真是难于上青天。

生活这份答卷，大多数人勉强答到60分就自我满足了。偶尔做个不合格的孩子、不合格的父母和不合格的职员，也在情理之中，如此你就和世界上80%的普通人一样了。

完善自己的每个身份和形象，参照更高的标准要求甚至苛求自己。如果你每天能在平凡的路上比别人多走两步，那你就算不平凡之人。

我几乎从未见过一个成功的人，会让生活、工作、情感中的任何一个环节成为自己的短板。

上个月我在奥林匹克公园附近迷了路，幸运的是遇到一个半夜出来跑步的男子，他爽快地带着我找到住处。我从他的言谈中得知，他住在我对面的高级酒店，是来北京出差的。

我向他道谢过后，原以为他会停止跑步，毕竟身后就是他住的酒店，但没想到他爽朗一笑，大手一挥，又消失在夜色里。

看着他折返的背影，我从心底里感慨：能一丝不苟地对待生活，生活也不会让你太普通。

生活的样子，就是你对待自己的样子。用最好的你，用心去对待最坏的生活。

若你能体面地出席最坏的人生，生活也会害怕，会给你腾出一条漂亮的路。

4

不普通的人，会坚持做好每天必须做的事情，也会在面临突发情况的时候，勇敢地站出来，做出最正确的决定。

前一段时间，我看到一档电视节目，节目里，一名女演员装作被恶人搭讪，在餐厅里向男孩们求救。

男孩们挺身而出，拦在了女孩身前，与扮演恶人的那名五大三粗的男演员互相推搡。

事后，腼腆的男孩们表达了当时自己内心的恐惧，虽然很害怕，但不能在那种情形下坐视不理。

我浏览了其中一个男孩的微博，从言语间看出他是一个普通的男孩，偶尔玩玩网络游戏，周末宅在家里叫外卖，平时与朋友谈笑，非常可爱。

好莱坞大片里的各路英雄，在生活中也多是常人模样，但他们临危不惧，在怯弱的各色人等纷纷缩手缩脚时，勇于临危受命。

往小了说，就是他们敢出来坚持做自己认为对的事情。

有的时候觉得，或许人越长大，越懂胆怯，便不能像少年时那样，什么事都勇于插手。

但总有这样一个晚上，在被窝里，记起自己曾经是闪电一样的少女，记起自己曾经是期待与世界交手的少年。

不甘平凡的人像我这样

✽许 乔

1

这世界上总有一些人，说着和别人不同的话，做着和别人不同的事，自以为与众不同，其实泯然众人，我们就是这样一群人。刘曼、胖胖和我是高中三年的室友，我们仨都是最普通不过的女孩。

先说胖胖吧，听名字就该知道，肯定不是个瘦子，但胖胖是个有想法的胖子。

高三暑假的旅行是大家心照不宣的默契。高考一结束，三三两两的小组织就开始忙碌起来了，我们也不例外，可是胖胖竟然一口回绝了我们！她说，她要的是冒险、刺激和新鲜感，不是买张车票跑几千公里去看古董。她选择去骑行，独自去骑行。

我们不知道她究竟是如何说服了爸妈，但结果就是，8 月的第一天，她出发了。她带着 20 斤重的行李，一路朝南奔波了 300 公里，骑了半个月。后来她回来了，一张小脸晒得黝黑，原本唯一的优点——白，也彻底给整没了。

但她自己骑得很高兴，一回来就抓着我们说个不停，说这一路精彩极了。她错信了导航，误入了修路的路段，在十多厘米深的泥地里骑车，最后快成功逃离这个路段的时候，摔了个狗吃屎。她还拖着车走了一段 7 公里长的上坡，差点就在山上过夜了。还有路边的大爷给她让地儿乘凉，热心的房东请她到家一块儿吃饭。

我和刘曼都听蒙了，觉得胖胖的形象瞬间高大了不少，学校似乎也没碰上过这样的学生，就用官网发了个微博，表扬胖胖同学的勇气。那段时间把胖胖乐得呀，天天捧着手机看点赞数、看评论。

可就在某一天，胖胖再也不看了。评论里有一条留言：“300 公里骑了 15 天？合着一天就骑了 20 公里，这怕是玩着骑的吧。还是热搜上骑了 900 公里去学校的北大学子不错。”评论里的论调渐渐开始变成了作比较，胖胖本来引以为傲的勇气一下子变得难以启齿，似乎多说一遍都好像是作秀，流过的汗水在更勇敢的人面前变成了再普通不过的尘埃。

胖胖现在还是会去骑行，只为热爱，不为其他。她越走越远，越走越久，只是除了和我们分享，她再也不和任何人说了。

>>>> 2

刘曼是个十足的文艺女孩，平时就喜欢看看小说、诗歌，写点读后感什么的。有天晚上，她忽然对我们说："我想了一篇小说，说给你们听吧。"刘曼的小说很精彩，我和胖胖都喜欢极了。"刘曼，你可以把小说写出来，一定有很多人也喜欢的。"我们这样鼓励着刘曼。

第二天，她真的开始动手写了，此时距离高考还有20天。

后来不知怎么的，班里的同学都知道了刘曼在写小说，并且写得还不错。茶余饭后传阅刘曼的小说就成了大家高考严峻压力下的娱乐之一。大家都很喜欢刘曼的小说，都希望她能多写点儿。受到大家的肯定，刘曼也兴奋极了。

在高考前的20天里，只要一有时间，她就伏在案前奋笔疾书。愣是在考试前写完了4万字。高考结束后，刘曼似乎是找到了自己热爱的东西，她开始将自己的小说在网上发表，向杂志社投稿。

后来具体发生了什么，我们不得而知了。只知道上一次刘曼和我们打视频电话，她在屏幕的那一头哭了，哭得很伤心，抹着泪抱怨道，自己又被拒稿了。天天挤时间写稿到深夜，一遍又一遍地修改，始终都没人满意。她觉得好累，可又总觉得只要再坚持坚持，别人就会发现自己的优秀。

其实最开始，刘曼写了文章总会分享到朋友圈，但后来有一次，一位心直口快的朋友当着刘曼的面感叹道："感觉现在过稿也不是很难呀，只要把事情叙述完，结尾感叹一下就好了，我也要去试试。"

她当时说，她并不介意朋友这样说，总有人写得比她好，她也在慢慢进步，虽然人家觉得她写得幼稚，可她还是会把每一篇文章当作自己的孩子一般，全神贯注。可是再后来，她的自信越来越少了，因为受到的打击越来越多了。

但是每次痛哭之后，她还是会擦干眼泪，说："那还能怎么办呢，坚持这么多年了，不说了不说了，写稿去。"

这个文艺女孩现在也不怎么会发文章到朋友圈了，她的文章，是不认识她的人和认识她的我们的私人限定。

>>>> 3

再来说说我。和胖胖、刘曼比起来，我可就普通多了，没什么特殊的爱好和远大的抱负，要说唯一执着的，就是有个好成绩吧。高中时，我就是三个人里最努力的，她俩撒欢的周末，我总是在做卷子或上补习班。

她们平时最爱抄我的笔记，因为我上课从不走神，老师讲的所有内容我都不会错过。可我的成绩从来不是拔尖的，充其量也只能算个中等偏上。老师总说，上天会偏爱努力的孩子，但她没说，一直在努力但没有结果的孩子是不是还应该相信上天会眷顾。

杂志、小说里总会说，一个班里总有两种人，一种是看起来不怎么努力却异常优异的同学，而另一种是看起来非常拼命却平平无奇的同学。我拼命地想证明自己并非后者，可最终都以失败告终。

上了大学后，我是班上往图书馆跑得最勤的，竞赛也是一个不落，拼尽全力做项目、做PPT，可排名总在中间，竞赛也得奖无望。班里和我一样努力的自然不在少数，也是爱泡图书馆，竞赛全不落，可别人是班里第一，而我是第十一。

没有结果的努力似乎就失去了意义，变得不值一提，说多了也只是引来同情。所以我慢慢地也不愿回应别人"你好努力"的赞扬，只是和胖胖、刘曼抱怨其中的艰辛。

后来不知道从哪儿听来一首歌，唱着"像我这样优秀的人，本该灿烂过一生。怎么二十多年到头来，还在人海里浮沉"。是啊，像我们这样不甘平凡、一直努力的人，怎么还在人海里浮沉呢。

这世上有太多人，优秀的，独特的，可更多的是平凡人。我们混在人海里，做着有一天能被所有人看见的梦，路人笑着说我们是白费力气，我们也回笑，说不用你管。

每一个不甘平凡的人都有着自己的"巨星梦"，或许我们走得很辛苦，但我们绝不孤独，因为像我们这样不甘平凡的人，世界上有很多。

我们可以挣扎后失败，却不能失败后放弃，因为那样，连唯一看得起我们的自己，都会嗤笑一声"你不行"。

我就是那种很不厉害的及格线女生

✲艾　润

❶

不知道你上学的时候，班里有没有这样的女孩子：她们相貌一般，成绩也一般，甚至连性格也一般，不会说好听的话，讨老师欢心，也不具备随时能和同学们打成一片、插入人群的话题的技能点，总是有点尴尬，为了避免冷场，就养成了沉默的习惯。

学霸自带气场，欢脱型选手因为可爱，也招人喜欢，漂亮朋友更是惹人呵护，最不受待见的就是这种完全不具备热点的寡淡型选手，放在今天，就是完全没有话题度。

既然如此，别人又凭什么把你送上热搜榜？

于是，飞扬靓丽的青春期是人家的。我们的青春期是黯淡和平淡的双重打击下的灰色影子。

不是所有女生的16岁，都穿百褶裙，还有一类只能穿肥大的校服裤子，比如我；不是所有女生都有笑起来好看的梨涡和柔软的长发及回眸倾城的眼睛，比如我……

所以，到了如今这样一个流行怀旧，青春剧盛行的年代，我每次坐在电影院里看那些标榜着让人感动到要死的青春电影，都完全找不到一点代入感。

我从来没有和班里好看的男生一起吃饭喝酒、谈诗词歌赋人生哲学，也从来不会有痞痞的男生骑自行车载我穿越大街小巷。

我们有的，只是瑟缩在镜片后面的眼睛，努力地盯着黑板，偶尔打个盹，再揉揉眼睛继续做题，看起来很努力，可是该不会的还是不会。

冷锋和暖锋，气旋和反气旋，副热带高压，低压槽……这些名词我总也搞不懂，于是经常被地理老师耳提面命，你这样子偏科，是没有办法进入重点大学的。是呀，没办法，有时候明明觉得尽力了，可结果偏偏不尽如人意，即便我每天晚自习下课后躲在宿舍里做数学试卷，熬成个熊猫眼，还是挡不住数学老师点我的名字，某某，你这个题又做错了，我都讲了好多遍了……看着老师恨铁不成钢的样子，我疑心，是不是，从一开始，我就只有做铁的命运，成为钢，只是痴心妄想！就是从那时起，心里种下了一个忐忑的秘密，这个没自信的我真是失败呀。那时候总是想，如果有万能的阿拉灯神灯，可不可以告诉我未来到底是什么样的。

但英语老师和语文老师又总是对着我笑靥如花。一段话里出现8个代词“it”，我能利索地说出它们所指代的意思，作文次次入选年级最佳排行榜。

就这样偏着科，在老师们时而温和时而愤怒的眼神交织下，我还是拼了全力考进一所不知名的大学。可就像当初永远考不了第一名一样，在不知名的大学里也依旧是个不知名的选手。

❷

于是，大学依旧循环着曾经的一切。

唯一不同的是，开始考虑四年后的工作和人生。会变得更好吗，会很好看吗，会化精致的妆、穿得体的套装、走路带风吗，会升职加薪吗，可以买好看的衣服和包包吗，会和喜欢的人肩并肩吗？

就这样一边考虑着一边去做自己能力范围内的事情，比如先考到了英语四六级证书。在室友羡慕的眼光中，好像有了那么一点成就感。

也尝试去做自己能力范围外有阻力的事情，比如去做各种各样考验耐心的兼职，给喜欢的杂志投稿，但也还是没有别人风生水起的势头。做兼职零促的时候被领队的人批评，站了几个小时就受不住了，你们这些大学生就是娇气哦。我默默给了她一个微笑，继续保持站姿，像是初入校门的军训生。

不知名选手，就这样度过了自己平凡的大学时光。并且在四年之后，轻而易举就拿到了曾经幻想的问题的答卷。会变好吗？会变好看吗？

一水儿的否定，扑面而来。

妆化得马马虎虎，一个眉毛都要勾勒很久，好不容易在熟能生巧中掌握了这项技能，又只能认命地发现，除非去整容，这张脸也只不过是比妆前看起来精神了那么一点点。

确实穿了套装，只是高跟鞋把脚磨得生疼，还不得不走路带风地去解决工作上的一切，一不小心被人穿小鞋很委屈，时不时接收职场负能量。难过吗？很难过。抱怨有用吗？没有用。需要哭一场吗？不需要。我需要好好睡一觉，静待明天满血复活。

毕竟，18 岁的时候，你敢说你委屈，你想哭，你难受，可 25 岁时，你就算真的委屈，真的想哭，真的难受，也只能把工作做妥帖，做好。

没有人会包容一个成年人的坏情绪。

═ 3 ═

这个时候你又要开始有新的动荡，任何阶段都会有的难题，你不见得能找到答案，可难题它从来不会等你找到了答案再出现。

不知道应不应该换工作，如果换了一个城市重新开始能不能适应，想要谈一场走心的恋爱，可遇到的人又不怎么靠谱……

你看，我们就这么一路普通着过来，成了那种最不厉害的女生。

当年门门考第一的学霸好厉害，有个年纪相仿的朋友已经年薪百万了，好厉害。

他们都好厉害，而我们这种和厉害不沾边的就这么被边缘开来，站在了一条透明线上，成了名副其实的小透明。

曾经纠缠在心头的忐忑的秘密又跳出来了。我是不是真的只能做个不自信的失败者啊。遗憾的是，没有魔镜来回答我。欣慰的是，我终于已经成长到不需要幻想阿拉丁神灯相助的年龄了，所有问题的答案我都可以自己来寻找。

我是个失败者吗？当然不。

是的，我一直都不优秀。可不厉害的我，这一路放弃过吗？没有。

当年那一张张画了 60 分的试卷，曾经被哭花过很多次。怎么办，只能一点点继续做题，做更多的试卷，哪怕把整张卷子背下来，慢慢地也可以得到 65 分，75 分，甚至 80 分。

如今，不具备附加光环的我们，只能脚踏实地，把一份工作做到好，可能升职加薪来得晚一点，份额小一点，但也是这样来了。

长得不好看，身材不好，也没有放任自己。还是尝试化精神的妆，健身，控制饮食。我们在及格线徘徊了这么多年，都没有让自己一路跌下去。只是一步步地越过那条小透明的线，去求得一点点的进步。

也许好多年过去，在其他人眼中，我们也还是和年少时一样，只是那个不漂亮的、没有才华的、只能被称为很善良的女孩。

可我知道，这些年来，从 60 分通往 100 分的路，我走得有多慌张，多忐忑。

═ 4 ═

16 岁的时候，我对着镜子微笑，希望能笑得可爱一点，这样也许可以稍微赢得那么一点喜欢。20 岁的时候，我读书写作，希望在这个世上，也能有可以令我骄傲的技能点。24 岁的时候，我毫无保留地对待我的工作，希望能做到最好，哪怕不被重视。

26 岁的时候，我终于开始直面自己的不厉害，去尝试更多的加分项来平衡自己的不厉害。

如果你也和我一样，活得认认真真，竭尽全力，却不具备得到 100 分的能力。甚至，有可能这一生，也只能得到 80 分。可那又怎么样呢？

我走过了 60 分，65 分，70 分，75 分……我把差距缩小了又缩小，终于走到了我自己想到的地方。就是为了告诉我自己，告诉那个心里揣着秘密，紧张不安的自己，我站在这里，我很好。

我想一生 奋力而为，也安慰自己平凡可贵

✲祝羽捷

坐在我对面的女孩，是我的研究生同学，她对我说这句话的时候，刚刚拿到了一个去香港工作的offer，忙着办签证。

除了一个来自某个东欧国家貌似家里是当地的达官显贵的女孩，还在社交媒体上晒自己全球旅行的照片外，大部分同学都早早开始工作了，唯独她在伦敦，六根清净，接着读书。

她读书也不是为了拿学历，只是为了补充知识。

她对我细数，这一年来，花光了前几年在大公司上班的积蓄，去苏富比读了一个艺术贸易的班；又去考陶尔德艺术学院补习了艺术史；隔三岔五就去国家画廊和泰特美术馆听讲座……身边的同学换了一拨又一拨，她在学术和商业之间不断地平衡自己对艺术的理解。

从我的角度来说，当然羡慕这样的经历，更不会觉得不去工作、醉心于学习自己喜欢的事物是平凡的。

她以一种自嘲的口吻说："我胸无大志，这份工作的薪水并没有很高，也不是很有名气的公司，但我还是很开心拿到这个职位，因为这是我真正想做的事情。"

当年她和男朋友分手，打包了三个箱子搬来伦敦读书，大概也是想追求不一样的人生。现在说自己想做个平凡人，又是何必呢？

其实她和我都知道，所谓的"平凡"，是相比那些所谓的"不平凡"的人来说的。

她的前男友，毕业于美国最好的高校之一，回国之后，他们都曾经心怀热忱，想要做点什么，不见得是什么丰功伟绩，但必须是自己热爱的。

可后来他还是选择了更快捷的一种方式，也是国内常常见到的方式：将一个产品改头换面，重新包装，着力于营销，大肆宣传，往产品上堆砌一堆海外背景，然后去找投资、赚快钱。

这是现在市面上惯用的套路：拍电影的搞粉丝营销，做产品的挂羊头卖狗肉，做商业的欺世盗名，还有贩卖庸俗品位的"人生导师"。

他们分手终成定局，一个被金钱左右，一个甘愿清醒地做点力所能及的事情。

人心不古，想要做一个有格调的人，老祖宗

说的那种志存高远，倒成了不被当今社会认可的品质。

说到底，这个社会焦虑和不快乐的根源，就是媒体定义了所谓成功的标准：住什么样的房子，开什么样的车，有多少资产，跟什么身份的人结婚，孩子读什么学校……

“他的父母已经为他留下那么多财富，他的事业已经这么成功了，可他还这么努力。”很多媒体经常会对一些所谓的精英作这样的描述。

言下之意，人家含着金汤匙出生，事业也有建树，这么成功还这么努力，我们可怎么办啊？随之而来的，是杀气腾腾的焦虑感。

社会的大环境过分兜售所谓“不平凡”的人生，在这样的文化背景下成长起来的一代人，难免会对做一个平凡人产生羞耻感和恐惧。

可世界上大多数人都是平凡人，他们构建了这个世界的整体基调。

由此看来，平凡人的生活难道不是更重要、更该被颂扬吗？更何况，谁又有资格规定平凡和不平凡的界限？

我的前老板，是时尚圈里出了名的中国版“穿Prada的女王”。前段时间因为母亲生病辞了职，这本是人之常情，竟引发了轩然大波。

不过更多的是猜测和质疑，人们无法相信一个最爱宣扬成功学的战士，会甘愿缴械，会急流勇退，会愿意关上门来过小日子。散发着鸡血气味的成功人士们，背负着一种鲜明又决绝的“人设”，那就是只能奋发向上，不能生病，不能发胖，不能轻言放弃，不能流露出一丝丧气，更不能承认自己是个平凡人。

这样的“人设”太紧绷，没有余地，任何一种松弛都是致命的，一击就碎。可我们都是血肉之躯，谁没有平凡人的七情六欲呢？

并不是时时刻刻都想穿着高跟鞋，有时我就想慵懒地踩着凉拖去散步；也不是分分钟都要计算食物的热量和营养成分，如果炸鱼、薯条能让我心情明亮起来，我也不介意多吃几顿。

不要总是观看名人们的演讲、参加创业者论坛，偶尔我就是想要到野外听听鸟鸣蛙叫，非专业人士的丝竹之音也能让我快乐好久。如果要衣冠楚楚地跟一群不认识的人一起参加晚宴，我宁可与心爱的人手牵手奔向世俗的热闹。

那些平凡的小事，在某一个瞬间也许就治愈了我们的心，珠光宝气永远不及琐碎的诗意来得动人。就像比起那些左右逢源、善于交际的既得利益者，永远是那些志存高远的人更让我动心和敬佩。

回想我的前老板，她曾经几乎没有浪费过一天时间，以玩命工作闻名业内。哪怕是被品牌邀请到意大利一个风景秀丽的小岛上，她也来回只用三天时间，飞机一落地就直奔办公室。赶上三天的小假期，必定有一天，她会坐在自己窗明几净的办公室里，写完方案吃外卖，再拍一张工作照发在朋友圈里，吓得同事们都不好意思分享自己假期的休闲生活。

我虽然敬佩她对事业的热情，却无法割舍沉耽于生活中的美好事物。我仍旧怀有对小趣味所带来的快乐的追求，并忍不住时不时地虚度一下人生，给自己一个后退的空间。

平凡人有平凡人的七情六欲，也有平凡人的生命力和敬畏心，敬畏这个世界上所有平凡的事物，在平凡和成功之间，毫不犹豫地选择心安理得。

搭着升降梯，一路爬到事业的顶端，茫然四顾，却总觉得缺失了些什么。

如今，前老板每天买买菜、做做饭，每隔两周就搭着高铁离开北京，回家乡看看父母，换一种更为低调内敛的方式做慈善。日子过得有滋有味，她把过去失去的世俗生活，又捡了起来。

比起昔日的高处不胜寒，这样的平凡人生又何尝不是一种幸福呢？别忘记，人世间的一切不平凡，最后都要回归平凡。

就像此刻的我，捧着一大杯泡的黄瓜水，坐在伦敦街头，看无用的书，写写这些所思所想，怡然自得。

但愿我们从此不怕平凡，连平凡之事都能做出不平凡的意味，这样的人是真的前途无量，把平凡生活真正过好，人生才是真圆满。

春天睡了，种子醒着

✽刘 同

12 岁，我跟武子在初中相遇，又因为成绩都排在班里后几名而成为朋友。一般成绩差的人不喜欢看自己的试卷，也不计较得了多少分，可我们俩特喜欢攀比。

“你看我 48 分，比你高两分。”

“你才 51 分，哈哈，我 58 分。”

老师对我们这种奇怪的自尊心感到好奇，当着大家的面叫我们起立，大声地呵斥道：“你们俩比来比去好意思吗？你们的人生有目标吗？”他大声回答：“有的，老师，我的目标是比他好就行了。”他严肃地指着我，然后我们都忍不住笑了出来。

那时我们俩都戴着一副镜片厚厚的眼镜，有时他的眼镜摔坏了，就会抢我的眼镜戴，也不顾度数不一样，一戴就是一天，直到头昏眼花，把眼镜还给我的时候他会骂一句：“什么破眼镜！你爸妈怎么不给你配一副新的？”

因为视力问题，老师把我们安排在第一排，后来发现我们上课从来不看黑板，于是就一点儿一点儿地调整我们的座位，直到有一天，武子突然问我：“我们俩什么时候坐到最后一排来的？”我一愣，说：“对哦，我们怎么到最后一排来了？”

抱怨还没超过半天，我们就发现了坐在最后一排的好处，那就是可以随时偷偷从后门溜出教室。一开始老师还会大发雷霆，后来发现我俩也不影响其他同学，就不管我们了。

开家长会的时候，我们俩的家长总是缺席。他问：“你爸妈呢？”我说：“我爸妈都在医院工作，特别忙，昨天刚到了一批严重烧伤的病人。”我问：“你爸妈呢？”他说：“我爸妈都在经商，昨天刚到了一批特别稀缺的货。”

这么一对话，他就对我的父母充满了敬仰，我也对他的父母充满了好奇。

中午放学，我决定跟武子去他家看看。他家住的是平房，三间房连在一起，有一个院门，从围墙外面看，三间房以及整个院子都用黑油布盖得严严实实，比我爸医院的手术室还吓人。我站在门口不敢进去，他大喊一声："妈，我同学来啦。"然后我看见他妈妈穿着塑料围裙红光满面地走到门口，说着一口乡音极重的普通话欢迎我："快进来，快进来，武子说你是他最好的同学。"我一跨过门槛就被眼前的景象震惊了，院子里放了几十个大铁盘，里面种满了豆芽。

"你不是说你家是经商的吗？"

"是啊，卖豆芽的啊。卖豆芽不是经商吗？你瞧不起卖豆芽的？"

武子的父母一共生了3个小孩，但是因为武子的外公外婆一直不同意他父母的婚事，所以武子的父母带着3个小孩从农村逃了出来，在我们这个小城市安身，靠卖豆芽为生。武子的妈妈一边招呼我坐，一边问武子："你下午能不能请假啊？下午我和你爸要把豆芽都拉到市场去。"武子求救般地看着我，我连忙说："下午要考试，不能请假吧。"武子的妈妈说："考什么试，反正成绩也不好，考了也没用。"

也许是当着我这个外人的面被妈妈批评了，武子有点生气，他说："谁说我成绩不好，我比刘同好，不信你问他。"我看着武子，支支吾吾地说："是的，武子的成绩比我好，每次考试都比我高很多分。"武子的妈妈说："能算数就行了，那么好有什么用，还不是要回来卖豆芽，我和他爸都忙不过来。"

离开的时候，武子的妈妈让他给我装一些豆芽回家，武子拿起袋子就装，他妈立刻阻止他："让你好好学你就不学，这些豆芽都是放了膨大剂和漂白粉的，你要拿去屋子里面拿啊！"

看我一脸疑惑，武子很尴尬地笑了笑说："就是让豆芽变得又壮又白的东西。"

从他家出来，我问武子："如果你考不上大学的话，是不是也要回来卖豆芽啊？"他摸了摸后脑勺，给了我一个莫名其妙的答案："考上大学也许也要回来卖豆芽吧。""为什么啊？""我爸妈都不想让我读书了，希望我初中毕业之后就回来帮他们，我还有弟弟妹妹要读书。"

一路上，我们俩没有再聊天，等到他把我送上大路打算回去的时候，我问他："反正你也不打算读书了，干吗还那么在意要比我分数高啊？"他想都没想，脱口而出："考得比你高，是我觉得唯一有意义的事情。"

我好像突然明白了，为什么他的眼镜坏了家里人从来不会及时给他更换，导致他视力越来越差，为什么他从来没有想过要考大学。他未来的生活早已经被束缚在这里，他左手牵着弟弟，右手抱着妹妹，13岁的武子，因为断了对未来的念想，所以沉稳得像个大人，没有企盼的热情，也没有抗拒的怒火。

那天之后，我们像什么事都没有发生过一样，该笑笑，该闹闹，可我一直想着要和武子聊聊，虽然才上初中的我自己都不知道如何突破迷茫，但我就是希望有一天，当我能像大人一样说话的时候，告诉武子，他那样的顺从是不对的。

可是还没等到我长成大人，武子就退学了，原因是武子的爸爸在市场上卖豆芽时被收"保护费"的人打了，伤得很严重，凶手全逃了。他爸爸躺在床上，没法再维持这个家了。

武子离开的那天，把所有的东西都收拾好，然后又打开书包把他最爱惜的一支笔递给我。

"这是我用压岁钱买的，很好用，反正以后我也用不到了，就用来报答你借我那么多次眼镜吧，虽然戴着头很晕。以前我的成绩总是比你的好，我走了之后，没有人再压着你了，要好好念书，超过别人，不要给我丢脸啊。"武子说。

"你以后肯定还有机会读书的，千万不要放弃。"我嗫嚅着说出这句话。"哈哈，你傻啊？我才不要再读书，你把我的那一份一起读完吧。"他潇洒地转身，头也不回。

后来，我跟我妈去市场买菜的时候，偶尔也会遇到他，可惜我们聊不了几句他就要忙着招呼客人。我妈夸他脑子很灵，嘴很甜，不读书可惜了。每当这个时候，武子就会笑起来，说自己不是读书的料，卖豆芽其实也挺好。我总是很尴尬地站在旁边，希望妈妈赶紧带我走。

后来，我也会偷偷地跑到菜市场远远地看着他，想打招呼，又不敢。有时没客人，就看见武子一个人坐在凳子上，呆呆地看着远方，也不知道心里在想什么。

我不敢靠近。

生活把我们拉得越来越远，靠近反而成了一种俯视。

再后来，妈妈带我去买菜，我说不如换一个菜市场吧。

我不想看到武子。

其实是不想让武子看到我。

后来，我考上了高中，想了想，绕道走到菜市场把这个消息告诉了他。

武子的眼睛突然就亮了起来。

那一刻，我知道，其实我们还是初中的同桌，即便他转身，也从未走远。

武子请我到路边摊喝了几瓶啤酒。聊到他的生活、家里的生意：他爸爸身体恢复得越来越好，打爸爸的凶手抓到了，也赔了钱给他家；弟弟妹妹读书了，成绩都比他好；他现在已经不在豆芽里放化学药品了，他有了很多回头客，来了两次之后，他就会告知实情，大家因此更信任他了，现在整个市场,他的豆芽卖得最好。说到这些的时候,他很骄傲，我也觉得很骄傲。

告别时的最后一杯酒，他有点儿上头，不知是因醉了，还是真的动了情，他说："你能考上高中真了不起，如果你能考上大学的话，我就显得更有面子了。带着我的那一份，好好读哦。"

这一次，我不尴尬了。那就带着他的那一份，好好地读。

三年后，我真的考上了大学，初中同学聚会为我庆祝，武子也来了。他特别开心，手一直搭在我的肩膀上，就好像他从未离开一样，也好像是自己考上了一样。武子抢着买单，抢着请大家去 KTV 唱下半场。

他看着我说："真好，原来你那么棒。"

我看着他说："嗯，你也挺棒的，现在都成老板了。"

哈哈哈。我们俩都很开心。

经过曾以为不会再见的分岔路口，两个人还能遇见，就代表永远不会走远。

告别的时候，武子喝得有点儿晕了，拍着我的肩膀说："你真的好了不起。如果当年我读书的话，肯定也能考上大学。"

我也喝得有点儿晕，也拍着他的肩膀说："你别读了，你读书的话，现在菜市场就少了一个有良心的卖豆芽的大老板了。"

回家之后,已经很晚了。洗漱完毕,正准备睡觉，突然听见楼下有人叫我。我打开窗户，看见武子骑着单车停在我家楼下。他说："你下来。"

我下楼，武子的单车后座放了一个巨大的塑料袋，里面全是豆芽。他一脚蹬着单车踏板，一脚撑着地，微醺之后的正经，样子特别精神。

他把袋子递给我："这些豆芽都没放化学药品，你放心吃。等你以后去了大城市，就再也吃不到这么安全的豆芽了。"

后来的十几年，我的菜单里再也没有出现过豆芽这道菜，也许是我一直记得武子说的，等我到了大城市，就再也吃不到那么安全的豆芽了。其实，比起安全的豆芽，我更愿意相信的是那个 12 岁就相识的少年，前所未有的笃定的语气吧。

现在的武子很了不起，一个人承包了整个菜市场，专门辟出了一块地给交不起摊位费的菜农。年前给我打电话，问如果市场开通送菜上门的服务，是不是能更方便周围的居民一些，什么样的技术能够实现。

我一一给他解答，也给他介绍了一些做技术的朋友。介绍他的时候，我从不说他是一个大市场的老板，只会说这是我们那儿卖豆芽卖到第一名的兄弟，大家听到之后都很佩服。

一个人如果能够很投入地去做一件事情，很相信这件事情能够给他、给家庭带来回报，那么撒下去的诚意一定会成百上千倍地回报他。

对了，不知道从什么时候开始，我不敢再瞧不起任何人。因为 12 岁的武子曾经说过："你瞧不起卖豆芽的哦。"

生活没有那么多的在别处，甚至没得选择。

无论身处何方，陷于何种境地，都要试着去做环境的主人，向下生根，向上开花。

加油，逆风飞翔的普通人

✽米粒

1

长到三十几岁，我不得不承认，这世上真的有天才。

小学五年级的时候，我们班转来一个男生，成了我的新同桌，名字叫陈默寒。他的容貌我早就记不清了，脑海中深深烙印着的是，他有过目不忘的本领。

那时候，语文课本上所有的新课文，他只要读一遍，静默几秒，就可以完整地背诵出来。这项技能被语文老师发现后，开心得手舞足蹈，一下课就让他去分管教学的校长那里表演。回来的时候，陈默寒的脸微微泛红，粗声地喘着气，紧张得一直不敢抬头。我悄悄给他传了一张纸条表示祝贺，可他吓得攥在手心里怎么也不敢打开。

然而，默寒的成绩并没有好到惊人，所有需要记忆出马的，他都手到擒来，但逻辑思维方面并不出众。小升初的时候，我们学校推优，他服从分配去了一所不算太拔尖的中学，之后便没了他的消息。后来，有人遗憾地说，默寒已经泯然众人了。

2

第二个天才是我的高中同学薇薇，身高不到 1 米 6，人巨瘦，好像永远都没什么力气。她从来不参加体育活动，也不健身。高一的第一节体育课，800 米摸底，体育老师说跑个七八成功力就行。一声哨响，薇薇跟匹脱缰的马驹一般噌地蹿了出去，速度快得让全场人都惊呆了。

她跑到第二圈的时候，我们刚过 200 米。最后，薇薇以 2 分 30 秒跑完全程，听说都快到运动员水平了。而我们一众女生还在为 3 分 50 秒的及格线努力。

后来，我和薇薇成了好朋友，我非常好奇

她小小的身体里怎会有如此惊人的能量，也尝试着去探查她的成长过程中有没有什么奇遇。

那时的我，心智比小时候成熟多了，不会再轻易放走近距离研究天才的机会。可是，薇薇的饮食比常人还要少，除了吃虾不吐皮这一点，她普通得不能再普通。

最后，薇薇也没有选择当运动员。听说，后来她去了大国企当会计，最风光的时候就是集团每年的春季运动会，她代表财务室出征，包揽了各类跑步项目的第一名。

3

我常常在想，为什么老天爷这么不公平，好像天才总是别人，平凡的总是自己。我也热爱音乐，想要唱出动人的旋律，可我从来就听不准音阶；中考800米体测更是生命中不能承受之重，我捆着沙袋跑了三个月，才刚刚跑进及格线。也就记忆力还马马虎虎，谈不上过目不忘，但瞬间记忆的能力较强。记得上大学考现代文学，我漏看了郁达夫的写作风格，临考前三分钟，补了五大页笔记，最后一道大题居然是考这个。我洋洋洒洒了一大篇，最后成了我们班的最高分。

这么想来，上天对我也不错，虽然没有哪一方面技压四方，但好在也没有特别差劲的地方。脑子不算太笨，动作也算敏捷，无风无浪地长大，平凡却也安稳。

我知道，这世上的大多数人和我一样，羡慕过身边某个光彩照人的偶像，惊讶过班里某个才艺过人的同窗，然后在众人艳羡的神情中搓着衣角，渐渐暗淡了目光。

人的一生会遇到成千上万人，而我只遇到了两三个天才，我见得更多的是没有惊人天赋只有难凉热血的普通人，他们逆风飞翔，比其他任何人都勤奋努力。比起那些一登场就狂拽炫酷的牛人，我更欣赏那些努力坚持到底的普通人。

我们都没有通关秘籍，所以能安心屡战屡败、屡败屡战地生长。少了一些轻而易举的收获和理所当然的成功，人生并不会怎样。

4

记得有一次去看一位年轻画家的小型画展，她笑靥如花地站立在门口和大家攀谈，一个记者模样的人盛赞她的画气韵生动、深刻独到，她是不可多得的天才画家。年轻画家笑着说："天才画家？我小时候画画，常常被老师罚站，因为我资质平庸，总是不得要领。后来，我的同桌开始讥讽我、孤立我，让全画室的孩子给我起外号。那时候，我埋怨老天爷，为什么不能给我多一点天赋。"

后来呢？众人听得入了迷，急着知道画家命运转折在何处。

她眯着眼睛："后来我就告诉自己，日日苦练，勤能补拙。再后来，就像看书一样，书读百遍，其义自见。日夜苦练的我如开了窍，终于进入了绘画这座艺术的殿堂，我越画越自如，越画越自信，最后成功地举办了画展。天赋这东西，确实很重要，但它也只是能帮助我们成功得更简便，并不是人生畅行无阻的通道。"

天赋就像马路上被别人捧在手中的新年礼物，它们包装精巧、细致美好，但你偏偏没有得到。与其失望怨怼，不如坦然接受，明明白白地做普通人，脚踏实地地努力，理所当然地奋斗，安心接受命运给予我们的平凡，不靠偶然也不靠侥幸，靠自己来一场漂亮的反击战。

什么能感动我们？不是天才嘴角那一抹迷人的微笑，而是你满脸汗水和泪水，却仍然咬着牙奋力地奔跑。

成长第一课：发现自己的『普通』

✻韩大爷的杂货铺

1

青春期的时候我和许多少年一样，是个骄傲得无比坚硬的小愤青。

有时候都不知道那股子愣劲儿是从哪里冒出来的，现在回想，可能来自苍白的脑子与荷尔蒙。

一个很突出的症状就是：但凡大多数人一路向西，那我打断了腿也要往东；但凡大多数人觉得是对的，那我咬烂了舌头也必须说是错的；别人怎么干，我就偏偏不那么干；哎呀呀，一天天，总觉得自己有个性到不行。

初中二年级，在那个“中二”的时节，村中学校开设了物理课。大伙都觉得蛮新鲜，用功的同学老老实实做作业，上课恨不得竖起耳朵听。

啊，展现我特殊性的时刻终于到来了！

花了二十块钱，买了厚厚一大摞辅导资料，在心里就此把物理老师给开除了。

回家自学？怎么可能！那样一来，哪有观众。

于是你会看到：每当上课铃声一响，我便用一个幅度很大的动作把辅导资料，在课桌上码一排，老师在台上喷着唾沫地讲啊讲，我头也不抬，恨不得举手通知大家：快来看啊，我不听我不听。

尽管压根就没人在意我听没听。但时间长了，师长们还是瞧出端倪，并对我苦心相劝。

当时我的心中一直抱有一个很奇怪的执念：这我要是认真听讲，乖乖完成作业，跟与我同样学习好的某某同学，又有什么不同！但如果我靠自己学辅导资料，哪怕是拿了60分也会像拿100分一样光荣。

结果测验，我拿了96分，这，就，要，爆，炸。尾巴翘到了天上，恨不得上街游行。

结果第一次期末考试，我拿了32分，卷子上的题一道没见过，老师却说她课上全讲过，搞得我怀疑人生。

血凉了大半，那天物理老师特地把我叫到办公室，教了我几个成语：作茧自缚、画地为牢、刚愎自用、闭门造车、自以为是，总之就是建立在虚荣心上的，为了不同而不同……

2

对于任何一个人来讲，最残忍却又最实在的对待，就是让他看见自己的平凡与普通。把一个东西打破，再建立起一个新的东西，尽管第一个步骤很刺痛，却也是真正成长的过程中，必须经过的。

读者朋友发现我爱看书，问我是不是打小养成的好习惯。

并不，很长一段时间里我都信奉读书无用，一个八九岁的娃儿，夜晚的时候仰望星空，脑子里想到点东西，就觉得自己是文曲星下凡……

结果无意间偶然发现，自己想到的那点玩意儿，书里都有，而且人家比我讲得深邃讲得透彻。

动不动以为自己有了人类思想领域的重大发现,结果显示:这一切幻觉都是由自己的阅读量不够、见的世面还太少所造成的。

人人都会经历这样的奇葩阶段，只是有的人一辈子都跳不出来，把自己打造成一个滴水不进的铁桶。有的人则明白得早些，知道最好的状态是当一块海绵，不拒绝水的洗礼，分量才会重。

记得在读大学的时候，老师会把同学们分成几个小组，几个人搭伙，共同去完成某个专题任务。

那时爱抢风头，也误以为自己既然是组长，提供思路的是我，上台讲的人是我，就一定什么都行。

在这种个人英雄主义的笼罩下，我们小组压根就没什么分工，完全由我大包大揽，一开始觉得挺光荣，可后来发现，确实不科学，真的是不行。

人在自我成长中要学会接受自己的普通，并在此基础上踏实汲取;在工作中要学会向优秀的人“借力”，多想想调动可能的资源。前者可以让你的脚印更深，后者可以让事情更好地做成。

3

思维方式不扭转，在狭隘的田地里追逐个性与自由，其实是跳进了一个更深的监狱，把自己锁进了一个更坚固的牢笼。

思维方式扭转过来，解放了思想，实事求是，生活的疆界也会就此拓展，拥抱了多样性，就拥抱了更多的可能。

原本我十分排斥看剧，觉得追热剧的人都傻，后来不这么想了，有剧火了，自己也会追两集。

我忘了神剧里有故意制造的噱头吗？我不知道传播规律和引发受众情绪反应的手段吗？我没忘，我知道，但只是相比从前，更加在意的是它好的地方。

原本我特别抵触辅导班，后来我考研的时候虽然没报班，但还是买了些辅导班笔记翻翻。

我忘了辅导班也有糟粕吗？我不知道复习笔记还得自己做效果更好吗？我没忘，我知道，但是相比以前，我更加看重它的精华部分，以及有了参考，自己再做笔记，会更加好。

原本我特别反对从众，片面地追逐独立判断，后来我看电影选择顺着排行榜去看，读东西也起码先从经典去读。

我忘了要独立思考吗？我不知道排行榜也有猫腻，也有遗珠之憾，也不能全信吗？我不知道经典和权威也要谨慎对待,也要多多少少带点批判性吗?

我没忘，我知道。只是我更加知道了，我和普通人在大多数方面别无二致，那些能让大家欢呼的东西一定有其能打动我的地方，那些经过了时间的考验与岁月的沉淀，大浪淘沙淘出来的经典，不说最好，起码能保证一样：至少比我行。

原本我特别反感数据分析，更不会去拥抱什么流行与受欢迎，盲目抵抗主流，觉得这样就把自己反衬得很特立独行。

结果前阶段，我竟然花了几百块，跟着广大人民群众的脚步，购买了一个火爆的网络课程。

朋友知道后对我说：你傻呀，那肯定是骗钱，那个人虽然有点能力，但完全值不起这么高的名声。

我说：我不傻，我当然知道你知道的一切。但只是我更看重他有点能力这一项，我管他值不值多高的名声。我花一笔被摊薄的单价，去支使一个在某方面比我厉害的人帮我一起干活；我投资的部分能值回票价甚至增益，其他部分全是糟粕都行。

我一度不爱看其他作者写的东西，当然，玩笔杆子的人都觉得只有自己写的才是好的、才是对的。

但后来，我也常常会去看看优秀作者写的优秀作品，虽然心里还是会偶尔地逆反：切，有什么了不起，这我也行。但更多了一分汲取和尊重。我知道好的东西自有其好的原因，学过来就是了，其他的这个那个，全是浮云微风。

有人问我：常读书，不是把自己的脑子都变成了其他人的领地了吗?

我说：对呀，说得没毛病。

但一个腐朽昏暗的王朝被入侵，从某个角度上看也算好事情，起码能带来一点不一样的东西，起码能带来一些，或许更加先进的文明。

左眼看到了叶子的渺小与普通，右眼才能发现更加开阔的泰山与风景。

且知破与立并重；且让敬畏与骄傲并行。

小平凡

✲夏南年

明亮的晌午，音响随机播放到《送你一朵小红花》，听到其中一句，忍不住眼眶温热。那部同名电影，我是当作烂漫的青春片看的，我最爱里面少男少女在街边吃烤串、侃大山的随意情节，以及他们包裹着倔强和与众不同的怦怦的心。

这大概是每个人都会经历的成长过程吧。从压根不会思考这类问题的幼稚鬼，慢慢长成运动会得了个小名次，便觉得自己天赋异禀，发现了属于自己的新大陆的可爱少年。而我偏偏是在大家埋头于题海，意识到自己不过是虽千万人吾往矣中坚定的一员时，开始写杂志的。于是这样的我，察觉到自己的平凡，比别人晚了好多年。

只是于我，不凡的是那段日子里星星一样细碎的亮，并非同龄朋友吹捧的："你超棒的，我是看着你的文章长大的。"

那时候真的好美妙，我有灵气，还有一点小小的天赋。我不是乖小孩，北方又少有梅雨季，高一很多个清晨，我打着哈欠坐到座位上，趁着同学读书声琅琅，翻开本子开始写故事。一节课能写一篇随笔，两节听不太懂的数学课，唰唰唰便写出三千字的小说，一口气画完最后一个句号，揉着被笔压痛的手指，抬头就能看到喜欢的少年。

偶尔也会碰见他转头看我，阳光像发光的薄雾填满整间教室，我忍不住笑，看飞快转过头的他红了耳朵尖。

写了那么多杂志，学校社团开始招新时，本还是萌新的我直接当上了文学社社长。偏偏原社长弄丢了新社员的名单，于是买东西都不敢大声说话的我突然爆发了潜力，当天挨个在每个班级门口随便拽住一个同学："能麻烦喊一下你们班的班长吗？"等一个四处探头的陌生同学走出来，再迎上前："您好，麻烦帮忙在班里通知一下，文学社周二下午在活动室开会。"只两个课间，我就风风火火跑完了15个班。

虽然每件事都做得像小孩子玩过家家，拼拼凑凑的，但那一年我还是做出了我们学校第一本校刊，排了一出舞台剧。

但记忆里的superstar，是第二年招新的黄昏，天色忽暗，我去找朋友借台灯，又跑上跑下发宣传表，转头看到喜欢的男生帮我守在招新的小桌前，那一刻觉得自己特别厉害。我的青春，不是安静的。

它是秋风里扑簌簌落下枝头的叶子，阳光下却熠熠生辉如烟花，且不会熄灭消逝。那是我生命里的白月光，每个人生命里的白月光都不平凡，但很久后我才发现，这个不凡，只对于自己。

年龄增长会改变许多事物，过去我或许是提前爬上了山峰且引以为傲，但不知不觉间，大家都已经爬了上来，而更难的山头我还没能去翻越。

我清楚地记得，当时网上铺天盖地流行一句话——长大是从接受自己的平凡开始的。我看着这几个字，心跳开始加速。我内心深处已然了解自己的平凡，但那个17岁就能独自旅行让大家觉得勇敢、厉害的少女，倔强地不愿承认自己的平凡。

我开始尝试一些新鲜事物，比如去参加讲习班，和心里大神级别的作家说话。起初的确如我所愿，虽然讲习班的人数不算少，但分享会上有不少人主动夸我写得真好，之后的饭桌上我正得意，突然被问到常写哪些杂志，我一抬头，发现问我这个问题的，是早就在看杂志时敬佩不已的作家之一。真正的大神低调又温和，我的脸滚烫起来，我在心里叹口气，自己依旧仅限于普普通通的中上游啊。

我当然不甘心，又一口气做了好多过去觉得了不起的事儿——当志愿者，资助贫困学生，去中学时同学们都喜欢的杂志当编辑，甚至去抢名家分享类节目的门票，到现场感受那些“不凡”人的魅力……可这个世界太庞大了，视野越广，遇见的人越多，越发觉自己只是千万种平凡里的一种。

而压垮我的最后一根稻草，是被编辑约写一篇男闺密的主题稿，因为没有经历，跑去问特别有梗的室友借了故事，用她长相奇特又好玩的男闺密加上她的鬼点子，才顺利过了稿。平凡于我，最致命的是没有惊心动魄、刺激有趣的经历，便写不出跌宕起伏的故事，我不甘心做了那么久的事儿，要因为自己的平凡搁浅。

我彻底患上了“平凡焦虑”症，心情持续很down，走路都恨不得东张西望寻找点儿特别的事，还在文章里写，每个人都想站在顶尖，所以即便未来我说接受自己的平凡，也只是因为实在达不到，干脆“算了”，不是真的不想要了。

惶恐了半个月，我突然收到一位编辑发来的消息：“有读者反馈说很喜欢你的文章，觉得特别贴近生活，继续加油哦。”我愣了一秒，欢喜从嘴角溢出，心里渐渐敞亮起来。

想起最早认识的一个小粉丝，有段时间她疯狂向同学安利我，我受宠若惊，觉得自己何德何能，后来看她在写偶像的文章里写我，提到自己很沮丧的时刻，是读到我的一篇故事才慢慢走回温柔生活的，而她的“复活血”，只是一个女孩为了得到一个优秀男孩的认可，认真追梦，创作出普通作品的简单情节。

去听的名家分享也是，一整个下午，那些厉害的科研数据、调查结果听得我昏昏欲睡，而带着生活气息甚至口语化的表达者，嘻嘻笑着说点儿浅处的收获，就让我听得舒心且收获颇丰。

是因为最平凡的事物和言语，才最能获得大众的认同，在人们心中扎根最深吧！我终于愿意大方地承认，我就是那种特别普通的女孩子，会因为下楼拿快递时闻到了花香而雀跃，收到朋友的礼物会不好意思又惊喜不已，追星连演唱会门票都抢不到，上学时躲着班主任和喜欢的少年逛操场，毕业后为要踏进格子间忐忑……我体会的是最多人经历的事儿，害怕着千万人的难题，而这正好是我想要的，因为我想成为的始终是那种，用一点生活里的小感悟让别人有一点温暖、答案，或是觉得自己有了队伍的作者。

就像《送你一朵小红花》里击中我的那句歌词：送你一朵小红花，开在你心底最深的泥沙，奖励你能感受每个命运的挣扎。这是我平凡的价值。

我们都是没什么天赋却空有梦想的普通人

✽倪一宁

今年五一我回了一趟绍兴老家。

家里还摆着钢琴，1999年买的时候，我妈是狠了狠心的。她笑着说，练得好当然好，练不好，就当玩具了。

我把琴盖打开，很久没人弹了，随便按下一个键，感觉往事都会扑簌簌地随着空气振动掉落下来。

我们家楼上住过一个跟我年龄相仿的女孩，我们常一起玩。那时我已经开始学钢琴，每天被规定要弹满一个小时。

但很快我发现了一件事，当我在家练琴的时候，如果楼上的姑娘下来找我玩，我妈就会假装开明地放我去玩，等我野回来，她大概也忘了我没有弹满一小时这个事了。

到如今也忘不了她在门口探出头的那句“在吗”如同天降神兵。所以就约好，以后我每次弹《水边的阿狄丽娜》的时候，她就下来找我。

她乐感特别好，听我弹了一遍，就记住了旋律。后来我一弹这个，她就下楼，直到有天，有客人在我们家，我被要求弹奏点什么，思来想去，最熟的就是《水边的阿狄丽娜》，弹到一半，有人敲门，我去开，我说：“你怎么下来了？我家有客人呢。”她耿直得要命，问我：“不是你弹了我们的暗号吗？”

我那天真的是被我妈追在屁股后面打。

小姑娘一起玩，当然也吵架，但我们道歉的方式好简单，我只要冲上楼，拍她家的门，问一声“你在吗”。不管吵得多凶，好像只要拍一拍门，她就会在里头瓮声瓮气地说“我在”。

记忆里的夏天都是混淆在一块的，凉拖、短裤，没完没了地剥着盐水毛豆吃。只有2005年例外，那一年，李宇春出现了，而我楼上的姑娘，成了她的忠实拥趸。我陪她一起，买完了附近街边小店所有李宇春的海报和贴纸。

第二年，我们升入初中，她在我隔壁班。

她初中的时候很朋克，上课下课耳朵里都塞着耳机，跟全班女生关系都紧张，跟男生都特别玩得来。老师把粉笔丢到她桌子上，她会轻轻捡起回扔过去。

我也没安分到哪里，上着奥数课，手边摊着习题集，其实紧张地在草稿纸上写小说，她是我小说的第一个读者。那时太小了，也不讲究布局和构思，主要就是把我们看不爽的人，一个个写进去。当然她也是我笔下的主角，某一天被星探挖掘，从此成为闪闪发光的大歌星。她看了后很感动，说我觉得你也会成为很牛的小说家。

我十二三岁的时候没有真的想以写小说为业，主要是我觉得写小说会很穷、很苦，但她是真想像李宇春一样自由自在地唱歌。每个周末，她都拉我去KTV练歌，她唱，我坐着听，拿手铃给她欢呼。

她唱过《漂洋过海来看你》，也唱过《我的心里只有你没有他》，歌词都写得很缠绵，但我们当时对爱情毫无兴趣，我们只想成为很牛的大人，站在舞台中央，所有的灯都是为我们点亮。

初中快要毕业的时候，她妈想把她送出国，去念会计，但是她不肯。她说："我要留下来，我要考音乐学院，我要唱歌。"她妈努力跟她沟通，沟通不成，就打人，她被打急了就离家出走了。

她妈来找我，让我带着去找她，我居然就带着她妈去找她了。她当时住在她的一个朋友家，那朋友是玩乐队的，染黄毛、扎鼻环，反正对当时的我来说，一看就不是什么好人。她把门打开，看到是我，然后再看到她妈，立马就崩溃了，说："你背叛我。"

但我当时没什么愧疚感，觉得她再跟这种朋友混下去就废了，我是把她拉回正途。

她再也不跟我说话了。我每天上学前，去敲她家门，问她："在吗？一起走吗？"却再也没有了回应。

到后来，每天早晨去上学，不是下楼而是先上楼敲门，成了我的习惯。直到有天我崩溃了，一屁股坐在她家门前，抱着书包号啕大哭，我在门外问她："你明明就在，为什么不理我啊？"

终于她冲出门来，眼睛通红地看着我问："为什么你不相信我会成为很棒的歌手啊？"

我后来去杭州念高中，学校里也有玩乐队的人，那时我总会想起她，当时没有微信只有QQ，我只能跨越太平洋问她："在吗？你在那边都顺利吗？"

有天我在晚自修的时候，接到了一个陌生号码的来电，是她。她没有自报家门，但我还是靠声音轻松分辨出了那是谁，她小声问我说："在吗？"

我说："嗯。"我看了看，那是个来自北京的号码，我说："你怎么回来了？"

她说："我回国了，我还是想唱歌，我朋友给我介绍了一个声乐老师，他答应收我为徒了，我要拜师。"

我沉默一会儿说："那你找我干吗呢？"

她说："你借我两千块钱吧，我瞒着爸妈回来的。"

我当时很纠结，很怕她一个人流落在外没钱，其实下意识地很想告诉她爸爸妈妈。可是又想起，初三的时候，她愤愤地说"你背叛我"的样子。

我到底还是偷偷把钱转给了她，这个跟我懂不懂音乐没关系，作为朋友，我理当支持她每一个形状滑稽的梦想。然而尴尬的是，那个老师是个骗子。被骗后她没钱买回加拿大的机票，只好灰溜溜地回了家，她父母震怒，连带着借钱给她的我也很尴尬。

我最后一次听说她的消息是去年，我妈说，她彻底回国定居了，在北京后海的酒吧里当驻唱。也是那一年，我用做错事的语气跟我妈说，我真的还挺喜欢写小说的。

我后来跟朋友聊起过这桩往事，我很认真地问他："到底是初三的我做得对，还是高中时那个偷偷借钱给她的我更正确？"

朋友说："当然是初中的你脑子清楚，世界上很多人有梦想，但不是所有人都有天赋，很多人的梦想就是越早扑杀掉越好，才能安心做个普通人。"

我说："可是她现在在酒吧驻唱，应该也挺快乐。"

朋友露出一点轻蔑的神情说："你们都误解了，觉得快乐是个主观概念，其实它是有客观标准的，一个人过得好不好，路有没有选对，当然是可以被评判的。在我看来，她就是被自己的妄想耽误了。"

我很想反驳他，可是越气愤的时候嘴越笨。我脑子里突然闪过的，是我妈当年对着英语老师说的那句"我们家孩子也不是省油的灯"。

于是，我跟他说："那可能，我也是个没什么天赋却空有梦想的普通人，你也看错我了。"

这不是气话。很可能，我们都是没什么天赋却空有梦想的普通人。可是我总记得，在我笔法幼稚得要命的时候，就有人兴奋地每天催着要看我写的小说了。在我自己都觉得自己不行的时候，有人说"我觉得你会写出很好看的小说"。

长大后拼命跟世界要认同感，但其实早在很多年前，就有人毫不犹豫地站在我身后了。

我很羡慕小时候，只要拍一拍她家门，吼一声"在吗"，就能把积攒的怨气清零。

"在吗"是世界上最无关紧要的开场白，后面跟着的，都是一些我们觉得难以启齿的话：

在吗，我还是挺想你。

在吗，很多年后，还是觉得欠了你一句对不起。

又或许，很多的"在吗"，是在试探、在追问：寥廓世界里，你是不是我仅有的同盟？

恰到好处地生活

✽沈嘉柯

1

我认识的钟桥是一个很特别的富二代。

他在小的时候，被父母要求学习钢琴、外语、唱歌等，在国外读了两年书，在亲戚家的公司待着。

他的家人力图把他打造成一个优雅的男生。

我在一些比较高级的场所看见他的时候，他特别谦虚安静。给长辈们倒酒，给我斟茶，给旁边的女孩子拉开椅子。有一次我在机场碰到他，他刚好送一个朋友去外地。而我，刚刚下飞机准备回家。

回去的路上，我蹭了他的顺风车。他开的是一辆中规中矩，略有些旧的别克。

大概我们是多见了几面，他觉得比较熟悉了。

那天下了一点小雨，而且是黄昏时刻，从机场开回市区，天色已经暗下来。

他跟我说：“你是一个作家，又懂心理学，我想讲讲自己的故事，你想听吗？”

我说：“想啊，你讲吧！”

他就说，其实他的故事很简单。每天晚上如果没有什么工作，他会开着自己另外的一辆车，在本市的三环线上狂飙。

我见过他的另外一辆车，那是一辆玛莎拉蒂。

我问：“然后呢？”

他说，当时他带着一个女孩，车上放着红酒。他的速度开到极限，真的是风驰电掣。

那一瞬间，他忽然觉得，身边有漂亮的女孩子，手边有自己最喜欢的酒，深夜的超限车速，仿佛能穿越一切时空，看一切景物都变得影影绰绰，会有一股巨大的快意充斥全身。

这听起来像是一个炫富的故事。

但他接下来说的是，他觉得他很想在这种的无限快意中死掉，而且一点都不觉得遗憾。

他问我，他这样是不是心理有病?

2

有一次我去南京旅行。深夜一个人肚子很饿，我就出门，在附近的街道寻找有东西吃的店。

那个时候已经接近深夜十二点，店铺都关门了。就连几个零零碎碎的小摊贩也开始收摊了。我放弃了吃夜宵，原路返回。

一个大妈骑着三轮车，拖着卖桂花鸭的玻璃柜，在晚风中慢慢地踩着脚踏板。

她在前面慢慢地骑，我在后面吹着风慢慢地走。我看得出来，她忙碌了一天非常疲惫，面无表情，玻璃柜又破旧又油腻，那是常年使用后的痕迹。

大妈的家可能比较远，走了好一截路，我都快到了，她还在往前骑车。

这时大妈突然哼起歌来，是一首很老的民歌的旋律，后来她进入状态，把歌词也想起来了。

她越唱越有力，三轮车越骑越慢，声音在夜空里回荡，她整个人格外投入，几乎物我两忘。

我一直听她把歌唱完，又重复唱了一遍，才折返酒店。

骑三轮车的大妈，唱完了歌以后，似乎一身轻松，面孔上冒出笑容。她回到家了，再睡一觉，明天又会出门做生意，卖桂花鸭，赚钱养家。她的年纪，孩子应该十几岁。

3

开玛莎拉蒂的男孩告诉我，他真的迷上了那种飙车到想要瞬间死掉的感觉，很过瘾。所以他常常这样深夜飙车，并且瞒着父母。

他的父母有大笔的产业，希望他继承。他却无所谓。

他家当然不止那两辆车，只不过他爸爸要求他平时出门只开最便宜的车，因为担心他被盯上、被绑架。

他觉得，自己的父母已经赚了不少钱了，还在忙碌着，想要赚更多的钱，活得真累。赚钱那么辛苦费心，他没兴趣，他已经很满足现有的物质生活了。

男孩说："如果我哪天车毁人亡，你别觉得诧异。我觉得那其实是一种挺好的生命结束方式。"

每当我想起那个男孩，就一定会想起那个大妈。

一个快意，一个慢歌。一个想死，一个谋生。

我猜，肯定有人讨厌这种富二代，想死就让他去死好了。也肯定有人对大妈报以怜悯。

男孩和大妈，就像是"痛苦"和"无聊"，共同构成了完整的人性。

我们在谋生的痛苦中，日复一日的劳作里，用尽各种手段安抚慰藉自我，唱歌是抒情治愈，也是放松歇息。我们心中有一个遥远庞大的想象，我们会过上好日子的。

我们在充分得到满足后，会无聊。于是又会追求更强烈的快意，强烈到想在最美好爽快的刹那死掉。就像日本的死亡美学，花很好，月也正圆，心爱的美人在侧，一切都心甜意洽。在这个极好的时刻，不如就愉快地死掉吧。

4

其实在南京的那个夜晚，我心里也有一个念头，就当作陪着她走一段夜路。她的歌声，别有一种细微的动人。

而那个男孩，我跟他说，你下次请我吃大餐，我会告诉你答案，顺便把你写到我的书里，换钱。

他笑着一口答应。

后来他请我吃饭了，但没有再谈到那个"是否有病"的问题，我也没有对他旧事重提。

这个故事，我就讲到这儿吧。

无论你是像那个男孩，还是像那个大妈，还是介乎中间的普罗大众，愿你了解富庶丰盛的无聊，也了解平凡贫穷的痛苦。

愿你勇猛精进，也愿你平和喜乐。

愿你恰到好处地生活。

长大是个残忍的词

✽小丸子

你幻想过自己的15岁吗？我从小就对15岁有着迷一般的执着，很多青春故事就是从这个年龄开始发生的。在我的幻想里，我是学生会或者播音部的，组织参加很多活动的同时，又能把学习兼顾得很好。

而事实是，凌晨三点多，我还没有睡着，这种状态已经持续好几天了。我心情不好，就会失眠。失眠非常难受，头很重，像是有千万斤秤砣地挂在我脆弱的神经纤维上，不知道什么时候会“啪”的一声断掉，很疲惫，可就是睡不着。

还有3个多小时就要起床去学校，我一边烦闷着，一边祈祷着这3小时能不能像三年一样，慢一点，再慢一点，我真的不想去上学。

上高中的第一个星期，我的生活像是被阴霾笼罩了一样，一丝明媚都看不到。

大家都在忙碌自己的事情，不会再像初中一样，几个女生黏在一起，手拉手去上厕所。

我走路回家，身边同学都骑自行车，所以中午放学和晚上下自习，都是我一个人走。看着路上和我年龄相仿的人三五成群、说说笑笑，形单影只的我在心里默默地想：他们会不会觉得我这个人很不好相处，所以才一个人。

不单单是孤独感令我心烦，还有学业上的问题。我不擅长物理和数学，同学们能及时回答老师抛出的问题，而我得想个老半天才能明白。

我好羡慕有的人永远元气满满、游刃有余地面对新生活，而我就像一辆驶错轨道的火车，对于如何步入正轨，完全手足无措。现实给了我一记耳光，小时候幻想只是幻想。

和以前的朋友打电话，她也说，上高中后，大家都更加独立，有自己的计划安排，所以一下子想交到知心好友真的好难。能遇到值得交往的朋友最好，没有的话，也不要难受嘛，反正我们永远是好朋友。

朋友的话给了我很大的力量。

有一天下课，后桌在很努力地解数学题，草稿本上是密密麻麻的演算过程。我满脸震惊，因为我一直认为他是天赋型选手。他笑笑说：“我数学没有那么好，所以多做做题。”原来大家都在努力着，而我只看到了他们风光的一面，忽略了他们的努力。反观我，因为高中老师不像初中老师逼得那么紧，我就懈怠了学习，每次老师说要讲题，我才急急忙忙写两个应付一下。

长大后我才明白长大是个残忍的词，它意味着分离，跳脱舒适区，迎接新生活，适应孤独，自己督促自己努力。

小时候我们都觉得自己很特别，有一次我掉了两滴眼泪，突然天空下起了小雨，我还有过“我的眼睛该不会是控制人间雨水的阀门吧！”这种可爱的小想法，而越长大越发现，自己普普通通，世界并不是围着我转的，很多事情不是哭哭啼啼或者抱怨两句就能解决。我们都一样，孤独又彷徨。所以啊，要懂得自己消化不好的情绪，从现在不太满意的生活中找出值得开心的小事。虽然有一些不适应新环境，但是我会努力让自己尽快适应的。

长大很残忍，但我们必须长大。

做一辈子普通人是一种怎样的生活体验？

✽饭团酱

我去美国读书的第一年加入了学校的交响乐团。每到周三下午上完数学课，我就提着我的乐器，乐颠颠地去音乐楼参加排练。乐团的指导老师很有童心，常常在演出中加入有趣的情节，选的曲子都很动听，但难度又不高，像我这种业余九级的选手无须预习就可以轻松走一遍。于是周三成了我最期盼的日子，排练的几个小时，可以让我忘了所有的烦恼，跟着音乐去热带雨林探险，去星空银河翱翔，去中世纪的教堂祈祷，去拉丁美洲的广场舞蹈。

那时候我开始觉得也许音乐才是我一生所爱，金融啊数学啊，跟跳跃的音符比真是枯燥极了。如果能在交响乐团工作，哪怕每月只赚 1000 元，我也一定会活得很开心、很快乐。

我开始懊恼，学乐器的那七年里，为什么就是不敢踏出勇敢的一步去做艺术生。

那时候我以为，我不能过想要的生活，仅仅是因为选错了路，仅仅是因为太胆怯，仅仅是因为阴差阳错。

直到有一天跟乐队的二提琴手闲聊天的时候，他说他今年毕业要去当中学老师了。我非常惊讶，因为跟我这种业余选手不一样，他出身音乐世家，在我们学校提琴专业的硕士里也能排到前两名，属于专业高手中的高手，为什么不去职业乐团呢？是喜欢小孩子所以主动想当老师的吗？他回答："不是的，因为我不够优秀，我也很想去职业乐团，可惜乐团今年一个空缺的小提琴位置有四百个乐手争夺，而且那四百个人每一个水平都比我高。"他说这话的时候浅蓝色的眼睛好像愈加水汪汪了。

再看着他因练琴太多而导致红肿的侧颚，我安慰的话竟怎么也说不出口了。

那一刻，我突然清醒地意识到，即使我当年选了艺术生这条路，即使父母可以提供优渥的教育环境，即使请很厉害的私人教师或出国深造，我依然无法完成所谓的音乐梦。什么不够勇敢，什么阴差阳错，根本全是错觉，我不能过梦想中的生活，仅仅是因为我是个普通人。

如果是一个普通人，才智普通，天赋普通，家境普通，际遇普通，那么在有限的生命里，就会有太多事想做而做不到，也会有很远的梦要追却追不上。

这世界上有太多太多比我有天赋比我勤奋比我起点高的人，可当他们长大的时候，却也不得不告别童年时天真烂漫的梦想，不得不辜负少年时许下的壮志豪言，而我又何德何能，竟幻想可以摆脱普通人的宿命，把梦想攥在手心？

那年想成为银行家，叱咤华尔街弄潮金融市场的你，如今做了企业会计，正计算着隔壁办公室的老王是不是少交了计程车费的票子。

那年想成为建筑师，去设计卢浮宫玻璃金字塔的你，如今做了工程造价师，正在某个郊区的厂房记录着老掉牙的设备型号。

但奇怪的是，你依然很快乐。

在疲惫的工作后回家看到孩子红苹果般笑脸的那一刻，在寒冷的冬天里大口大口地吃到热腾腾的火锅的那一刻，在过年的餐桌上被大笑着的长辈强灌了口好酒的那一刻，梦想能否实现似乎并不那么重要了。

原来，作为一个普通人所能感受到的酸甜苦辣与喜怒哀乐，已足够报偿我们来这烟火凡世间走一遭。

生而为普通人，我也很骄傲

✽ 文长长

亲爱的熊孩子：

你好哇！

几日前，跟认识但一直不太熟络的女孩约了一次饭。是我主动约的她。

身边人知道我跟她一起约了饭，调侃我社牛。她们觉着主动向平时没多大交集，也不算熟络的人发出吃饭邀请，是一件很厚脸皮且尴尬的事。是一般人做不出的事。

我向来不喜跟旁人多解释。在她们调侃我时，我只笑着说了句“前一晚睡前看到她发的朋友圈，恰好那晚做梦梦到她了，就主动约她一起吃个饭”。这是事实。

但这也并不是完整的故事。

故事的 B 面是，有一日我背着装满资料的书包走在林荫路上，突然很悲伤地觉着此刻我身边比较熟悉的人，无论室友，还是同门，我们都是在所谓的“缘分”下聚集在一起，而后熟络的。她们都并非我认真挑选后真正想去了解，并与之为伍的人。我知道，说这种话会显得我整个人很冷漠，但在那个瞬间，我真切地觉得悲伤，这一两年，我并未主动靠近过我真正想要认识的人，把与什么样的人为伍这件事交给“缘分”。我错过了很多与更优秀、我更欣赏的人做朋友的机会与可能性，也放弃了自己可以“挑选”朋友的主动权。

那日，跟那个女孩吃饭时，聊到为什么约她吃饭时，我很坦诚地把上面那段话对她说了一遍。并毫不遮掩地跟她说：之前一直没有机会多跟她接触一下，但我一直挺欣赏你的，也挺想能有个机会跟你一起好好说会话，交换一下彼此的想法。

她是那种别人夸她好看，她会很自信地回一句“谢谢”的女孩。听完我的话，她也很真诚地跟我说：现在很多人都很骄傲，她们不愿主动向另一个人示好，不愿主动去靠近不太熟络之人，即便很多时候我们对一些人很好奇、很想了解，我很开心你愿意主动向我抛出你的橄榄枝。

我们都是极其真诚之人，愿意坦诚地跟对方交换自己的想法，所以那日我们聊得很开心。

亲爱的小孩，我知道这是很微不足道的一件小事，但我必须跟你坦诚的是，我真的好久没有如此这般因为跟一个人聊天而开心了。我也很清楚，这份开心不只是因为我们交换了彼此的想法，这份开心也因为我主动走出自己舒适的社交圈，主动认识我想认识的人。

二十七岁的我，依旧会因为自己终于靠近了一直想认识，但总没勇气去认识的人而开心，甚至会打心底觉着这样的自己好棒。坦然承认内心深处的这个稚嫩想法，挺丢人的。我也知道，肯定有人在看完我内心这些极其细腻的想法后，会觉得我矫情、幼稚。他们会觉着，如此这般的事情，有什么值得一提的。

但，我还是决定把这件事说出来。我有时候觉着，构成我们整个人生的，不就是这么一件件不值一提的小事和一些很细碎的情绪吗。每个人都有自己细碎的情绪，又何必为了显得自己的品位多么好，而看不起这份“细碎”呢。

我尊重发生在我身上的每一件不起眼、但切切实实也很重要的“小事”和“小情绪”，我也不介意被人说我的人生怎么如此这般不“伟大”，也不“高级”。我就是会因为我鼓足勇气去接近我想靠近的人，而觉得自己在人际关系上长大了，进步了；我会因为我做了别人不敢做但很值得一做的事，而觉着自己“好勇敢，好特别”；我会因为自己坚持每天早起，坚持运动，坚持好好生活这件事，而觉得自己“很自律，也很棒”；我也会因为自己努力了很久，终于考上心仪学校的研究生这件事，发自内心觉得“在我的人生里，我就是很厉害”；我也真心觉得二十七岁，出版六本书的自己，就是优秀。

也许我这辈子怎么努力都没办法成为那种家喻户晓的写作者，也许在很多人眼中这样的我很矫情，也许在那些骂我的人眼中他们就觉着“不就是出了几本书，考了个研究生，有什么值得自豪和说道的”，也许很多人看不惯我。这些我都知道。

但，亲爱的小孩，我想跟你说的是，如果有一天，你很不走运地成为像你老娘这样一个有点光芒，但光芒还不足够大到让那些讨厌的人闭嘴的“普通人”，并因为自己这份不上不下的“光芒”被人讨厌着，那也不可耻，也没什么好自我怀疑的。

也许我们这辈子没办法成为一个多么厉害、多么“伟大”的人，也许我们身上的确也有很多被人讨厌的“不完美”,但那又如何。谁说普通人就不能骄傲地活着的？什么时候不偷不抢，脚踏实地，靠努力实现自我，是一件丢脸的事了？什么时候普通人就不能在社会大口喘气，不配发表自己“普通人”的想法了？

普通人也是人，普通人的喜怒哀乐也值得被记录下来，普通人的每一点进步也值得被书写下来。以及，普通人想要努力一点，去克服“普通人”的人生困难，去努力活得不那么“普通”一点，也没什么好丢脸的。

努力去做某件事，从来不丢脸。活得努力一点，也不丢脸。

努力做成某件事，哪怕这只是别人眼中一件很微不足道的小事，那也是值得炫耀和肯定的。对于大多数人来说，终其一生，能努力地活着，顺便照顾好自己的情绪，本身就是一种了不起。

亲爱的小孩，这也是我唯一能教给你的东西，即便我们只是一个普通人，那也要做一个不卑不亢的普通人，自信且顽强地活着。

生而为普通人，我很努力，我也很为这样普通但努力的自己骄傲。

祝每一个普通的我们都能活成自己的骄傲！

祝我们都能骄傲且顽强地活着。

你的老娘：文长长

每个人的花期不同，

不必焦虑有人比你提前拥有

大雨不只淋你一个人

✻曾 颖

青春时期，我常常觉得自己是天下最苦命悲催的人，这固然有因为喜爱文学而“为赋新词强说愁”的矫情，也有自己家境贫困且又在偏远山区干着永无出头之日工作的绝望，还有因这两者作用下的失恋，这些都如凄风冷雨一般，笼罩在我头上。很长一段时间里，我甚至产生一种幻觉，觉得整个世界都是晴空万里，唯独我头上伞一般顶着一朵雨云，全天候无死角地将我淋得冰湿……

那段时间，我有点像祥林嫂，逢人便展示自己的痛苦与委屈，想求得别人的一些开解与安慰。但也许这是一件累人的活，渐渐地，我发现，朋友们开始躲我，这让我的悲哀与自艾，雪上加霜。

有一天，我独自在离厂子不远的大王庙转悠，突然遭遇一场大雨。大王庙是用来纪念为四川治水的李冰的。相传，在建设完成都江堰之后，蜀守李冰又来到我此时所站的这块土地上，用火烧水激岩石的方法，烧通火堰，为什邡绵竹和德阳这片著名的沃土，提供了水源。他也在此地去世，人们为纪念他，修了此庙。

我在大殿外的瓦廊下百无聊赖地想婉约诗句排解无聊，这时，一位别的车间的同事，也一身透湿地逃进长廊。我们就随意聊了起来，从檐前的雨，到被雨淋弯腰的花草，到我们花草一般脆弱的运气，以及不景气的厂子和不久前的那场失恋……

天气本来湿冷，我的话语更是把当时的气氛带得阴沉。

那位同事显见着有点吃不消，想说两句话安慰我一下，以掩护自己脱身。但因为原本不十分熟悉，一时竟不得要领，东一句，西一句，似乎想说点比我说的更惨更无奈的事来缓解一下。这当然如同给重病的人吃糖豆，没有太多的用处。

就在这时，几个比我们淋得更湿的香客从雨中冲来，一面拧着衣服抖着水，一面抱怨着天气。

那位同事，冲口说出一句：“总之，你记着，大雨并不只是淋着你一个人，所有的人都一样，只是他们不常说而已。不要只是觉得世界上痛苦的只有你一个人！”

那段话，如同带着闪电的惊雷，把我劈醒了。我抬起头来望向四周，湿透的人们各有笑语；再回想身边的众人，家境比我惨的；从小失去妈妈的；因为户口原因没能找到工作的；因为有残疾至今没谈过恋爱的……这些人，没有一个，如我那样天天哭丧着脸，向人们诉说自己的绝望与无力，有时还要忍痛听着我的吐槽，那是什么样的场景？

大雨，并不是只淋你一个人，如同痛苦并非某一个人独有。而真的强者，是那些勇于面对和担当的人，而非随时都在碎碎念的弱者。

自那以后，我不再向人展览哀怨。我甚至感觉，那天那场雨和那位并不熟悉的同事，也是某种力量特意安排的，还有那句借同事之口说出的看似平淡却无比有力的话。

这句话一直在心中，陪我过了大半生。我遇到的所有苦难和麻烦，没一个比年轻时遇到的失恋之类挠痒痒式的痛苦轻，但我都微笑着接了下来，并且将它们变成让自己欣慰的回忆。

人生不如意之事，十之八九。如果总是悲叹，是叹不过来的，当我们在叹息昨天的失去时，也会错过正在进行着的当下，甚至耽误我们期望明天。

内向不是我的缺点，而是我的特点

✲鱼甜

1

在上大学前，看到这样一篇文章——《大学里，内向的人靠边站》。

虽知道说法过于绝对，理智也提醒着我，性格不会决定人的全部命运，但我还是从那些说内向不好的言论中衍生出了些紧迫感。

因为，我的确是一个比较内向的人。

我的内向不是天生的，确切地说，在转学到南方上学的那个冬天起，我才渐渐变得沉默寡言，内向这个标签放在我身上开始变得恰如其分。

我从北方来到陌生的南方，穿着土气的紫红色棉袄站在讲台上自我介绍，望着班上陌生的面孔，我第一次有了胆怯感。

那时我的北方口音很重，说话总引来大家的笑声，我知道，他们并非恶意。

2

那些女孩身着时尚的衣服，她们会跳舞，会玩电脑游戏，会和班上的男生打闹在一块儿，和老师说话从容淡定，放学有家长来接，而我呢，好像有些格格不入。

一种疏离感在我心中蔓延，我到底只是“住在别人家的孩子”。

我的内向在那个阶段开始无限滋长，到后来，竟深入骨髓，在自我的意义系统里，它占据着一席之地。

那时，我与陌生人交谈不敢正视他的眼睛，能少说话绝对不多发一点声音，来到全新的领域不愿意主动了解感受，在大家相谈甚欢的时候，只愿默默注视。

所以这样的我，在成长的时日里，并没有变得越来越优秀。

长时间以来，我都喜欢为自己打造好一处角落，供我安抚自己，供我存放虽然内向却也少不了的虚荣心。

我开始在这里，羡慕那些走路带风的人。

3

我认识TR老师，是一次意外的采访，学姐临时有事，把我喊过去帮忙，而他则是我的采访对象；

采访过后，他跟我说：“我和你其实有些相似，在某些内心的地方。”

33岁的他说这句话的时候，充满了少年气，说话声音让我想用温婉来形容。

在采访开始的时候，他看出了我的紧张不安，于是递一杯温水给我，让我慢慢说。

原本的采访竟变成了一次谈心，我想这是需要些机缘的，天气、时间、地点、情绪，有一个地方不对，可能都无法促成这次的交谈。

我向他倾诉刚进大学的困惑，那种身上的自卑感和内向情绪也都被他一一看穿，他同我说：“我和你一样，从前也是内向的人，而且现在还是。”

“我们不同的地方是，我把它渐渐看作我身上的优点，而你似乎还未打破内心对它的恐惧。”

不错，这么久以来，我一直试图挣脱它，却被内心的怯懦打败，最终习惯了逃避，对年轻人来说这是件有些悲哀的事情。

4

TR 老师是成功的，出国读研，见识到了更宽广的世界，那种种经历给予他巨大的力量，让他勇敢向前，打破了内向带来的自卑感，使得内心寻找到了平衡，从此有了觉醒。

突然发现，人生很多事情都是可以有所选择的，培养对事物的反观性，反而会让人变得通透起来；不论是性格还是人际关系又或者是自我的认知，只有跳出当前，才不会被局限，才更有机会接近豁然的状态。

这些年，在我自我否定的时候，耳边响起了越来越多坚定的声音，他们都在告诉我：“内向不一定是坏事，它还可能是成功的代名词。”

之所以会有这样的声音，是因为调查显示，爱因斯坦、比尔·盖茨、巴菲特、村上春树等都性格内向。

如果我们真的把这顶成功的帽子扣在性格内向的人群上，那么，剩下的性格外向人群可能会一拥而出，争执、捍卫、抨击。这些无所谓的言论其实并不会决定什么，但是却会给一部分内向的人带去一丝丝的光亮。

就像很久未被雨水滋润的地区突然来了一场春雨，当地的人们不会抱怨雨水，而会感激，并期待下一次雨水的来临。

他们会和我一样，渐渐把内向当作一件好事去对待。不是刻意改变，也不是在世俗的场合里扮演出外向，而是更好地去成为一个内向者。

5

最近有幸参加了一堂大学生梦想公开课，当年从学校毕业的学长学姐，如今带着各自的光环回到母校。站在舞台上的他们，用心地把每一句话讲给我们听。

“内向不是我的缺点，而是我的特点。”

我对这句话记忆尤为深刻，当初羞涩的小女生，如今成长为了一名气质女主播，有着自己的专题节目，有着自己的一批听众；她向我们坦言，一路走来，着实不易。

她享受那种被镁光灯照射的感觉，却偏偏生了副羞怯的皮囊，上台说话会结巴，脸蛋会变红，更让她沮丧的是，主持人大赛，她从没有进入过复赛。

现场有人提问：“学姐，那你是怎么变成了现在外向的你呢？”

“我还是那个我，性格这种东西是很难轻易改变的，只不过为了我喜欢的东西，我学会了去做一个有职业素养的我，把内向这种东西换一种方式呈现，比如专注。”

恍惚间我突然发现，内向可以是一种成功的选择，我们和别人没什么不同，我们或许能比别人活得更热烈。

6

不善于社交，并不代表我们不健谈，我们会更懂得选择自己的社交群，不浮于表面，而更在乎深层次的交流。

远离人群不代表我们不合群，在我们所处的小世界里，一样有爱、有温暖、有陪伴和守护。

独处会成为我们的一种能力，并在需要的时候，为我们独当一面。

“我们习惯一事当前，先为自己布下巧妙逃遁的理由。我们善于发挥悲哀的想象力，制造可资逃避的借口。我们不断把一些后天的弱点归结为遗传的天性，以洗脱自身应负的责任。我们没有勇气对瑕疵自我解剖，便推诿于种种客观和大自然的不可抗拒之力。

这一切的核心是怯懦。自身的敌人，也需有正视和砍刈的英雄气概。”

毕淑敏如是说，正中下怀。

这么些年，我依旧没有走路带风，没有很酷，但我变得有趣起来。

快看，内向的你，眼里也正在放射光芒！

所谓成长，不过泪中带伤

✽辜好洁

15岁时，我并不高挑出众，也不算能说会道，当时我唯一的优点是学习成绩好。小学时我在班里总考第一名，小学升初中时，全校只有两名学生的语文和数学考满分，我就是其中之一。进入初中后，我的成绩也没掉出过前3名。在对个人能力界定狭隘的初中时代，成绩好往往是“聪明”“厉害”的标签，于是在其他方面表现一般的我，仍旧被选为班长兼语文课代表。

为了对得起这些称谓，我利用课余时间读了很多书，学习一些复杂的疑难生词，一方面是为了在课堂上回答问题时突显我丰富的知识储备；另一方面是为了在写作文时博个熟练引经据典的印象，得一个高分。那时我想要的并不是考第一名，而是拉开与第二名的差距。

但现实往往是，总考第一名的人，继续保持第一名不会被表扬太多，但若某次落到第二名就会被责问：“怎么退步了呢？”长得好看的人，大家都喜欢他是理所当然，没有人会去在意他会有多么美好的品质。人一旦落到某种设定里，好像随之相关的一切都变成理所当然。

不甘于被限定的我们，偶尔会急切地渴望让别人看到自己还有无限的可能性。在学生时代展露自我的方式有限，所以，成绩好的人拼命表现自己人缘好，长得好看的人拼命表现自己有才智。

我和N的友谊大概就是在这种背景下形成的。

总考第一名的我和长得最好看的N，我们都一样早熟，都深知如果总是一个人便会落下话柄，于是在初二的一节体育课上，N走到我面前，朝我伸出手，笑盈盈地说：“我不想变成‘花瓶’，你也不想被当作书呆子，我们互相弥补不足做朋友吧！我们做朋友，这样的搭配一定很吸引人的眼球。”

我没想到N这么直白，但她说中了我的要害——我不想做拒人千里的书呆子，而想被夸奖得更多，想被认为是更优秀的人。如果我和N在一起，我的生活会少一些沉闷。我没有理由拒绝，便伸出了手，和N结盟似的成了闺密。

即使如此，我们曾经也非常要好过。

初二暑假我们约好到她家做海报，她画画、排版，我负责写内容。N的家住的是一栋两层的小别墅，她的房间外面有一个很大的阳台，我们搬一张小桌子到阳台上，铺上凉席，就那样围坐着，商量怎么把海报做得更好看。凉席上堆满了零食，风扇吹走了燥热的夏风。做完海报，我们就躺在地上望着天空聊班上的八卦，说谁干了什么蠢事很讨厌、谁好像喜欢谁……我们不用刻意地保持温柔、良好的形象，也无须隐藏自己的负面情绪。

冬天的时候，教室里的暖气有一阵子坏了，N是大小姐，不愿意在教室里裹着厚厚的羽绒服，便穿得薄薄的，虽然很漂亮却冷得受不了，于是她让我假装肚子疼，她去向老师请假送我回家。逃出学校后，我们去附近的电影院看了一部爱情片，她去买电影票，而我负责去买奶茶，两个人心安理得地坐在黑漆漆的电影院里看电影，看完后各回各家。

我把课堂笔记借给N，临考前给她划重点、帮她复习，而她带我去参加她的朋友聚会，我也因此结识了不少其他学校的学生。学校的文艺活动，我总是陪N去参加排练；运动会时我报了800米长跑，N拿着糖水在终点迎接我。

书上说："大多数朋友甚至称不上朋友的人，像猫而不像狗。他们为了从你身上索取什么而接近你，却不会带来忠诚。"我和N也是如此，互相需要，频率相同，所以能做朋友。我们遵守着闺密之间的规则，一起做了很多事，却保持着恰当的距离，不交心，不追问彼此的秘密，因此相处融洽，从未争吵过。

女生之间的亲密往往是在长时间的相处中形成的一种习惯，而在所有的感情中最难克服的就是习惯。当我们放学后依偎在一起穿过长长的走廊时，我以为我们真的是闺密。

人与人之间的感情，牢固时是坚不可摧的堤坝，一旦有了小小的缺口就溃不成堤了，何况我和N的友谊本来就不纯洁，这份友谊后来因为我的“背叛”而迅速瓦解了。

这缘于一次投票。

每年10月，市里的学校会联合举办辩论赛，决赛在我们学校举行，按照惯例，要从初三学生中选出辩论赛的主持人。终于轮到我们这一届，我们班敲定了两个女生去参加学校的主持人选拔，并用了一节班会课举行试演，然后进行投票。

这两个女生，一个是长得最好看的英语课代表N，另一个是主持经验最丰富的文娱委员A。她们俩总是一起主持每年的元旦晚会，但这次辩论赛要在她们中间选取一个做主持人。投票结果是N以一票之差败给了A。失去这次机会的N很懊恼，而且因为输给了A感觉很没面子，她当场在教室里大哭起来。那时我和N已是全年级同学皆知的闺密，看到她哭，我慌了神，急忙从包里翻出纸巾递给她。谁知我的手却被她重重打开，纸巾飞出好远。我愣住了，其他人也都被吓了一跳。

“阿洁，能不能不要再假惺惺地装好人？我为什么哭，你心里清楚。”哭得梨花带雨的N说，“我最讨厌你这种虚伪的人了！”

直到现在我还记得N当时的眼神——幽怨、厌恶、愤怒，她对我的不满终于爆发，我如芒在背，恨不得钻到地底下去。

是的，就在十几分钟前，我一边对N说“这次肯定是你赢啦”，一边悄悄地在纸上写下了A的名字。

这件事很快在学校里传开，大家都说我嫉妒N。

因为嫉妒而背叛最好的朋友的我，一夜间背负恶名，甚至我去办公室领批阅好的卷子时，也听到一直以为最喜欢自己的语文老师对其他老师说：“我不喜欢我们班的阿洁，她太有心计了。”

之后好一阵，在学校里被人指指点点，我可以佯装不在意，但N的眼泪却在我的脑海中挥之不去，渐渐成为我痛苦的根源。

他们说我因为嫉妒N才选了A，那时候我并不嫉妒N，可是如果我选了她，我也许会嫉妒她。我选A的原因很简单——A不够漂亮。

我们学校的辩论队进入了决赛，一辩叫L，是一个头脑聪明、性格冰冷的男生，小学升初中考试时，语文和数学都考满分的另一个人就是他。每次班干部开会时，他都坐在最后一排心不在焉地转笔，我一句话也跟他搭不上。而代我去开过一次会的N，之后却和他传出绯闻。有一次我和N从食堂出来，那个男生和我们擦肩而过时，对N点点头打招呼。

我没有勇气追问N太多，但如果他们两个的交集增加，讨男生喜欢的N说不定会和他发生点什么，到时我一定会因为那个男生而嫉妒N。我和N似乎势均力敌，但我知道我赢不了她。她总是先把我看透，而我总是迟一拍回应，这一点从她先朝我伸出手的那一刻起，我就知道了。

赢不了，却不想输。

这点少女的心思，我不能跟任何人说，我宁愿被大家当成我嫉妒她，这样反而更轻松。

可是N哭了。她的眼泪粉碎了我所有的想法。我懊恼、后悔，以为失去了我们之间的友情。

我去N家里找她，想跟她道歉。

她满面春风地开门迎接我，还递给我好喝的橘子水。我愈发歉疚，但N摆摆手说：“那天吓到你啦？不好意思，我也是没办法，如果不那样做，我就彻底没机会了。”我不明白。N说：“刚才班主任给我打电话，通知我作为增补人选去参加学校的主持人选拔赛。”

N笑起来的样子很美，那笑容却刺伤了我。

“我不想输，阿洁，你是最明白我的吧？”N说，“不要用那副悲哀的表情看着我，太虚伪了！你不是怕我和L的交集太多才选A的吗？我们各取所需、互不相欠，这样才能继续做朋友。”

各取所需、互不相欠。当一方想付出真心却不得不收回来时，连委屈也显得虚伪。我真没办法和她继续做朋友了。

人是社会性的群居动物，所以，有时并不是气味相投的人才能成为朋友。害怕孤独、需要取暖，所以靠近。15岁的我们尚且年幼，成熟和心计也是肤浅的。我和N像两朵盛开的花，为了吸引别人和炫耀自己，极力盛开、极力张扬，却总嫌自己不够夺目，于是拼命为自己涂抹更多的色彩。我们却忘记了去想，自己原本的颜色或许更鲜艳、更美。

长大以后回想起那段过往，不禁莞尔。谈不上后不后悔，因为人与人之间的默契与惺惺相惜，原本就是因为难得才显可贵。在与别人交往的过程中，我们不愿隐藏和扭曲自我以迎合他人，所以，最终找不到和自己有默契的人，但是经历过就会有成长，我们会在这段感情经历中慢慢学会如何去爱一个人。

那天晚上，从N家里出来时，我知道自己还是输了。

夜风很凉，我打开手机删除了N的号码和跟她拍的合照，抬起手背擦了擦眼睛，湿漉漉的。我不知道是因为N冷冷的眼神，还是因为丑陋的自己，或者是因为我们从此又回到各自孤单的轨迹，我在15岁的那个夜晚，狠狠地哭了一场。

不想隔着镜片看世界

✲竹　姜

1

上初一不久，我看黑板上的粉笔字，隐约带着刺儿。用手掌遮挡左眼，只用右眼看，半眯着眼才看得清楚；挡右眼用左眼看，却清晰如常。我没觉得有哪里不对，也没跟爸妈说，直到某天听到大人聊天时说到“字有刺”，随口插了一句：“我有时候看黑板上的字也觉得有刺。”爸妈对视一眼，细问一番，得出结论：我近视了，得去配一副眼镜。

知道有可能是近视眼，我第一反应不是烦恼、难过或担忧，反而是欠揍地暗暗窃喜。班上早有同学戴了眼镜，他们从小巧的眼镜盒里拿出眼镜，架在鼻梁上，整个人焕然一新，散发出独特的书卷气质，顿时“万众瞩目”，周围人不约而同地发出惊叹声。一想到自己也即将收获那样的感觉，就对戴眼镜这件事充满期待。

家附近有一家开了好些年的眼镜店，我的同学们也多是去那家店配眼镜。周末，在爸爸的陪同下，我第一次踏足这家平常路过无数次的眼镜店。看到玻璃柜里整整齐齐摆放着的眼镜，款式多样，在白炽灯下闪着亮光，我更加期待。验光测度数，接着选镜片、挑镜框。握着取眼镜的凭据走出店门，我还有点恍惚。

怀揣兴奋又期待的心情等了几天，终于等来取眼镜的时间。一放学我就迫不及待地冲出学校，飞奔到眼镜店。拿到眼镜，试戴，金属的冰凉擦过耳际。抬头看镜子，感觉陌生：原来我戴眼镜是这样的。店员姐姐说：“你戴着眼镜好斯文呀。”我腼腆笑笑，看看周围，走了几步，跟她反映：“有点晕。”店员姐姐解释：“刚戴眼镜是这样的，过几天习惯了就不会晕了。”

我戴着眼镜走回家，隔着镜片看熟悉的街景和来往的人潮，仿佛看到了一个崭新的世界。那时，满眼新奇的我还不知道，往后常年戴眼镜的我，再也没有那样明亮清澈的眼睛了。

天真而无知的我，只知道享受班上同学一声声“好斯文”“好有书卷气”“好有气质”的赞叹。更幼稚的是，我还为自己的近视度数比其他同学更深而自豪，所以并没因为近视而注意保护眼睛。

真是“年幼”无知啊！

2

第一副眼镜戴到初三，觉得看东西也有点模糊了，才发现其中一个镜片被刮花了。于是我拥有了第二副眼镜，同时得知近视又加深了两百度。我竟然没有难过，仿佛近视加深也没什么大不了的。

配新眼镜，自然是换了新的镜框。戴着新眼镜进教室，同学说：“比之前要好看。”我还是腼腆笑笑，暗自高兴。这第二副眼镜，一天 24 小时，除了睡觉洗澡，它没离开过我的鼻梁。

一位长辈说：“总是戴眼镜，度数会加深的。”我没反驳，还是常常戴着眼镜，不仅因为同学觉得我戴眼镜更好看，还因为眼镜店里店员姐姐说过，我两只眼睛度数相差比较大，最好常常戴着，不然眼睛会累。

到高中，我终于开始烦戴眼镜这件事了，但已经无法脱离它，因为不戴眼镜连地面都看不清，看书得把头低到桌面上，眼睛吃力，脖子也累。

一个不近视的同学好奇地问：“近视是什么感觉？”

我把她拉到走廊上，指着远处连绵的山：“你看到那座山了吗？”

同学点头。

我又问：“看得清山上的树吗？”

同学摇头。

“近视就是这样……你们看那么远的树才看不清，但近视的人看近处的树，也看不清。”

不戴眼镜是“50 米外人畜不分”，但有一天课间，我还是固执地摘下了眼镜，站在走廊上眺望远方，看什么都是一片模糊，连远处那座大山都没有清晰的轮廓。走廊上人来人往，相识的隔壁班的同学和我打招呼，我看不清对方的脸，只能通过模糊的身形和听声音辨认，回应的话都因为担心认错人而底气不足。

“你怎么不戴眼镜？”

“因为……不想隔着镜片看世界。”

3

曾经幼稚地期待并主动习惯戴眼镜的生活，现在想要逃离，却再也逃不掉。就连课间摘掉眼镜一会的固执，也没几天就坚持不下去。不戴眼镜，不仅看不清楚，而且会有眩晕感。

我终于醒悟，为自己曾经的天真无知而深深后悔。

偶尔会想，如果当时不是很严重时，我没有天天戴眼镜，是不是度数就不会加深得那么快？现在是不是也可以像一些近视度数较低的同学一样，只在上课做作业时戴眼镜，日常生活中裸眼就能应付？假设没有结果，因为时间不会倒流，不会再给我一次尝试对比的机会。

到高三毕业，我明显感觉到近视度数再次加深。第三副眼镜在三甲医院配的，价格比之前去的那家眼镜店贵得多，不过验光也更专业。对着镜子试眼镜框，我发现镜子里那双熟悉的眼睛，已经不像小时候那样明亮有神。我知道，这是近视度数深、常年戴眼镜的结果。

在医院取配好的眼镜时，我想起应不应该常戴眼镜的问题，想问问护士，张口却又咽了下去。以我现在的度数，问这个问题已经没有意义了。

后来又和一朋友聊到近视这件事，同样离不开眼镜的他说：“我以前度数不是很深，上课戴眼镜，下课就摘掉，结果度数加深得很快。”

一会儿戴一会儿不戴也会让度数加深吗？时间没有给我后悔的机会，但朋友的经历让我知道了另一种行为的结果，让我那个曾经纠结过的问题有了答案。虽然，我明白这也并非标准答案，每个人的情况都不一样，有同学因为不常戴眼镜而使近视度数加深，也有同学是必要时才戴眼镜，近视一直保持在较低的度数。具体问题，还是得具体分析。

或许，还是跟个人用眼习惯有着更密切的关系。那些虽然近视但是度数基本保持、不再加深的同学，是因为他们近视后听从医生的专业建议，更加注意用眼，懂得保护眼睛，而不是像曾经的我，放之任之，幼稚无知。

而今，悔之晚矣。

没有人是不自卑的

✽ 少女绿妖

没有人是不自卑的。你要记住这一点，并且相信我。

你现在可能刚进入大学校门，就惊奇地发现怎么周围的女生都那么漂亮，反观自己普通到不行；不知道要加入什么社团或者学生组织，觉得自己很多事情都不擅长；从小县城到大城市很害怕，自卑到无法融入光鲜亮丽的大城市；为什么公司同事看起来都很擅长工作的样子，而自己好像没有办法独立掌控任何事情……这样自卑的时刻，谁都有的，真的。

我曾经觉得自卑这块儿小石子，是被很多人放进口袋，默默藏起来，企图有一天扔掉它，不让它成为负担的。但现实情况是，很多人还是时不时地感受到它带来的隐痛，并时时刻刻想要变得自信，变得不再自卑。

我还经常被别人认为是自信的人，我在人群里不忌讳自己的行为，听到美好的音乐就要跳起舞来，这种激动不受控制。可我也曾是自卑人群中的一员，或者说一直在某些地方，有个小小的自卑的我存在着。

在漫长的少女时代，我深受身高的困扰。隔壁班的同学耳闻我名字的时候，都会评论一句“那个矮个子”或者“个子最矮的那个”。我有很多女生朋友都是跟我差不多高的，也有比我个子高很多的，走在一起时我会有意无意地跟她们保持一点儿距离。拍集体照时是我最恐惧的时刻，因为总会被老师说：“你个子矮，你站在最前面吧。”如果不是现在回忆起来，我多少有点儿忘记了还有过这样的时刻。

情况好转或者说我渐渐不在意，是在到广东上大学之后。学校里娇小的女孩子比例稍微高一些，所以我在其中也不再突兀，于是渐渐地这一点也被我遗忘了。但偶尔还是在喜欢的男生口中听到这样的话：“如果你个子高一点儿，我一定毫不犹豫地选择你。”对不起，还是不必了，如果他接受不了这样的我，我个子高一点儿的时候，他还会有其他无法接受我的理由，他永远不会毫不犹豫地选择我。所以，我放弃喜欢他了。

我也有那种看起来很完美的朋友，她们是个子高、身材好、皮肤白皙的美人，是走在人群中会被多看几眼的存在。这样的她们，也免不了在私底下交流的时候，讲出存在于她们身上各种各样的自卑来。

其实仔细思考一下，我们的这些自卑更多是因为自己与社会或者与他人的标准不一致，每当这时，我们想到的首先是“责怪自己”：为什么我不是个子高的人？为什么我不是工作能力一流的人？为什么我学习这么差？为什么我家里条件这么一般？为什么我没有办法买名贵的包包？……我们责怪自己的同时，有没有想过，万一那个标准是错的，那我们是不是在用一个并不正确的标准难为自己呢？

有个“理想的我”站在一个高高的地方看着我们，它会让我们时刻觉得“真实的我”和“理想的我”是有落差的，所以我们就总会想着去追那个“理想的我”。

从这一点来说，自卑似乎变成了一个有益的点，它教我们走向更好的自己。于是我们学会了化妆、穿搭，实在觉得外貌不过关，整容也是可以的，割双眼皮手术现在已经变得比之前安全许多了。我们还会学习各种知识，有可能是怎么与人沟通，有可能是怎么提高情商、财商，我们似乎成了一个比“真实的我”更好一点儿的人。

可是还是会在自拍的时候，首先发现“我的胳膊怎么那么肥啊”“小腿上的肌肉也太明显了吧”，很少去发现其实那张照片里，我们真的笑得很好看、很自然，我们呈现出来的状态真的很积极，也许是受到那天好天气的影响，整个人看起来也是轻松、舒服的。

我们还是会不满足，觉得一定可以更好，胳膊要再瘦一点儿，小腿也要再细一点儿。“不满足”就是人类的天性，因为总有一个标准在那里，那个就是“理想的我”。我们很努力，但是还是有距离。所以自卑是怎么都不会消失的，它还是一颗石子，而且有时候会越来越大。

何必呢？我们怎么样才能让“自卑”不再拖累我们呢？我想到一个办法——做一个真正的“我”，一个包含了缺点和优点、长处和短处的自己。这个人一定是有瑕疵的，一定是有什么地方有缺口的，但一定是真实且可爱的人。她拍照的时候脸会有一些肥肥的，但是放肆的、可以感染到别人的、快乐的笑只存在于她的脸上。她穿裙子的时候有副乳，可是大可以上街看一看，谁又是没有副乳的呢？我们又不是模特，干吗一定要要求自己一直美丽？

要好好看看自己是谁，有什么地方是好过很多人的。不要怀疑，肯定是有那么一些的。比如我，梨形身材，个子还矮，皮肤也不够白，但是我发现我文章写得还不错，声音也是好听的，和我相处的人都会感觉到舒服、自然、不需要拘束自己，那我就是一个很棒的人啊。

可能会有人讲了：“我找了一遍，还是没有发现。”那还是你找得不够彻底，你即使这儿不行那儿不行，那你扫地行不行？能把地扫干净，也是功德一件啊，我就办不到。所以返回去重新找，肯定有的。

当然也会有人看到真实的自己的时候，发现原来自己只是个“肥宅”，开开心心在家里看电视、吃薯片、喝可乐，就很快乐，很符合自己的心意。那这种堕落放纵会不会越来越多呢？可是，万一哪一天他就猛然间从床上坐起来，觉得自己不能这样了呢？万一哪一天他因为爱上一个人，去选择做另一个自己了呢？这都是有可能发生的呀，所以不要太担心，我们不会立马变得更好，但我们也不会急速变差。

我们来世间一遭，不知道会不会有下一辈子，且将这一辈子过好嘛。这个“好”可不是一定要达到理想，而是真实的、可爱的、自然的我们的一辈子。感受自己的生命，因为没有范本，每个人都有自己独特的地方，这个世界才会变得千姿百态。千姿百态多好哇，我们就可以看到生活充满了可能性和变动性，那些自卑的石子还是会被放进口袋，也不用刻意去扔，它还是需要以合适的大小存放在我们的口袋里，我们还是需要适度自卑来促使自己适度前进的，只是它不再会是那个沉甸甸的存在了。

从前有一只丑小鸭，到哪里都被其他鸭子笑话，因为它实在太丑了。它走啊走啊，受尽了苦难。有一天它走进天鹅群里，大家都对它很好，它照了照湖水，发现自己也变成了美丽的天鹅。

这是一个梦，并不一定每一只丑小鸭都能变成白天鹅，但谁能说丑小鸭不能找到自己自信的地方、不能获得快乐？它们不是在下雨天玩闹的时候最开心吗？那时谁还去管它们好不好看哪！

每一朵花都应该有它的春天

梅 寒

高三上学期，孩子们都在紧锣密鼓地备战越来越逼近的高考，那位叫楠的男生却突然迷上了上网。他晚上去网吧熬到很晚，白天上课打瞌睡，原来在班上排名中等的成绩一下子跌到末尾，各科老师纷纷找我告状。

其实，不用其他老师说，我也已经注意到这个情况。

我去找楠谈话，大道理自然讲了一箩筐。楠当面答应得很好，一转眼不知又钻到哪个网吧去了。不得已，我只好打电话找来楠的家长，可当我看到楠的母亲时，满腔的怒火就被生生压回去了。

那是一位来自乡下的母亲，她矮小瘦弱，风一吹就要倒的样子。楠的母亲并不知情，她一直以为孩子在学校里很乖，只一个劲儿地叹息自家的条件太差了，苦了孩子。

“他父亲走得早……您也知道，乡里的教育条件不好，我就带着他到这里来了，楠楠是个懂事的孩子……从小就知道体谅我……”楠的母亲说着，撩起衣襟擦眼泪，把我的心也擦得酸酸的。在与楠的母亲交谈的过程中我得知，他们母子俩就靠街边一个小小的食品摊在这个城市生活。她每半个月来看一次楠，给他留一些生活费。

“是不是这段时间学校里复习资料订得特别多，楠楠的钱总是不够花……”楠的母亲从口袋里拿出两百块钱，让我交给楠，说楠在上自习，她就不去打扰他了。接过那两张皱巴巴的钱，我更心酸了。那上面沾着一位母亲多少的汗水啊，楠却把它们打水漂一样扔到了网吧里。

我没有把楠逃学上网的事告诉他的母亲。此刻，我当然更不希望楠在那条路上越走越远。

那天晚自习，我到教室扫了一眼楠的座位，心一下子又沉下去了。那里是空的，他一定又去网吧了。

他去上网，我就去找他回来。

这个城市里大大小小的网吧不知有多少家，我从离学校最近的街道开始找，没走两家，竟然找到了。楠盯着电脑屏幕的同时手指翻飞，游戏打得火热。看到我突然出现，楠被吓了一跳，他慌忙站起来。

那天，在回学校的路上，我没批评楠，只淡淡地告诉他：“你的母亲来过了，给你带来两百块钱。她问我是不是最近资料订得特别多，担心你的钱不够用……”

楠从我的手上接过那两百块钱时，手轻轻地抖了一下，嘴巴动了一下想说什么，终究什么也没说，转身快步走开了。

楠安静了几天，几天之后，他又失踪了。

我去学校附近的网吧找他，他不在。他怕我找，去了离学校更远的网吧。但我仍然找到了他。

“跟我回去。”在网吧里，我强压失望与怒火，将他从电脑前拉起来。

他低着头，跟着我往外走，脸涨得通红，却什么也没说。

反反复复地从网吧里将楠拉回来多少次，我已经记不清了。

最后一次，我在一家离学校更远的网吧里找到他时，他的态度已不再似以前那么友好。他站在我面前，脸涨得通红，眼睛里喷射着不友好的火焰，梗着脖子对我说：“我说，王老师，王主任，您就别再管我了，我自己都不管自己了！再说了，班上那么多优秀的学生，您不差我一个来给您争那一星半点儿的荣誉吧。”我仰头看着楠，他已经比我高出近一头了。

“是的，班上的优秀学生有很多，可你知道吗？楠，在我的心里，你们每个人都是独立的个体，我要对你们每一个人负责，我不想让你们中的任何人掉队。我不能放弃你！”那一次，我流下了眼泪，从教这么多年，我从来没有像那一刻那么无助。作为一名老师，我眼睁睁地看着学生在危险的道路上越滑越远却无能为力。

楠被我的泪水吓到了，他不再说什么，乖乖地跟我回了学校。

“老师，请您原谅我。我不是个好学生，我对不起我妈妈，也对不起您。好学生应该把压力化作动力的，我努力过，又放弃了。来这所中学，是我妈妈的意愿，可她不晓得我根本跟不上这里的学习节奏，更不能忍受同学们看我的眼神。我想倾诉，可是在这里，我没有朋友，又不敢对妈妈说。所以，我选择了逃避……老师，我郑重地告诉您，我要重新开始了，就为您的不放弃……”楠的信，我看了一遍又一遍。

此后，楠果真没再去网吧。

高三的课程难度大增，加上楠之前耽误的功课太多，学习对他来说尤其费劲。我跟每一位任课老师都打过招呼，让他们多帮助楠。私下里，我也跟班上的同学讲，楠其实是一个坚强能干的孩子，他有一位伟大的母亲。我还把自己的私人信箱给了楠，告诉他，我愿意做他最忠实的听众，无论是他的快乐还是悲伤。

楠沉默了，每天默默穿梭在教室与宿舍之间。看得出，他是真的用功了。

高考结束，成绩出来了。楠的分数过了二本线。

考试成绩公布的那天，楠打电话给我：“老师，您在家里等我，我一会儿到您家里去。”那是楠第一次给我打电话，电话里，我听得出他声音里那压抑不住的激动。我也高兴，赶紧打电话将事先安排好的一个同学聚会取消了，在家里等楠。

那天上午十点多，楠敲响了我家的门。

拉开门，我一下子怔住了。楠抱着一大束粉红色的玫瑰花站在门外。他理了很精神的小平头，穿着洗得干干净净的校服，或许走得太急了，他的脸有些红，额上冒出细细的汗来。

“对不起，老师，我来晚了。我去理了头发，又去了花店，路上耽误了时间……请您接受我迟到的感谢，还有道歉。谢谢您的不放弃，没有您，就没有我的今天。我也对自己曾经的不懂事跟您说一声‘对不起’……”楠一改往日桀骜不驯的模样，变得彬彬有礼。

接过他递来的玫瑰，那是一束淡粉色还点缀着晶莹的水珠的玫瑰，我的心里百感交集。

楠说其实我第一次出现在网吧时，他就受到很大的触动。他也曾下决心戒掉网瘾好好学习，可没过两天，又坐不住了。如此三番五次，他对自己绝望了。

“可是那天，您在网吧里对我说的那一番话，让我再也不想堕落下去。我曾经跟一起玩游戏的朋友聊起过，他们说，他们陷得太深，家人已经基本放弃了他们……您只是我的老师，而班上有那么多优秀的同学。可您说，您一个也不放弃……”楠说到这里，眼圈儿红了。

花开有早晚，每一朵花都应该有它的春天。

第一百零一次肯定

✻赵不易

1 ●●●

“林烨烨，你是不是在电台节目里唱歌了？”周一清晨，前桌一开口，我就感到明明是晴空万里，一道雷却稳稳劈在了我身上。

我飞快地环视一圈教室，确定没有其他人听到，才压低声音含糊地问：“什么呀？”早读的预备铃响起，前桌摇摇头，转身背起课文。琅琅书声中，我依稀听见自己怦怦的心跳，面颊也变得滚烫。我知道她说的是 fm809 的晚间青春节目《零零现场》。

这是我最爱也是唯一的课余消遣。平日主持人会分享有趣的新闻和学生投稿的心事，每周五则是热闹的听众唱歌环节。每每听到同龄人可能不甚完美却注满了自信的歌声，我都心生羡慕，但打开录音软件，又会紧张得嗓子干涩。

直到上周五，因为月考成绩一下跌到了两百名后，被狠狠刺激的我才带着一种破罐子破摔的宣泄唱了首《阿刁》，只是当 QQ 对话框显示音频已被主持人接收，怕遭受双重打击的我赶紧“啪”地关上了收音机。

前桌并不是八卦之人，一场数学考试后，连我都把这件事变成安静的石头沉向心底，中午放学，它却又掀起惊涛骇浪——我突然发现课本里多出一张字条：林烨烨，你唱歌很好听，我也喜欢赵雷的歌。右下角还有一个坦坦荡荡的署名：陈岭。

2 ●●●

“你为什么躲着我？”收到字条的第二天，我在操场被陈岭迎面堵了个正着。我赶忙退后一步。自小我就是老师家长眼中内向的乖乖女，和男生很少有交集，更别说是常常因为逃自习课去打篮球而被罚站在后黑板的陈岭了。

所以他为什么给我留言？为了排除是同学恶作剧，下午一到学校，我就主动帮老师发了作文本。悄悄对照完字迹，确定字条是陈岭本人所写，我心里狠狠“咯噔”一下，胡思乱想起来：他是在跟同学打赌吗？我应该没有不小心得罪过他吧？抑或是他听到广播，心血来潮想看我的热闹？不管怎样，躲为上策，但此刻……

陈岭明显不会放我走，我只能硬着头皮反驳：“我可没躲。”陈岭笑了，阳光下灿烂的他和我以为的顽劣大相径庭，他没跟我计较，朗声问：“那你看到我的字条了吗？”

我没正面回答，只说：“很多歌手都唱过那首歌！”陈岭干脆递来一只耳机，说：“你清唱的曲调太明显了。”他毫不见外地跟着唱起来，自然舒心的表情让始终紧绷着的我也情不自禁小声哼了两句：“你是一棵树，你永远都不会枯……”上课铃响起，我才惊觉，从没唱得那么开心自在过。

3 ●●●

原来陈岭只是和我喜欢同一个歌手，我放下戒备，但向来慢热迟钝的我，三天后才后知后觉，陈岭好像缠上我了。

全班那么多同学，他有任何学习上的问题都只穿过半个班来问我。我做题很慢他也不介意，每隔一会就叮嘱我：“别着急！”我心里一下就不慌了。等我答出来，还没给他讲解完，陈岭又迫不及待地变身我的“迷弟”，说：“林烨烨，你太棒啦，这道题我一上午都没想出答案！”

我大获鼓舞。就连碰到我不会的物理题，陈岭变“请教”为相互探讨，当我摸索出答案时，他也激动万分：“林烨烨，你们学霸的悟性就是高。”他说这种夸张话时眼神熠熠生辉，满是真诚，我忍不住漾起笑，坚硬闭塞的心像被阳光照耀，一下融化得柔软。

陈岭就这样慢慢走进我胆怯单调的世界，变成我亲近也最重要的少年。我看到他，心里就像有一棵终于冲破头顶石块的绿芽，呼吸到清爽的空气，开始盎然而肆意地生长。我再也不怕放学路上无聊时小声唱歌了，也会主动跟同学讨论问题、报名参加兴趣小组，像一场积极的蝴蝶效应，大家都说我变得活泼，我对各种事物也越发有热情。

甚至运动会前，班长鼓励我们踊跃报名学校新加的女子创意赛跑项目时，我的心也开始蠢蠢欲动。

4

但体育平平的我从没参加过运动会，我问陈岭：“我想参加创意跑，你觉得我能行吗？”“你不行就没有人能行了。”陈岭夸大其词，却也是我最想要的回应。

他不仅支持我，还为我列出详细的大课间训练计划：一三五跑步，增强体力；二四六交替练习跳沙坑、跳杆和跨栏。开始时每每把障碍物撞倒，我都很沮丧，怕被陈岭说笨，但他一直乐此不疲地给我鼓励：“林烨烨，你进步很大啊！”

润物无声的赞美让我迎风奔跑时，偶尔也能做一场赢得冠军的梦。待到运动会，我已做好准备，枪声一响，我立刻冲向前方，可当一个个阻碍密集地挤在一起，没实际练习过的我一下乱了阵脚，挤在八个人中，先是撞到同学，又差点被跨栏绊了个趔趄，狼狈地冲到终点，只跑了倒数第二名。

站在终点线，我猛地清醒过来，像从云端跌落，陈岭递水给我，自然安慰我：“你是全场唯一每个栏都成功跨过去的！”这次我却完全听不进去，心里的海啸越发汹涌：“我根本不好，陈岭你到底想干什么？”

我开始刻意疏远陈岭，但他热情依旧，只是再听赞美的话，我心中苦乐参半，不知所措。直到几天后，陈岭让我在众目睽睽下成了尴尬的小丑。

5

那又是一个出月考成绩的日子，我妈正巧来接我，出校门时，一个同学举着成绩单冲家长们挥手：“我这次超常发挥哎！”

“你的成绩单呢？”我妈立刻问我，见我垂下头，她的脸色也沉下来：“林烨烨，你是不是又没考好？我就知道。”熟悉的语气让我无比难堪，陈岭的声音突然传来：“林烨烨，你考得很好呀。”

路灯下，大家的脑袋都凑过来，陈岭摊开成绩单，指着我的数学成绩，“快满分了呢！”但大家分明看见，我因为语文不及格，排名并不靠前，我妈当场恨铁不成钢地推搡了我一把。

尽管陈岭一再强调，他觉得我作文偏题是偶然事件才没在意，我都决定与他井水不犯河水。但他极有耐力，连续一周都见缝插针地跟我道歉。“林烨烨，对不起。”他把一只饱满的橙子剥开一个小口，放在我课桌上，空气里一片清甜。

“你别再费尽心机看我笑话了，”心乱如麻的我口不择言，陈岭果然顿住，我的心跟着一紧，但他并没离开，只是面颊浮现出绯红，“林烨烨，我就是觉得你很好。”

6

我猛地抬起头，陈岭深呼吸一下，像下定了决心，一口气说起来：“我留意到你是上学期，你在艺术节宣传版前站了好久，我觉得你很想参加，但又不敢。直到那天听到你在广播里的歌声，那么好听，怎么还怕被别人听到？于是我忍不住想靠近你，鼓励你。”

我承认我被打动了，也是那一刻，我终于意识到，是因为对自己不够满意，我才迁怒了陈岭。我从小就被教育不优秀很丢脸，幸好有他告诉我：还有尝试、过程这些词语，大胆做自己想做的就很棒，我可以。

想了想，我歪着脑袋问陈岭：“可以陪我分析一下月考试卷吗？”这真是一个相当浩大的工程，午休末尾，陈岭睡着了，他的睡颜好看干净，我看一眼就弯了嘴角。我心中前所未有地轻松起来，整个人变得快乐且轻盈，我的脸也烫起来，我笃定勇敢地小声对陈岭说：“谢谢你，一次又一次地肯定我。”让我还能相信自己，勇敢朝自己喜欢的模样靠近。

我的孤独是一座花园

秦浮梦

网络上曾流传过一张关于孤独的等级表，从一个人去超市、吃快餐、看电影，到一个人做手术，统共分为十级。彼时我大致扫了一眼，就关掉了那张图。

因为那不是孤独，而是我的日常。

最极致的孤独是从大一开始，那时候我独自吃饭上课自习，周末一个人逛街探店做美甲，身边多个人反而会令我不自在。记得有一年元旦，我独自看了一场跨年电影，看完后决定去吃海底捞。

店员小姐姐得知我一个人时，有片刻的错愕。但她很快恢复了热情，不仅抱来一个陪吃的玩偶，还在长达两小时的时间里，送给我果盘和甜品，不停地找我做游戏，结账后又送我仙女棒和小零食。我拎着两袋子礼物，挺着圆滚滚的肚子，慢悠悠地走回学校。

我知道，小姐姐是怕我孤独。在结伴而来的客人中，我的确显得无比落寞。但没关系，我已经习惯了这些。

也是在那一年，我去医院做了个小小的手术。手术很快，只是从手术台下来时我的眼前闪过一道白光，便在大厅的长椅上坐下来休息。

大厅里坐满了人，只有我孤零零的。身边的姑娘看上去和我同龄，紧张不安地倚在男友怀里，两人的手紧握在一起。

有那么一瞬，我觉得被全世界抛弃了。尽管手术不痛，然而回想起等待体检报告的忐忑，以及怀疑自己身患绝症的恐惧，我突然也想找一个人诉说脆弱。那大概是我最孤独的时刻了，在人来人往的医院大厅里，我躲在角落，打开手机把通讯录翻了个遍，最后决定去买杯奶茶。

起身离开的时候，眼泪悄无声息地落了下来。

从前我只是内向，并不热爱孤独。

也许是倾其所有帮助别人，只换来背后一句“原来这个女孩子这么傻”；也许是掏心掏肺对待朋友，最后面对困难却孤立无援。我花了很大代价才明白，没有人在意你是谁，人们都只在意自己。也没有感同身受这回事，拳头不落在自己身上，就不会知道有多疼。于是多说无益，我的情绪可以自己消化，我的事情可以自己摆平。

原来我们都只是匆匆过客，彼此打了个照面，然后相视一笑，继续走自己的路。

因此有很长一段时间，我的床头放着两本书，《我的孤独是一座花园》和《亲爱的提奥》。

《我的孤独是一座花园》是叙利亚诗人阿多尼斯的诗集。干净优雅的黑色封皮，中间有一轮带金边的日食，淡淡的金色光晕从黑暗里渗出。他的小诗轻快优美，让我愿意永生囿于这美妙的言语之墙，在入睡前反复默读——“隐身于世界，才能感受世界的存在”“世界让我遍体鳞伤，但伤口长出的却是翅膀……”

《亲爱的提奥》是凡·高和弟弟的信件。凡·高一定是世界上最孤独的人之一，他的一生痛苦又热烈，饱受饥饿和贫穷折磨，靠提奥的救济度日。从书中我读到真实的凡·高，他极致孤独又渴望知音，他热爱艺术也坚持奋斗，把激情都充分展现在色彩明亮的画作中。

我相信最伟大的作品一定在孤独中造就。

我相信最深刻的思考一定在孤独中萌芽。

即使平凡如我，也能在孤独中获得心灵体验。

有些人无法忍受孤独。

比如朋友小周，没有人陪他吃饭就宁愿不吃，没有人陪他出去就宁愿宅在家。在他看来，人必须要有社交，毕竟多个朋友就多条路，没有几个朋友的我实属可怜。

但古人几千年前就说过：子非鱼，焉知鱼之乐？

生活具有多样性，有人喜欢逛街唱K聚餐，也有人喜欢散步读书思考。我喜欢安静地做份早餐；喜欢散步去超市，耳机里单曲循环最爱的歌；喜欢坐在咖啡店发呆，竖起耳朵偷听旁边顾客的聊天。这些微不足道的琐碎，是我的快乐源泉。

信息将我们的生活切割成碎片，世界如此喧嚣，以至于我们每天都浮在生活表面，根本无法探究自己最想要的是什么。

在寂静无声的日子里，二十岁出头的我开始思考哲学。这听上去令人发笑，但几年下来，也让我形成自洽的逻辑系统，多了种通透之感。相比于同龄人，我几乎没什么烦恼，不纠结也不痛苦，想要的就去追求，不想要的果断舍弃。

当然，在生存之下，人终究逃不开群体。后来孤独的少女成为游刃有余的成年人，学会戴着面具生存，多了朋友和社交。但我仍需要很多时间独处，用来恢复被消耗的能量。在恢复期，我谁也不想见，谁也不想理，安静地读书写作或者发呆，任由杂乱的思绪在头脑中闪现。

我想，不是孤独选择了我，而是我主动选择了孤独。如阿多尼斯所言，“孤独，也是我向光明攀登的阶梯”。

我的孤独就像一座花园，春种秋收，花团锦簇，我站在其中好不快活。

青春期里的小怪兽

✲ 文星树

星期三校庆表演，语文老师和班主任在商讨派选的名单，我进办公室给数学老师送试卷，他们没有注意到我在身后，高声聊道："钟琴真不错，校庆表演让她参加最合适不过了！"

又是钟琴，我所有的不快乐都来自她。我嫉妒钟琴，想起她开朗可亲的模样，我心里就百味杂陈，甚至只要听到她的名字，在我心里居住的那只小怪兽就会张牙舞爪，撕挠着，让我痛不欲生。

我大哭，妈妈没有安慰我，她说我总因为很小的事情控制不了情绪，我这样的人，注定成不了大器。

看着镜子里那个眼睛红肿的自己，不漂亮的脸上满是坑坑洼洼，我憎恨上天，为什么给了我如此难看的外貌，还要给我一个如此扭曲的性格。

校庆表演时，钟琴落落大方，让台下所有男生都忍不住发出尖叫声。她跳的舞我也会跳，可老师就是不选我。眼泪在眼眶里打转，我咬着牙不让自己哭出来。偌大的操场上，台上的音乐那样刺耳，人群发出叽叽喳喳的讨论声，正好淹没了我的不快乐。

"冯志月，听说你也练拉丁？"表演结束，妆都没卸，钟琴就兴冲冲地跑来问我，阳光下她的脸是那样洁白无瑕，表情真诚得让我不敢直视。

我唯唯诺诺地点头，她笑道："太好了，以后班里表演节目一定要叫上你。"

她的话让我更加难受，我在心里诅咒：钟琴下次练跳舞一定要扭到脚。

阳光炙热地洒在我的身上，没有人看穿我恶毒的想法。是的，我上不了台，钟琴也别想上台！

几个月后，钟琴果真没有来上学。我的心怦怦直跳，果然，钟琴的脚受伤了。我心中有种报复的快感，这种见不得别人好的心理让我一整天都飘飘然的。

然而，元旦表演来临，班主任仍然没有选我上去表演，罗敏敏代替了钟琴，表演唱歌。

我更加愤恨，一整个早上都没有好好上课，我盯着罗敏敏不停诅咒：她今晚失声，她今晚失声。

回到家，了解事情始末的妈妈对我说："月月，你心胸太不宽广了，你看看隔壁阿姨的女儿……"

"是！我什么都不好！什么都比不上别人！既然我那么差，你生下我干什么？"我打断她，歇斯底里地大哭起来。她哪里知道我的不甘和委屈，她只会拿我和别人比较。

我就是又丑又坏又没用，我只配躲在角落欣赏别人的美，我哪里有资格拥有宽广的胸襟？眼泪大滴大滴地掉在衣服上，我知道，我心中的小怪兽又在撕挠我的心，但我已经控制不住它了。

爸爸心疼地递给我纸巾，妈妈吼道："让她哭！别惯着她，现在遇到这么一点事就哭成这样，她以后的路还长着呢！要是真遇上大事，还不得寻死觅活！"

我哭了整整一夜，甚至觉得人生已经失去了意义。角落里的那双舞鞋刺痛了我脆弱的神经，下学期是我们最后一次全校性表演了，我还有机会吗？

想到这里，我又忍不住哭了起来。

元旦表演，罗敏敏唱砸了，跑调跑到了十万八千里以外。班主任板着脸，望着台上发呆。班上的同学撇着嘴，嫌弃至极。看着周遭同学的嘲笑，我心里一阵窃喜，我心里的小怪兽此时正在狂欢。

罗敏敏哭着跑回班级队伍，跟她要好的女生上前安慰她，班主任也给她递了纸巾。

"你很棒！"班长坐在椅子上给了罗敏敏一个拥抱。

虚伪！我在心里暗骂！

"能站上舞台就已经战胜了自己！"语文课代表补充道。

这群班干部，成绩不怎么样，拉帮结派倒挺会的，拍老师马屁挺溜，拍同学马屁更溜！我才不跟他们为伍呢！虽然我也是班干部，但数学课代表这个职位，是我自己凭成绩获取的！

我不屑地想，突然，班主任的一句话让我打了一个激灵。

“是啊敏敏，你能主动报名，代表我们班参加校庆表演已经很棒了！没有你，我们连表演节目都没有呢！”

主动报名，我惊呆了，是罗敏敏自己主动报名的？

她可真不要脸，唱得那么难听还敢主动报名，调都到大西洋去了，她凭什么主动报名？她有什么资格？哼！这下丢脸了吧，全校都见证了她的屈辱时刻！活该！谁叫她自不量力，谁叫她主动报名！

我越想越气。是啊！罗敏敏这样的实力都能主动报名站上学校的舞台，我却不行。

快期末考的时候，钟琴才回到教室上课。她拄着拐杖来时，同学们都很关心她。

老师说我们是团结的集体，可我知道，我心里那只小怪兽注定了我与他们格格不入。

“不碍事，医生说不影响我跳舞！”面对同学们的询问，钟琴笑着答道，一点没有因为受伤而不开心。

从同学们的交谈中，我知道了钟琴受伤的原因：那是一个下雨的午后，她妈妈接她从舞蹈班回来，迎面开来的小汽车撞上了她们的电动车，电动车倒地时压到了钟琴的脚。

钟琴被送到医院，休养了一个星期才来学校上课。我有些同情钟琴的遭遇，也为自己的诅咒感到不齿。我只是希望她轻微地扭伤一下脚，并不想她受这样重的伤，可她的的确确是在我诅咒之后才变成这样的，愧疚感席卷了我的内心，我突然很想为钟琴做些什么。

我让妈妈帮我买了些中药包。我将中药包送给钟琴，钟琴接过去，眼里亮晶晶的：“你人真好！”

我还是不敢直视她的眼睛，我不知道她会不会看穿我内心的龌龊。我是那样矛盾的一个人。我既希望她的脚快点好，又希望她永远都不能跳舞，因为我想代替她站在学校的舞台上。

小怪兽撕扯着我，黑板上的数学公式变得模糊不清，家里的那双舞鞋浮现在我眼前。数学老师瞪了我一眼，我快速调整好自己的状态，投入题海中。

其实严格来说，我并非对拉丁舞极度热爱，我只是享受上台的感觉，并且不想被身边的人超越。钟琴的确比我强，她在省里拿过金奖，是名副其实的“拉丁女王”。

时光匆匆如流水，校庆表演又快到了。我厚着脸皮，欢欣若狂地跑到班主任面前，跟她说我想代表班级参加。

班主任愣了几秒，我忍不住屏住了呼吸。

“没问题！”班主任说。

我没想到班主任答应得如此爽快，兴奋得哆嗦起来，连说了好几声谢谢。

表演前夕，妈妈带我挑漂亮的演出服，爸爸给我找了专业的化妆师。我觉得，我要在众人面前展示完美的自己了，我会让所有人大吃一惊的。

表演如期举行。我上台时，观众的掌声并没有很热烈。我下台后，男生们也没有对我吹口哨。我平平淡淡地跳完一支舞，在众多的节目中没有一丝存在感。

台下的钟琴很卖力地为我鼓掌，我的内心闪过一丝忧伤。我妒忌她，她却浑然不知，还为我的表演喝彩。但无论我怎么努力，也永远都达不到钟琴那样的高度。

一种无力感袭击我的内心，我不明白，为什么钟琴比我优秀那么多。我的自卑、妒忌、不甘、愤恨，都在她云淡风轻的表情里变得狰狞不堪，我恨我自己。

我的闷闷不乐逃不过爸爸的眼睛，吃饭的时候，他给我夹了一个鸡翅，告诉我：“你不可能永远在舞台上散发光芒，也不可能永远在舞台下为他人鼓掌，但是不管在台上还是在台下，都不妨碍你成为更好的自己。你不妨换个角度想想，结识比你优秀的人，并从他们那里汲取正能量，你才能越来越优秀啊。如果你总是在一群差不多的朋友里打转，那么你该怎么成长呢！你该庆幸啊，生活中还有值得你妒忌的人！”

我茅塞顿开，心里那只小怪兽突然灰飞烟灭。

我与钟琴在同样的舞台上表演过，虽然我不如她，但她慢慢地成了我的风向标，让我朝着她的方向进步。这世上总有人比自己优秀，但是没关系啊，我比以前的自己优秀就够了！

女孩子，优秀才是你的发言权

✲ 杨熹文

那是我背井离乡的第一年，家乡人已经把夏天过腻了，我却一个人在南半球强撑着活过一个寒冬。

我在一个小小的咖啡馆里端盘子，全靠这份工作为下学期的学费攒资本，经常熬夜写作业的虚弱睡眠和高强度的工作让我的记忆力有些吃不消。有一次为客人点餐时，我在点单上把“炒蛋”错写成“煎蛋”，结果把食物端出去时遭到顾客投诉。一直在背后紧盯我的老板娘瞬间暴跳如雷，这让我的耳边整个下午都充斥着责备：“你怎么这么不小心呢？害我损失客人，你知道这让我少赚多少钱吗？你拿什么赔给我？”

她的声音是如此尖利，不带丝毫仁慈，我不住地道歉，心里却抗议着“我已经和客人道过歉了啊！”“我每天不是都早来十分钟吗？”“我的手上因为去厨房帮忙还被切伤一道呢！”可这些委屈被理智紧紧地卡在喉咙里，任何毫不思考就脱口而出的话都能让我马上失去这份工作。她给了我一个“赶快走开”的手势，于是我钻进厨房，背对着她，装作去水池里洗碗，眼泪啪嗒啪嗒掉进满是泡沫的污水。我那因为工作在右手小指切下的刀伤还没来得及痊愈，隐隐的痛令我觉得，全世界都在以最恶劣的方式欺负着我。

那一年我就这样被大大小小的歧视重压着，每走两步就会遇见谁的“瞧不起”。我从不后悔自己一个人出来闯荡的选择，可我憎恶冷冰冰的陌生人。咖啡馆老板娘每一刻都能被触动的暴躁神经，自大的客人一副目中无人的模样，某个科目的老师说出“你期末成绩得 B 就不错”的预言，一起租房的男孩子看不惯我很晚才回家，一副“没有钱就回国啊”的傲慢态度，就连那个麦当劳的十七岁服务生都皱着眉头递给我可乐，好像我磕磕绊绊的英语，不配在这里寻一处落脚地。我像一条被巨浪推上岸的鱼，身后是在海里自由穿梭的同类，可命运偏偏把我丢在沙滩上搁浅着，这是一片多么灿烂的海岸啊，远处就有此生未遇的美妙风景，可我大张着嘴巴，虚弱得发不出半点声音。

我没能总结出什么可以安慰自己的道理，自从远离家乡就懂得，再艰难也要保持坚强，因为没有人会帮你擦眼泪。我是个一无所有的姑娘，穷得只剩下自尊心，那些敏感的情绪无时无刻不在身体里发作着，我多少次在心底暗暗地发着誓，有一天，我可以用比现在优秀百倍的姿态，重新站在那些“瞧不起”我的人面前，向所有人证明，我不是应该被瞧不起的那个人。

这样的心态，说来有点不健康，但是让我在很长的一段日子里充满了斗志，不管谁觉得“你从来不优秀”，或者“你以后也不会优秀下去”，这都成为我人生的刺激疗法。那几年我多么拼命啊，连朋友都觉得我努力到变态的程度，但是人生，必须有一个自己的活法。我拼命地读书，让那个说我“期末成绩得B就不错”的老师预测落了空；我拼命地赚钱，在富有男孩子的面前为自己那份饭买单；我拼命地学习，练习驾车、说好英语，给别人看一个女孩子独立起来也可以做那么多的事；我拼命地成长，不管是看书写字做运动，渐渐可以在那些觉得我此生注定平凡的人面前挺起胸膛走路……这些拼命，都让我成为一个优秀版的自己，也让我从别人开始转变的目光中知道，优秀就能赢来尊重，优秀就能给自己一个发言权，这是我深刻体悟到的人生道理。

如果观察身边突然间奋起的朋友，我们大概会发现，有很多努力并不是自发的，而是来源于一种伤害。我的女性朋友因为老板一直以来的性别歧视而感到愤慨，提起老板一副咬牙切齿的模样，于是一心扑在工作上发誓自己有一天一定要翻身做老板；身边也有因为肥胖或相貌平凡突然被恋人抛弃的好女孩，看着前任仰着鼻孔看自己的模样，决心在失恋后的日子里用全部精力提升自己，发誓要修炼成一个内外皆美的女人；还有一些在城市中挣扎的年轻人，被黑心房东不停上涨的房租和居高临下的态度烦恼着，于是加班加点努力赚钱，发誓要在这个城市里赚得属于自己的一平方米接着一平方米……走进残酷的社会才知道，天生弱者的女孩子，不努力就没有优秀的机会，不优秀也就失去了被尊重的机会。

如果你是一个女孩子，同我一样平凡却甘愿奋斗，我相信你的人生中也遇见过这样的时刻，明明怀着一颗善良的心拼命努力着，却无时无刻不在被忽视着。你在内心深处无比需要被认同，却偏偏遇见了嘲讽，你渴望被重视，却偏偏遭到了白眼，你期望自己的才能可以去改变一些什么，却偏偏有人告诉你“你不会成为其他任何人”。若你正在经历这份坎坷，那只有一个原因，说起来残酷也真实，“你只是不够优秀而已”。别去相信美丽可以拯救自己的全部缺点，也别去指责这世界残忍的一面，很抱歉，现实里不会存在永久的吸引或同情，人总是头朝向更好的地方而忽视在低处挣扎的那些人，这是人类共有的特点。

我是“脚踏实地过日子”的忠实拥护者，不是命运的投机主义者，深信女孩子趁着年轻时，多一点努力，就多一点收获，这世上再没有比这更划算的投资。你坚持运动保持身材，就不用因为穿不进S码的衣服被人嘲笑；你会开车，就不用在下雨天麻烦别人送你回家；你会赚钱，就不用暗示男朋友给你买那个新款的手链；你工作出色，就不用被老板呼来喝去冒着失业的风险；你有房子，就不用忍受房东暴涨的房租和糟糕的态度……无论什么时候，优秀都是一个女孩子的发言权，不管在哪里，能让你发声的机会，都潜伏在你的才能里。

我曾经发誓，如果变瘦了一定要站在曾经嘲笑我肥胖的人面前；如果有钱了，一定要再见一次讽刺我贫穷的人；如果找到更好的工作，就一定回到曾经受尽老板刁难的咖啡馆……可是这些事啊，在我瘦下来、换了工作、口袋里多了几个硬币后，一直到最后都没有发生。我恍然大悟，这份来自社会的残酷，从来都不是别人的错，一个没有钱没有地位没有学识的女孩子，还能指望一个陌生人拥抱你、摸摸你的头、再给你不离不弃的帮助？相信我，这个世界从不会有强者对弱者无条件的资助，连爱情都未必能慷慨如此。

如今很少再去回想受过的委屈，也谈不上对过去的伤害是要感谢还是记恨，我已经慢慢理解，“不要把时间浪费在没价值的人身上”，这只是人生的常态。这些激励我进步的伤害，何不是人生的另一种转机？我在这些“瞧不起”的眼神中，学会用一种沉默的姿态闷声努力着，我没办法拒绝这种负面能量的发生，但我终有一天可以让更美好的自己站在你面前，静静地告诉你，“我不是你想象中的那么不堪一击的人”。

几个月前路过那家咖啡馆，那里依旧繁忙，我却没有停留。右手的伤疤还浅浅地留在小指上，那些苛责的话也没有忘怀，而我远远地看着那个忙前忙后的老板娘，在心底为她给我上的那堂课，深深地鞠了一个躬。

你，终究是我的不朽

❋莉莉吴

我当然知道自己当时有多难过，只是，生命如此广阔，而青春期的那场泥泞，终于被时光捂成左小手指上的伤疤，安静，漂亮，醒目。

1

我的十七岁，曾经非常羡慕旁人的鲜衣怒马。

三五成群，嬉笑怒骂，黑白色的校服被风鼓吹成鸟雀的翅膀，当他们在青空下昂首阔步时，连乌云都会让步。他们是光，是风，是关于未来的一切欲言又止。而我躲避在阴影处，只觉得肺腑处有细密的痛感。

我是个不受欢迎的人，无论是之前，还是现在。

彼时，我的同桌是班上的“人气王”，长相普通，格外清瘦，但有一种动人的气质。我很喜欢看她同旁人交谈的样子，鼻翼微微翕动，眼底流动着清浅的光，浑身上下都如同漫画女主角，仿佛充满着无数的可能性。可是，她讨厌我，讨厌到不止一次公开表示，觉得我是一个非常奇怪的人。

自卑，懦弱，我是把每次的交谈当作语文阅读来理解的那种人，恨不能挖掘出每一句话的中心思想。但是，即使这样做了，我依然无法被他们接纳——他们说，搞不懂我在想什么，并认定我是班上的异类。

于是，在每次的课间，我都是一个人。他们从我面前骄傲地路过，手挽着手交换秘密，或者几个人共享一杯饮料……那些字眼被初冬的雾气包裹后，变成绵密的针，刺入耳膜有种鼓噪的疼。我趴在桌子上，假装对这份排斥无知无觉。

我并没有做错什么。我只是不擅长和别人交往而已。只是这样而已。

在这样的境况下，依然愿意与我打交道的少年便显得格外难得。他是清朗俊秀的少年，寡言少语，气质清冽，常让人联想起“如松柏之茂”一类的句子；物理成绩很好，名字常年出现在“光荣榜”的顶端……就是这样优秀的人，在某个课间特意过来，告诉我，他很喜欢看我的文章。

那些一个人在深夜涂抹的呓语，那些被老师评价太过阴郁的词句，全都因为一句“喜欢”而长出葳蕤的枝叶来。彼时，我傻乎乎地坐在位置上，竟一时说不出感谢的话来。后来才知道，他和我一样，都喜欢川端康成的作品。

《伊豆的舞女》《雪国》，在每部小说里，人与人的相处都透着奇特的疏离感。我对这份距离感觉亲切，私以为是对自己短暂人生的一场认同。

2

高二下学期，我开始自学绘画。因为画不好人体结构，便先拿植物练手：禾本科植物形态颀长，颜色清雅，极适合入画。我把它们画在试卷的空白处，而在卷子的另一端，一直都是通红的、不及格的分数。

“我觉得，你就像是一株植物，总想着躲起来。”少年曾如此评价过我。

彼时，我正在给笔下的花朵上色，朱砂色和柠檬色混合后，变成柔和的金赤色，而少年的嗓音冷淡如薄荷绿，竟让自己连抬头的勇气都没有——我害怕看见他失望的眼神，而更恐惧看到的，是他的无动于衷。

我与他并不是朋友。哪怕已经说了一百句话，两人的距离，也不曾缩短过一厘米。这一点，我心知肚明。

关于我与他的交往，班上其实早有议论，大抵是些“不知道他在想什么”和“这是浪费时间”的说辞。我并不在意这份恶意，却忍不住揣测少年的情绪：他会不会后悔？会不会改变对我的态度？会不会跟其他人一起嘲笑我……直到少年一如既往地过来借读书笔记，我的心才一点点安定下来，甚至暗暗告诉自己，这样就够了。

“真是厚脸皮。”常常听见有人这样说。但是，只要我还可以接近他，再难听的评论我都可以忍受下去。

我从来都是擅长忍耐的家伙。不管是无人理会的困窘，抑或是不曾被爱的忧郁，我都可以很好地消化它们，并作出无所谓的样子，对身边所有人说一句“我就这样”。

无可救药，自甘堕落，不管你们用什么词语都好，我就是这样糟糕，又有什么办法呢？

在那次谈话后，我和少年的相处并没有半分变化：他依然会找我借各式各样的书，我依然依赖着漫长的少女心事打发时光。谁都没有再提起过那个比喻句，它只是夏日长青中的一抹碧色，很快便湮于寂静，直到我离开“重点班”。

那天，我在班主任的知会下，收拾好所有的东西，以失败者的身份逃离。依旧没有人和我说话，只有少年在我路过时，递给我一本川端康成的《雪国》。那是很久以前我借给他的书，只是这一次，里面多出了一张小卡片——“我觉得，你并不需要躲起来。”

插页里，茂密的杉树林遮天蔽日，呼吸如潮水一般湿润。而我狼狈地抬手，试图遮掩住自己通红的眼眶。

3

四年级时，我曾经被诬陷过偷东西。

现在想想，那大概是“愚人节”时，同学们的恶作剧。可是年幼的我太过胆小，在看到自己抽屉里出现别人的钱包的一刹那，人便慌乱不已，何况旁边还有其他同学的叫嚷声。很快，我便哭了出来，反反复复只会说一句话：“不是我，我没有偷东西……”

这件事情最终闹到了请家长的程度。我踮脚站在办公室门口，听老师和父母的交谈，一个说“闹着玩”，一个说“没关系”，到最后，两伙人达成共识，父母叹着气说，我们的孩子要是可以机灵点就好了。

初夏的空气呈现出一种撕裂的白色，而我双手抓住书包带子，终于明白，这场闹剧从头到尾都是自己的错：不够机灵，笨口拙舌。是因为这份不讨喜的个性，我才会遭遇这份恶意的。所以才想要躲起来，躲到谁也看不见的角落。明明自己是这么想的，为什么我还会因为少年的一句话而哭出来呢?

升入高三后，我再未与少年交谈过。他依然是年级的传奇，名字在楼下的"光荣榜"上熠熠生辉；而我坐在离他两层楼的教室，年华和植物一般寂静无声。也是在那时候，我告诉自己，不能再这么下去了。

颓唐，怯懦，哪怕心底有一片湖泊，也无法坦诚地表现出半分。我已经受够这样的青春了。

之后的日子里，我努力地完成老师布置的所有作业：不停出现在力和电的叠加场中的小木块，遇见乙便恰好沉淀的甲物质，以及沿着圆形和双曲线运动的小点……这些在之前看来复杂无比的公式，终于融化成纸上的墨迹，而我抱书快步走过，波澜不惊。

学校种了大片的迎春花，花朵细碎轻巧，偏偏能营造出肃杀之气。待到仲春之时，花朵簌簌落下，因无人打扫的缘故，很快便在地上铺了薄薄的一层。我曾于天色未亮时在此驻足，眺望天际一抹乌青色，许久无法言语。

我在试图变得更好。在那一瞬间，自己非常清楚这一点，然而比这更为强烈的，是我对于少年的倾慕之情，它让我在觉得自己逐渐变得出色的同时，更觉得自己一无是处。

"谢谢你呀，"那一天，我哽咽着在卡片上写了回信，"谢谢你路过我的青春，真的，非常感谢。"

已经不会有比你更珍贵的存在。只要想到这一点，我便什么都不怕了。

4

读大学后，我主修的是植物专业。

马醉木，红叶石楠，菖蒲，棣棠，绣球，每一种植物的名字都美得像诗。而当我照着植物图鉴勾勒它们的形态时，心里第一个浮现的，永远是少年的名字，是很久以前他评价我的那句话：一株总想着躲藏的植物。

但是，光躲起来是没用的，世界并不会因此变得更好。很久之后，我终于明白了这个道理，然后获得了新生。

"你还好吗？"

"我很好。"

电影里，年轻的女孩对着雪山喊出了上面的句子，镜头干净清澈，女孩儿脸上有未干的泪痕，而更多的，是放下一切后的坦然。而我在电脑的这端，只觉得胸腔一团混乱，仿若忽然之间，所有的喜欢消失殆尽，最后化成简简单单的三个字——你好吗?

我很好，真的。

当然也会遇见不好的、繁杂的事情，它们是伦敦街头的雾气，长年累月地盘踞在生命的上空。可是，心脏的容量一点点长大，我也开始学着应对它们，于是，这些都成了细微的、不值一提的小事。

重新有了喜欢的人，也开始被更多的人喜欢，当我翻看自己高中的日记时，甚至会有忍俊不禁的感觉。我当然知道自己当时有多难过，只是，生命如此广阔，而青春期的那场泥泞，终于被时光捂成左手小指上的伤疤，安静，漂亮，醒目。

所以，在荷尔蒙消退之后，我依然希望你过得好。因为，你是那么好的人。

在我因为恐惧而只能躲藏的时候，在我被难过压得不敢迈步的时候，少年是我唯一的救赎。自此，灵魂有了依附，那份爱意成为垂下高墙的绳索，而我终于可以走出荆棘，并向更远的未来开战……

你，终究是我的不朽。

我曾被人『赏识』，又被狠狠『无视』

✽李柏林

大概十年前的暑假，我在一家报社实习。因为实习没有工资，我又不好意思找家里要钱，所以开始寻找兼职。我自诩是新闻系学生，又有一点文字功底，于是兼职了文案工作。不久，我就接到了第一篇文案。那是我人生中的第一个大单，当时别人给的报价，是我一个月的生活费。

我特别高兴，觉得那篇稿子有里程碑的意义。那时候我刚刚开始发表文章，写一些“豆腐块”，稿费也不过是买件衣服，买点零食。没想到突然就能用稿费养活自己，我有了前所未有的成就感。

我打电话给家里，家人一直都觉得我写作就是小打小闹，不过是个小兴趣而已，成不了什么气候。因为这个单子，家人觉得我好像真的有天赋，还转变了对我写作的态度。我妈说：“没想到这么快你就遇到伯乐了，可要好好写，对得起人家给的这些钱。”

我还记得，那是一篇关于茶叶的软文。可对于一个 18 岁的女孩子来说，正是沉迷奶茶的年龄，能懂多少茶文化呢?

我的家乡，虽然以茶出名，可是我从小生活的环境，与茶无关。

我住在镇上，没有见过茶山，也不了解茶的历史，我们家除了来客人的时候泡杯茶，我与茶无任何交集。

但是，我怎么能放弃这突如其来的赏识呢?

为了让文章充满古香古韵，我从《茶经》开始看起，查了从古至今许多关于茶的诗词，希望能融入文案。为了了解茶的前世今生，我在将近40℃高温的暑假，跟一个朋友骑着摩托车去看茶山，只想去看一看茶树的样子。为了在细节上不出错，我买了一张21.5元的硬座车票，在一个周末，坐火车去了同学朋友的茶艺店，算是拜师学艺。我恨不得自己化身一片茶叶，投入沸腾的水中，感受一片茶叶的一生。在我眼里，这些都是投资，我不能让别人觉得自己看错了人。

当我用毕生所学写完了那篇稿子，那个老板看了后说，茶叶要体现人文情怀，他不希望别人感觉商业气息太重。他说的我理解，于是又进行了大改。改完后他又提了一些问题，我又开始了修改。

就这样反反复复好几次，我还记得，那个周末，我把自己沉浸在那篇文章里，把自己幻想在一片茶乡里，我拿出破釜沉舟的心态去写。我觉得，即使不过稿，我也尽力了。

到最后，人家也挑不出什么毛病了，只得尴尬地对我说，没有听说过我的名字，反正他也没用，就当我自己练手吧。

我才明白，他打听到我没有经验，又没毕业，希望我在一次次改稿中自动放弃，只可惜，我毫不知情，越挫越勇。那篇稿子，浪费了我将近一个月的时间，因为没有任何合同，我一分钱都没有拿到，只得灰溜溜地离开。

那个我认为的里程碑也塌了。我还曾按捺不住，告诉了身边所有的人，日后别人提起这个所谓的“大单”我都很尴尬，没想到所谓的赏识变成了乌龙事件。

可那个时候我势单力薄，人微言轻，说他骗了我，不过是说与山听，无济于事。于是我发誓，等有一天，我能证明自己写得好的时候，一定让他高攀不上。而且我还要揭露他是不诚信的奸商，我要让他为这件事付出代价，名声扫地。

那是我第一次接商业软文，从此以后，我再也没有去兼职过这种文案。我害怕再遇见这样的人，明明我花了全部力气，可是他一句没听过，就否定了我全部的努力。

我把那篇稿子投了出去，结果它成了我的第一篇“爆款”。发表后，好几家杂志社过来转载，甚至还出现了被人直接复制过去换署名的现象。

我才发现写作的诀窍，如果你把每一篇文章都当作最后一篇来写，那一定不会太差。

后来，我一直在写，这件事也随着时间的流逝，变得不值一提。

有一次，在一个饭局上，突然有个人提到这个老板，也提到了一些合作，他们认识不久，他想看看身边有没有人了解这个老板。

那个名字，我有很多年没有听到了，可我还是一瞬间想到了十年前。没有人比我更了解啊，我在十年前就认识了他，而且还有交集。而且十年前，我就在等今天这样的机会——一雪前耻的机会。

可是，我努力回忆，却记不起他的样子，曾经发的誓，也变得苍白无力。一直到饭局结束，我都没有说话，没人知道我们之间的恩怨。

我也在那一瞬间，发现生而为人，我们都在被人选择。也许当年，他也曾这样打听过我，发现大家对我一无所知，发现我不值一提，所以不管稿子的好坏，就把我淘汰了。可是，谁不想被人坚定地选择和信任呢?

我经常看到武侠剧里面，有些人为了寻仇，闭关修炼，最后武功天下无敌，但是等到寻仇的那一天，又觉得自己赢是必然，再去打就有点欺负人了，所以一笑泯恩仇。

人生总会遇到这些时候，你遭遇不平，你的不甘都化为“十年磨一剑”。如果不是当时存着一颗“君子报仇，十年不晚”的心，你可能早就放弃了努力。

也正是如此，在这十年的“报仇”路上，我没放弃梦想，一直在充实自己。可到后来才发现，其实那修炼的不只是武功，还有一颗温柔的心。还能有比成为更好的自己，更爽快的“报仇”吗?

两个有故事的女同学

✽刘小念

……❶

我是李老师，一个教初中语文，带班十年的班主任，想给大家讲两个女孩的故事，就叫她们 C 同学和 D 同学吧。

初中开学后的第一次摸底考试，C 就考了全校第一，并且高出第二名 30 多分。记得当时有同事跟我说：“李老师，你运气真好！一接班，就得了这么一个尖子生。”我当然也很开心，可我慢慢发现，成绩拔尖的 C 同学背后，有一对超级“卷”的父母。

初一才刚开学，C 已经把初一的课程都学完了，并已开始学习初二的课程。那时，C 的爸妈是与我互动最多的家长。他们每天都会跟我联系，询问 C 在校的学习效率、听课状态，具体到下课课间有没有背单词，上厕所用了多长时间。C 妈解释道：“我发现她最近总是以上厕所为由偷懒。初中这三年多关键。老师你一定帮我监督她，这三年，真的是上厕所都得小跑着呀。”

说实话，每次跟 C 妈通电话，隔着电话线，我都能感觉到她的焦虑。后来，C 妈曾三次来学校找我，都因为同一件事——给 C 换同桌。

第一次，是因为 C 的同桌喜欢抖腿，影响 C 听课。我帮她调换了。第二次，是因为新同桌爱讲话，笑起来太大声。我观察了一下，C 的新同桌是比较开朗，但她只是在课间才说笑，上课还是认真听讲且积极发言的学生。可是 C 妈再三请求：“老师，C 下课也是要学习的。离中考就剩 800 多天了，我们的目标是某某中（全市最好的高中），她回家就说同桌吵得她看不进去书，我都要急死了。”

好吧。这次，我给 C 换了一个全班最内向的男孩当同桌。一周后，C 妈又来找我：“C 说那个男孩每次上完体育课，身上的汗味熏得她头痛。”我忍不住跟 C 妈说：“这是集体，不可能事事都以自我为中心，也请做家长的体谅一下。”听了这话，C 妈不断诉苦示弱，说尽好话。最后，我把 C 调到了单独一座，总算把事情搞定了。

但 C 爸妈还是会保持每天跟我通话，了解孩子在校的一举一动。慢慢地，我不再跟他们说得特别详细具体。因为我发现随口的一句话，都会让他们紧张，让 C 的日子很不好过。比如，我说“语文这次阅读理解做得不太理想”，那么她爸妈一定如临大敌，加大剂量让她练习。比如，C 主动跟我要求做一次升旗手，但她爸妈得知后，一再跟我沟通别让她上了，又要背稿，又要排练，太分心，也浪费时间……

……❷

相较于 C 爸妈的焦虑，D 爸妈就佛系多了，一般很少给我打电话。有限的沟通里，他们几乎从不问学习。

偶尔联系，也只是问我：“很想知道 D 在学校跟老师、同学相处得怎么样？”令我吃惊的是，虽然他们很少与我沟通，但几乎叫得出班里每个孩子的名字，对每个老师的性格特点也了解得八九不离十。用他们自己的话说：“都是孩子每天回家跟我们聊的。”

而且，我居然从 D 父母那里了解到很多连我这个班主任都不知道的事情。比如，谁谁前阵子成绩直线下降，是因为妈妈怀了二胎，他不想让妈妈给他生弟弟妹妹；谁谁给别班男孩写情书，结果被那个孩子的妈妈在校门口一顿臭骂。

通过 D 爸妈的视角，我第一次意识到，眼皮底下这些少年，并不是简单的学习机器，他们每个人都有自己丰富的情感世界。

那也是我第一次遇到这样的父母，他们不只关心孩子的成绩，而是更关心孩子在学校里社交方面是否顺利，是否过得开心。打那之后，我也在默默观察D同学。

有一件事情，我印象极其深刻。

D是班里的生物课代表。因为生物不是主科，中考分数占比又少，所以，很多孩子在生物课上要么做主科作业，要么打盹、闲聊，且屡教不改。

有一次，生物老师忍无可忍，气得中途撂挑子走人。那天，我在别的学校听观摩课，不在学校。而D在这个时刻挺身而出，去找生物老师。她先是向老师道歉，然后拿出一本生物笔记，是班里一个叫孙峻的男同学的。那本笔记写得非常工整，简直就是板书。

D对生物老师说："姜老师，这是孙峻的笔记，他就是因为上了您的课，爱上了生物，而且立志以后要当个生物学家。我觉得，哪怕只有孙峻一个人在听，您的课也是有价值的！"打那之后，生物课上，姜老师变换了说教模式，学生们反而认真听起课来。

这件事让我开始更加关注D的一举一动。慢慢地我发现，她很有亲和力和凝聚力。每到节假日或者放假前，一定有一帮同学围着她，问她假期去哪里玩。然后，大家热火朝天地讨论，最后，D一锤定音。这样的场景，我看了也很开心。这就是少年应该有的朝气啊。

但我发现，这样的活动，C从不参加。有一次，我问她："假期同学都出去玩，你要不要参加？"有种渴望在C的眼睛里一闪而过，但她忧郁地说了一句："想有什么用，我妈肯定不让。"我说："如果你想去，老师可以跟你妈妈做一下思想工作。"C迅速开心起来："老师，真的吗？"我向她点点头。

但令人沮丧的是，我给C妈打电话沟通此事，被拒绝了。原因是C放假第一天就要上课后班。

"孩子挺渴望跟同学一起玩的，再说，学了一学期也该放松一下。"我试着说服C妈。结果，C妈很强势地跟我说："老师，她这个年纪，就不是放松的时候。"

"除了学习，她这个年纪也是需要朋友的。"我还是没有放弃，毕竟，我答应了C，脑海里全是她那可怜又渴望的眼神。

"老师，我很感谢你对C的关心，但我真不能让她去。初中交朋友，有什么意义？现在学习是关键，我不想让她分心……"我最终失败了，心里特别替C难过。

……3

初中三年，C一直是我们班的荣耀。她成绩好且自律。那种自律是被父母训练出来的，像一台被设定好程序的机器，哪怕是上卫生间，都是掐着时间的。

而D呢，成绩一直在稳步提升。她的思维很活跃，这样的学生，会激发老师，也是老师的开心果。我一直在暗暗观察着C和D，不自觉地想着她们各自的未来。

中考时，C如愿考入全市最好的重点高中。D也发挥很好，考进另一所小重点。但她们真正的分水岭在高考。

高考时，D成了学校的黑马，考进了上海交大。而C考入山东大学，这让她父母"上清华北大"的愿望彻底落空。

C真正的考验发生在大学时代。大学时，因为不适应集体生活，父母给她在校外租了房，目标是将来考北大的研究生。C妈甚至为此提前退休，专门陪读。可是，疫情防控期间，学校封校，要求学生必须住在寝室上网课。

这对普通孩子来说，并不是多大的问题。可是，C却崩溃了。那居然是她第一次过集体生活。她受不了一个房间里睡四个人；受不了室友发出的各种声音；受不了自己睡觉时，别人还开着台灯……最终，C因为患上抑郁症不得不办理了休学。

听到这个消息，我心里无比难过。经历了C和D的故事之后，我关注学生们的成绩，也很在意他们在学校的人际关系，鼓励他们交朋友。

时至今日，我依然能想起当初C妈在电话里，强硬地跟我说："初中交朋友，有什么意义？"

孩子为什么要到学校读书？我在D及其父母身上找到了答案。学校，不仅是知识的殿堂，也是社会生活的启蒙地。除了学习知识，也要学习人际关系。我们的一生，就是要处理好自己与世界、自我和他人的关系。

给自己创造一个和顺的人生磁场，才是真正的必修课。

做个普通人，过热气腾腾的生活

以前不理解我妈，现在很感激她

✽巫小诗

我妈应该算标准的“虎妈”了。有多“虎”？我 12 岁的时候就被要求下厨了。

缘由是这样的。当时我是一所寄宿制中学的走读生，学校规定早晨 6 点多到校上早自习，7 点多是早饭时间，8 点开始上午的课程。

我受苦还行，但天生受不了饿。空腹上早自习时，我饿得头昏眼花，一个单词都记不住。我必须在早自习前吃完早饭才能维持大脑的正常运转。

也就是说，我 5 点多得吃上早饭。可这太早了，我家楼下的早餐店都没开。

按理说，遇到这种情况，伟大的母亲应该上线了，在天没亮的时候就为宝贝女儿做好爱心早餐。

但是，我妈选择睡觉。

不是说她懒，我妈在医院上班，日常工作已经很辛苦了，如果每天提前两个小时起床给我做早餐，那么她的休息时间是完全不够的，也是对病人不负责。

所以，她选择教我做早餐。她告诉我，煮一碗面是很简单的，我绝对可以完成，而且煮面可以和我的洗漱同步进行，不耽误睡眠时间。

后来，在母亲大人的引导下，我开启了每天早上的居家奔跑：醒来后，先蓬头垢面跑去厨房烧水，然后跑去卫生间洗漱，等时间差不多了又跑回厨房下面条，再跑去换衣服、梳头，最后跑到厨房给面加调料和鸡蛋。时间充足的话，偶尔也能升级成荷包蛋，接着便能享用我的早餐了。

一番操作下来，我每天都能吃上热乎的早餐。我多花不了几分钟，我妈可以多睡两小时，两全其美。

虽然刚开始不理解，甚至还怀疑过我妈是不是不爱我。但现在看来，我能早早独立，能在他乡照顾好自己，并且热爱下厨，12 岁的“早餐事件”就是起点。

你们小时候上学时背包里背过什么奇怪的东西吗？

讲个笑话给你们听，我小学快毕业时才开始发育，但我 5 年级时就每天背着卫生巾去学校了，像老奶奶装零钱一样，我用小塑料袋包着它，藏在背包的夹层里。是不是有点儿莫名其妙？

十来岁的某一天，我妈关上房门，在家给我上了一堂详尽的性教育课。她讲了很多知识点，例如身体器官都是怎么回事，我是怎么来到这个世界的，我的身体未来会发生什么变化，我应该怎样应对，等等。

我大为震惊，仿佛听见谁在对我说：“欢迎来到另一个世界。”我很不好意思，甚至觉得我妈在杞人忧天。

这些现在看来挺平常甚至已经走入小学课堂的内容，在我童年时是根本没人敢提的禁忌，甚至中学生物课关于生殖知识的那一章，老师都是让大家自学的。

然后我就稀里糊涂地背着卫生巾去上学了，因为一直用不上，我妈担心过期，中途还给我换了新的。

直到某一天，班上一位女生在厕所里哭泣，觉得自己得了绝症，我平静地告诉她：“你没事，只是变成大人了。”我去教室里拿来“秘密武器”，教她如何使用，尽管我自己从未使用过。后来真正轮到我自己时，我变得更从容了。

还有关于对异性有好感、与异性的相处边界、自我保护等内容，在我尚且懵懂的年纪，我妈都给我讲过。

关于我和我妈的故事还有很多。

我妈强迫我吃不喜欢的蔬菜、喝牛奶，也会在节假日把我从被窝里赶起来去爬山，所以在爸妈身高平平的前提下，我长到了 1.69 米。

上大学时，我妈只给我生活费，不给一分旅费，这使向往远方的我在小小年纪就开始闷头写稿赚旅费。之后，我渐渐看了很多风景，还把写作变成了工作。

虽然我生在普通家庭，没体验过优渥的物质生活，没学过钢琴、古筝和舞蹈，但我早早学会了独立、勇敢和自爱。

妈妈的课是无价的，使我受益终身。

我所认识的、普通的、具体的上海人

✲张佳玮

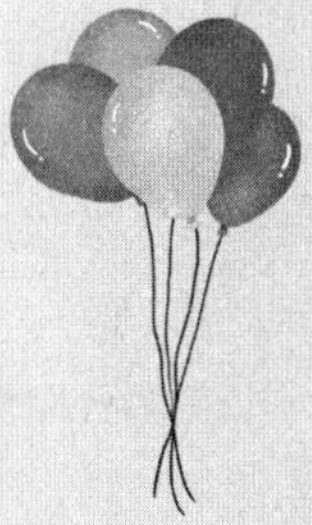

我在上海住过小十年。那时小区附近便利店是罗森、全家、良友金伴三足鼎立。那时全家的便当好，罗森的货色齐，但我还是爱去良友金伴。除了因为那家良友金伴的夜半关东煮很适合那时还习惯熬夜的我，还因为良友金伴那位阿姨。

我刚从学校搬出来住时，离我最近的地铁站是中山公园站；后来娄山关路地铁站起来了。天山到虹桥之间，拆了个电影院，建起了几栋商厦，许多店在改头换面。我比较宅，对街上一举一动不太熟，但阿姨什么都懂。

“隔壁的粥弗要吃，不好吃。”

“弗要去菜场买西瓜，街对面西瓜摊头过两天就要开了，南汇过来格。”

“茶叶店新茶叶蛮好。”

“个边百味鸡弗要买他们家的鸡，要买他家的夫妻肺片吃。”

“小区门口那家鸡店弗好吃了，你要吃鸡，去地铁站那里吃……”

那还是个可以三位数一个月租个单间，到我离开上海时月租才刚涨到四位数的时代。我也知道早晚会离开上海，所以没太上心。但从我入住，到2012年我离开，她一直孜孜不倦劝我：“要买房子呀，还是房子牢靠，真格，有钞票就买房子。”现在想起来，对我这样花碎钱买点日用品的，还这么实心实意的阿姨，我能遇到，真是我的幸运。对我而言，她就是最具体的上海人。

那时登了我稿子的杂志和报纸，偶尔会给我寄样刊，我从邮箱里拿了，堆在书架上。——只有一次，是我自己去拿的：2008年NBA总决赛第四场前，我骑车一直到我写稿的某个杂志社去见编辑，聊天，大家一起看了总决赛第四场，即凯尔特人24分逆转之战；然后我当场借了编辑部一台电脑写了赛后笔记，然后骑车回家，顺便把杂志放

在车上带回来。

当时来收房租的一般是房东阿姨。有一次房东大叔来收钱，等我拿钱时，他自己看杂志，看得津津有味。我顺水推舟，说这些刊物，您都拿回去看好了。他很高兴，拿了一大摞回家，免了我50元房租。之后，每个月换成他来收房租了。

后来有一次，他来收房租时，带了个亲戚和她的孩子来。因为我那时偶尔上某频道当解说，那孩子可能在电视上瞟到过一眼，于是赶来看热闹。亲戚指着我，对孩子说："好好学习，将来就能像哥哥一样上电视了，晓得伐？"那天房东觉得我很给他面子，于是免了我当月100元房租。

我在上海倒数第二个冬天，冬夜回家，看到路边一位老先生在卖棉花糖。我，一半馋糖了，一半因为上海冬夜的阴湿，难受得想象力丰富起来，生恻隐之心，于是问那位老先生："您还有多少糖？给我做个大的！"——想着这样一来，他就能收摊回去了。之后的情况超乎我想象。

他老人家谢了我，一面真做了一个巨大的棉花糖，大到我得用举火炬的姿势举着——低拿怕掉了，平端贴脸，平举胳膊太累了，只好举着。这么大的棉花糖，当然没法在冬夜路上吃——我总觉得吃一口，脸都要陷进去。那只好拿回家了。话说，这玩意大到什么程度呢？那会儿我街区的通宵便利店，到了晚间，两扇门只开一扇，当然还能容一人走进去，然而这宽度，棉花糖就进不去了。

只好去门脸朝街的水果店，买点水果，兼带着一点花生。在店里挑水果时，自然也只能单手举着棉花糖。店里另两位顾客目瞪口呆地看着我。店主小伙子在收银台后面双目圆睁，柜台边一个姑娘看着吃吃地笑。

我挑好一个柚子去结账时，店主一边算账，一边时不时抬头看看我手里的棉花糖。我掏钱不易，右手举着棉花糖，左手掏兜拿钱包费劲，姑娘就把棉花糖接过去了，我谢了一声，掏钱；姑娘跟店主咬耳朵嘀咕了几句。

店主跟我搭话："这个拿着，不太方便吧？"

"是，我也没想到会做这么大。"

"吃得下吗？挺黏的吧？"

"估计吃不下，估计得吃一半扔掉。"

"我女朋友很喜欢这个，要不，你把这个给我，水果不要钱了。"

"行，谢谢了。"

于是店主接过棉花糖给女朋友，"你等我下班，辛苦了。"

我终于轻松了，拿了柚子回家。转天去街角吃麻辣烫时，麻辣烫店的老赵还跟我说："前几天晚上，哦哟喂水果店的那一对拿了个大得不得了的棉花糖，吃一口麻辣烫，就一口棉花糖，哦哟喂搞得大家都看他们两个……"

夏天，在上海，出门吃午饭回来，在一垃圾车旁，见一对情侣站着，问怎么，答听见里面有小奶猫叫，大概怎么掉进去了。

后来想了想，垃圾车沿跟路边围栏等高，可能小猫在路边围栏淘气，失足滑下去了。垃圾车里主要是碎树枝、树叶和饮料纸壳，略深，我朝里面伸了半天胳膊，够不到；大家围着，正发呆，膀阔腰圆腰大十围的扫垃圾阿姨吃完凉皮回来了，问什么事；我们具以答之。阿姨便相了一相，擎起车子，把垃圾车轰地一翻，倾在地上，从树枝堆里拣出小奶猫。然后开始重新扫。

我记得在我家隔壁的送水工，记得平时喂小区流浪猫、爱打羽毛球、有点少白头的小哥，记得游戏机店的小哥和他和善的母亲，记得给我修棕棚的老爷爷。记得西装衬衫打得端正、发际线不太高、爱跟我聊毫茶的茶叶店老板。记得我在小区旁某中学门口，想救助受伤野猫被咬了一口后，帮忙打电话救护宠物的，顺便给我地址让我赶紧去打针的打印店老板。

我也认识爱在朱家角喝酒吃虾的上海人，也认识不去卢湾体育馆喊刘炜我爱你就不舒服的上海人。许多人说起上海，会想起各色高大上的词汇。我比较土，只能想起天山虹桥那一带的普通民居。以至于后来每次到上海，都还要住在中山公园附近。

看到互联网上说到一些很标签的上海人时，我总能想起冬日早上摸黑买生煎时，那些顶着星光往菜市场里运菜的普通上海人。我午夜去买关东煮时，对我谆谆教诲的上海阿姨们。

大概因为我认识的上海人还太少吧，肯定不够典型。反正我认识的大多数上海人，如果不带着“他是上海人”的目光去审视，就觉得，都还是最普通的普通人。就像我认识的沈阳的、营口的、铁岭的和长春的朋友，并不会对我“你瞅啥”。

当然不是说他们全无特征。至少十年前我认识的那些上海人，普遍推崇“拎得清”。我合作过的编辑不算少。公私方面分得最清的，社交成本最低、不用多废话的三位编辑中，有两位是上海的。当然，大家都是普通人，过普通生活罢了。

互联网时代，大家总是习惯选取最出格的行为，为一个地方画像。比如，你对一个没去过希腊的人说，“希腊人很爱吃烤肉”，大概会收获“这有啥？到处都吃”。但如果加上“希腊基克拉泽斯群岛那里的人会吃山羊奶酪配蜂蜜”，大家觉得“好怪啊，不过听着很希腊”！画像之后，就会形成对一个地方的基本认知，继而会对号入座，继而慢慢地：“你居然不这样？你们那里不是都这样的吗？”

纳博科夫以前吐槽过，所谓文学流派细致划分，都是方便归类，方便教学用的。他这话不免失之偏激，但我个人觉得有些道理。大多数标签，都是为了宣传地方，自己急速描绘所就，以求印象鲜明。以至于有些典型得夸张了——这也不奇怪，就像许多漫画像，为了方便人一望而知，总是会突出特征——也许是为了旅游业，也许是为了卖文宣。毕竟老老实实告诉别人，“我们这里商业区就是一大堆全国都差不多的连锁快餐”，很难吸引人来吧！但稍微走过多一点地方，认识的人杂一些，自然会发现：不同地方，最普通的人与人之间的区别，并不那么大。

当然，我离开上海快十年，如今的上海与当初，肯定也大不相同。

只无非是些最简单的、大家想必都有体验的道理——尤其被人说过“你是××来的？你不像那里来的人哦”之后，大概感受得格外明显？

大多数地域被塑造的典型形象，与其中实际生活的普通人，并不太一样。许多差别度是人为夸张的，还有人喜欢迎合这种差别度，获得自我认同，或是让他的那部分受众找归属感——比如，某位我吐槽过不止一次的、将咖啡与大蒜截然划分的先生——对他的论调，我还是那句话：在地中海沿岸许多地区，咖啡和大蒜都是生活必需品，甚至大蒜还重要过咖啡呢……

但我认识的，最普通的上海人，似乎没那么矫情——当然也可能因为我结识的多是街头巷尾、贩夫走卒，不够高大上吧。

大概，显摆的人家处处求与众不同，生怕自己不够典型。普通人家，到处都差不多。又不只是上海如此。

不同地区，最普通最广大的人群，都是忙忙碌碌，希望一日三餐生活平安，如果有闲暇、有余裕，就稍微体面一点；你对其客气便能得到一点热情反馈——因为大家都不容易。

就是这些最大多数、最普通的大众：一个地方好了，出了各种都市传奇段子被说得神乎其神了，最享福最出风头作为典型代表的，往往不是他们。

但遇到变故，最先吃苦的，却往往是他们。

培根路的茶与酒

✽西门媚

“我第一次来成都，就跟阿多去了一个小街喝茶，在川大后边，茶馆老板叫三嫂……”

“嗯，那条街叫培根路。”我接口应道。

“对对，那天还有你，有燕明，有翟頔。阿多坐下来，身后另一桌，就是他的前女友。萧瞳来得晚一些，到了就给大家分发他的新诗诗稿……”

我非常吃惊，他记得太准确了。这是二十世纪九十年代末，我们一帮朋友典型的场景。他其实来成都次数很少，我上次见到他，也是十五年以前了。

“吃饭就在旁边不远的地方，一个小馆子……”我知道他说的那家小店，叫“醉牛肉”，招牌菜就是“醉牛肉”，烧的一大碗豆花牛肉，麻辣味，真的放了酒，现在想来觉得又辣又咸，但那时，正是重口味的年龄。

“你记得太清楚了！”我向他表达我的惊讶。

“那当然，那是我人生中闪光的一天，人生中这样的日子不多，每一天我都记得很清楚！”他说了相当文艺的一句话。

我记得那时，外地朋友来了，我们的接待就是去培根路。我们自己的娱乐生活，也是在培根路。

所以，凡是我们视为朋友的，都领略过我们的培根路生活。

那时，我们一帮朋友大多单身，都爱好文艺。我们没有家庭生活，除了工作，我们就和朋友们待在一起。

四川大学铮楼附近，有一个小铁门，出来是一条小街。小街很短，路两旁是三四家茶馆，三四家小酒吧。这条街叫培根路，据说这名字来源于二十世纪二十年代的“培根火柴厂”。

这几家茶馆除了小小的室内店面，以露天经营为主。竹椅小木桌，摆满整个街面。这里没有车辆通行，行人路过也要穿过这些满布的桌椅。

天气好的时候这里满座，天气不好的时候，只要不下雨，这里人也不少，哪怕是冬天。

坐在这里的人，大都跟学校有关，老师、学生，或者毕业后仍喜欢学校氛围，在校园附近逗留的人。另外就是我们这样爱好文艺的人，喜欢聚在一起清谈的人。

当时我们这一群人，阿多和萧瞳在写诗，燕明在摄影，我和翟頔正在南方的媒体上写专栏。除了萧瞳，我们都还有另一个身份：媒体人。而且是那种信心勃勃，觉得传播能改变世界的媒体人。

那时，我们跟外地媒体联系得很紧密。不单消息互通，更有一种共担天下的感觉，当然，现在来看，那其实是一种错觉。当时，我们不能单独做的报道，便邀请外地的媒体一起做，有的报道不允许本地做的，我们就把选题、资料什么的，交给他们。那时我们相信，说出真相最重要。

开头提到这位多年未见的朋友，当时就是《南方周末》的记者。外地好些记者，特别是广州的，把我们这里当成了他们的消息源、工作站、办事处。我想，假设这编外“记者站”有办公地点的话，地址就应该在这培根路。

那几年，是难得又短暂的媒体“黄金时期”，从一个角度看，这个说法当然夸张了，但从现在回望，这短促的年代，也的确闪着一点点的光。

身在其中的我们，当时既不去想未来如何，也不想现实如何。我们的工作量其实与收入并不怎么挂钩，但我们喜欢自己找事做，自己给自己设定新的目标，能顺利做出来，就已经非常开心。

完成了工作，当然，就是跟朋友们混在一起，混在培根路。

还记得，那时我和翟頔下午如果不上班，多半就晃了过来，走进培根路正中的那家茶馆，就是三嫂的那家，必然能找到萧曈。萧曈的主业就是写诗，其余的时间就是看球、打球、看书……他租住在川大校园内，下午起床后，肯定直接到培根路的茶馆。春天的时候，他自称专职是“迎接春天”，秋天的时候，他的任务当然是迎接秋天。他一个人在培根路的时候，往往是在看书。所以，我们来找他，不用相约，一找一个准。

他经常笑称我和翟頔是“一黑一白，黑白双侠”。“黑白双侠”便要求萧曈陪我们去吃甜点。吃甜点是我的偏好，他俩其实都是陪我，就在培根路巷口，有一家学生价格、文艺调调的水吧“橄榄树”。吃一份冰激凌，再走回培根路，阿多差不多就已经到了。

时不时还有其他朋友也来喝茶，比如，热爱登雪山的阿苏、喜欢皮划艇的阿西、拍纪录片的陈忠。

朋友们都爱说，培根路有三大花痴。但是哪三位，版本各不相同，有的说有阿西，也有的说包括阿苏，也有的讲是陈忠，这些版本唯一共同的是，都有阿多的名字。

我们三五人在培根路茶馆坐下时，阿多就开始左顾右盼，前后打量，看看邻桌的女孩，看看走过去的女子。一会儿两眼发直，一会儿魂不守舍。他会忘形地站起来，坐下去，走来走去。他也会小声征求我们的意见，问我们觉得如何。

他其实在女孩面前非常腼腆，除了心猿意马，并无多少办法。他经常自我鼓励：如果那个女孩是单独一人，他就去告白。

有时，他见女孩独自起身去趟小街外的公厕，他就会跟随，似乎走在路上，就会有勇气，跟对方表白。但无一例外，他只能晃一小圈，灰溜溜地回来。

在我们的鼓励与嬉笑中，阿多的一个又一个白日梦就这样诞生又破灭。但阿多对朋友好，又天性幽默，我和翟頔拿他的故事，写进一个又一个的专栏，他不但不生气，甚至还乐于给我们讲述，对我们表演。

在成都，我们通常说的喝茶，其实重点完全不是茶。什么茶一点都不要紧，可以是便宜的“三花”，专业一点点的“毛峰”，也可以是菊花茶，柠檬水。真正的“喝茶”，关键是说话聊天。从文学到情感，从社会到时政，从艺术到哲学，无所不包。唯独少的是金钱话题，急着挣钱的人，才不会把时间浪费在清谈上呢。

一直喝茶到深夜，其他朋友走了，最后往往还剩下我们四人。多数是我提出，去消夜吧，去吃烧烤、串串。我笑眯眯地吃串串，笑眯眯地看他们三人喝酒，他们喝得惺惺相惜。

那时的我们，都喜欢熬夜，觉得通宵达旦本身就是一种极致狂欢。那时身体年轻，经得起熬夜，而且平时在报社上班，也经常昼夜颠倒。

夜里一两点钟，翟頔永远是扮演理性的那一个，总是她提出：“散了吧！再不散，就把夜熬白了！要白了！”

这种说法每次都会惊吓到我们。“要白了”是她发明的说法，在四川方言里，“茶喝白了”，就是泡久的茶，失去了滋味，“话说白了”，是把话说得太明白，失去含蓄。总之，“白了”就是过度。照她这说法，似乎终有一天，我们的嬉戏再没趣味。

我们培根路的茶聚，2003年就散掉了。不是因为“要白了”，而是培根路拆掉了。我、翟頔、阿多也都早已离开了以前的媒体，进入了新的领域。

也是从那时开始，城市开始大规模的改造。小街和露天茶馆都变得稀罕，培根路变成了传说。

几年后，四川大学的一份校园杂志找到我，请我给他们讲讲培根路，我便好好地怀了一次旧，他们听得神往不已。十多年后，四川大学的新一代的学生又来找我谈培根路，这次我拒绝了。

我明白他们需要培根路的传说，这里，这么多年来，并没有一个地方，重现当年的盛景。

但我们经历的培根路，也只是我们自己的培根路，一个看书、读诗、喝茶、喝酒、看球、谈天、谈文学、谈新闻的地方。如那位早年在《南方周末》的朋友所说，这是生命中闪光的日子。

我爸

陆庆屹

我爸做什么事都悄无声息的。比如，睡觉前他会不声不响地去每个人房间打开电热毯，然后下楼和我们坐一会儿，所以家里人的被窝每晚都是暖烘烘的。吃完饭，稍不留神，他已经偷偷在洗碗，我过去抢，他一摆手："哎呀，你进去你进去，谁洗不是洗，洗好就行了。"再比如，有了你喜欢的食物，他看似不经意地把东西放在你面前就去做其他事了，什么都不说。哪怕这也是他最喜欢的，只要你爱吃，他就一口都不动，全都留给你。若是生病了，谁也不告诉，自己恹恹地去买药，病容却是掩藏不住的，我小时候曾见过他发高烧时往自己屁股上扎针。他不愿意让人担心，更不喜欢麻烦人，哪怕是自己的孩子。

我爸玩心很重，所有爱好都是自娱自乐。首先是音乐，中西乐器照单全收，吹拉弹唱都懂一些，细数下来，能摆弄二十来种乐器；其次是爬山，我爸看起来弱不禁风，却是条硬汉，爬起山来我都不是对手；还有足球，这两年受我影响，他对曼联也熟悉起来，时常在晚上给我来电话或者短信聊比分赛况。除此之外，他还有一项乐趣，就是不声不响坐在一边笑眯眯地听我们聊天。

若说起我爸细碎的爱好，就更多了，比如摄像和制作视频。每次出门，不管多麻烦，他都会带一部小DV，东拍拍西拍拍，回家剪成完整的视频，配上音乐和字幕，自己左看右看，很得意。后来哥给他买了可以摄像的卡片机，用着就更方便了。退休前，我爸在师范学校教物理和音乐，也非常热爱地理。客厅墙上挂着的中国地图和世界地图上，很少有他不知道的地方；各国各地的地貌、矿产如数家珍；对自然风光更是钟爱有加，看到漂亮的风景照，脸上就不由得泛起特别温柔的笑容，轻轻摇晃脑袋，啧啧赞叹。

父母都是动手能力极强的人，天生喜欢劳动，不知道累。早年下放到乡下，在那个被世界遗忘的镇子里，没有煤炭柴火，煮饭都成问题，其他人唉声叹气、愁眉苦脸，爸妈却不当回事，一人背着一把柴刀便上山砍柴，有时候要走十来里路。我家后门紧挨着山脚，授课之余，父母到镇上铁匠铺借来两把大铁锤，打开后门，抡起大铁锤就劈石开山，生生辟出两块平整的空地。再到两里地外的洞口村挖黑泥，挑着担子一趟一趟地运回来，终于屯出两块土地。种上白菜小葱等容易生长的蔬菜，不久之后，家里就有菜下锅了。后来，父母还养鸡养鸭，家里的伙食渐渐得到改善。得空时，再跑几趟洞口村，挑来厚土壅在菜地边，种下三棵李子树和几株葡萄苗，几年之后半山都是葡萄藤，中秋时收获了葡萄，全校师生一起享用。父母的生命力都极旺盛，没有什么能难得住他们，想到什么事就去做，从不抱怨抗争，似乎生活本应是这个样子。这大概是那些年的艰苦生活留给他们的财富。

学校老师闲暇时喜欢聚会吹牛抽烟喝酒打麻将，但我爸天生装有“防火墙”，百毒不侵，乌七八糟的东西一概屏蔽。他不和人过多来往，也没什么需要向别人倾诉的心事。也许我妈是他唯一的知己。

我爸对历史没有兴趣，说那些都是写出来的，没有真凭实据，也太遥远；他喜欢科学，看得见摸得着。但奇怪的是，他从不阻拦我妈迷信，尽管多年来家里因此花了不少冤枉钱。我妈在现实世界里是出名的彪悍，大义凛然，一身正气，但在神神怪怪的虚无领域中，却像只战战兢兢的蝼蚁。有时候听说哪个村寨出了个超灵的“过阴”——能出入阴阳两界的人，相当于信使，可以带来一些消息——她就心痒了，想知道过世的亲人在阴间过得好不好，也想听听阴司说我们一家有什么劫难，该怎么化解。不管多远，她都想去寻访见识，还得让我爸陪着。爸虽觉可笑，却无二话，说走就走，跟着她跋山涉水也毫无怨言。他说：“反正你妈也是出于好心，我当然要陪着，在家里是陪，出去走不也一样嘛，就当锻炼身体了。要是她因为这个不高兴，才叫得不偿失。”我问他怎么不把妈拉回科学的路上，爸咧嘴一笑：“你看她是听得进别人话的人吗？管她咯，等折腾烦了，自然会停下来。只要不影响健康，怎么都行。”实在看不过去时，他就笑一笑摇摇头，转身出门，怕妈看到他的嘲笑不高兴。我虽觉得爸有放任之嫌，对我妈在迷信路上越陷越深负有一定责任，但也从他身上看到了“无怨无悔”这个词最真切的含义。这辈子，我从未听他说过一句抱怨的话。

最让人佩服的是，我妈外出前交代哪天要供奉哪位神仙或先人，爸都会一丝不苟地照办。我妈有位早已过世的刺绣师父蒋婆婆，逢年过节是一定要供的。蒋婆婆生前吃素，供品当然也必须是素食，我爸会认认真真地刷洗盛放供品的锅碗，一星油花都见不着。甚至烧哪种香，点什么烛，怎么烧，怎么挂，他也毫不马虎，比我妈在家时还用心。事后他自己也觉得有些好笑地说：“死都死了，哪里知道那许多，你妈真是……”后面的话虽没说出口，但我知道是想赞许妈的赤诚之心。我回说：“那你还这么认真。”他说：“这不都答应你妈了嘛……”我想，在我所知的人里，他是最问心无愧的一个吧。若换作我，怎么都不可能做到他那样。

在我看来，在家庭中，我爸的角色是完美的，不管对孩子还是伴侣，他理性和感性的投入都是毫无保留的，甚至会感染身边的亲朋。至少于我来说，如果做了错事，面对他，会感到羞愧，无地自容。所以，在深陷泥潭的少年时期，尽管我初生牛犊不畏虎，也没做过太出格的事，总有一种无形的约束力，让我在即将失控的时刻，得以抽身。或许，这就是我爸的慈悲和奉献给予我的力量。

最近，我爸迷上了吉他，兴致勃勃地让哥帮他找曲谱。我知道，春节时又能看到他演奏一种新乐器了。虽然每样乐器的演奏水平都不高，但为此陶醉。这样一个沉醉在精神世界里的人，他和他的生活本身就是一种艺术，至于笔画和音准是否精确，丝毫不影响作品的成色和价值。

热气腾腾地活着

✽游宇明

有个朋友，叫何艳萍，经营着华隆商贸等数家企业，在本地颇有些影响力。于常人看来，做企业各种琐事特别多，不时刻盯着怎么可以放心呢？但我这个朋友不一样。她的公司从无到有，从小到大，稳扎稳打，越来越兴旺，在顾客中口碑很好。业余时间，她似乎很喜欢玩，弹琴、唱歌、参与旗袍秀，始终热情满满，有了些感想，还爱在朋友圈里写些文字。每次见到她，我总想起一句话：活得热气腾腾。

想起省内一位作家。他也够得上是“热气腾腾地活着”的人。这位先生是我的大学师兄，但我们从未见过面，也不曾联系过，连熟人都算不上，不过我非常敬佩他。他的小说、散文都写得非常漂亮，一部作品曾经获得过全国优秀短篇小说奖，自此走上文坛，著作等身。他同时喜欢绘画、摄影，甚至常常涉足艺展、文创。其绘画简洁、空灵，边上配的几句话既充满人间的烟火味，又焕发着天马行空的诗意。他甚至在十多家报刊开设过漫画专栏，他的摄影作品别具匠心，立意高远。某次，还在北京举办过绘画、摄影方面的大型个展，大获成功。

一个人应该怎样活着，没有统一的模式。只要为人真诚、直率、善良、正直，做事符合公序良俗，不干损人利己的事，你就可以活得理直气壮。不过，如果说到理想的人生，我还是喜欢热气腾腾地活着，这样的“活”更有质感，也更能体现出生命的韵味。

热气腾腾地活着，需要一颗乐观的心。总是怨声载道，稍稍遇到些事便往坏处想，内心的热度肯定会被一点一点地耗掉，不要说活得热气腾腾，恐怕连活得有些温热也难以做到。对生活乐观，见到一滴干净的水，想到一片浩瀚的湖泊；看到一朵灿烂的花，神游到一片美丽的山坡；碰到沟沟坎坎，放眼远处的旷野，你的生命就有了蓬勃，精神的热度便会被激发。当年的曾国藩受命平定内乱，水师被对手分割成内江、外湖，三河之变，其亲弟弟殒命战场，如果不是具备坚毅强大的内心，攻克金陵的高光时刻很难到来。

每个人都是独特的，出身、性格、所受教育、人生理念各不相同，指望所有人的生命都是同种色彩、一样声调，既无可能，亦无必要，但人得有上进心，不能甘于被环境、命运打败。有了这样的心态，我们才能消除生命中那些暗藏的颓废，也才能水到渠成地将那份本质的热度展示出来。虽然说幸福是一种感觉，快乐是一种选择，但有一点无须怀疑，进取者比躺平者收获更多的幸福，也更容易享受更长久的快乐。

人不是大海中的孤岛，而更像树上的叶子，上下左右前后都是同类。一个人视他人为地狱，别人活好了自己就睡不踏实，便会觉得前路处处是陷阱。相反，假若我们将他人的存在视为自己生命中不可分割的一部分，有了快乐，乐于与他人分享；有了忧伤，勇于向别人倾诉；别人遇了危难，乐意伸以援手，我们就会活得阳光、坦荡、信心十足。还是说我的朋友何艳萍吧，多年来，她一直热心慈善事业，给高考学子送过考，替贫困孩子支付过学费，为公益事业捐过款，得到过诸多荣誉。她的热气腾腾中其实也有人际关系的和谐在内。

世事的演变并不完全按照人的意志发展，期望时时处处顺风顺水不太现实，一个人懂得热气腾腾地活着，也就可以具备打败艰难与挫折的能力，为生命奠定向上腾升的基础。

那些被夕阳吹散的日子

Summerr

1. 夕阳・亲情

有很长一段时间我非常讨厌母亲。

我拒绝跟她交流，拒绝她的示好，和她形同陌路。与她有关的记忆，只是一个个从白天到黑夜的日子。我坐在窗台前，夕阳映在我脸上，周围安静得可怖。

等待，只有等待，无尽的等待。

因为长时间一个人在家，又年纪尚小，我习惯在自己的写字台前放一面镜子，借此观察背后的一切。在小孩子的世界里，安静的背后，说不定会有什么庞然大物突然蹿出来，一口咬掉我的鼻子。

这看似可笑的画面，却寄托了我整个童年的孤寂。

我是习惯自己跟自己说话的。

读书看到有趣的章节，我会对着空气说，这段写得可真有趣啊。

走路碰到角落里的枯花，我会穿着拖鞋去水池边接水给它浇灌。一面浇水，一面对花说，喝了水一定要好好活下去啊。

总是对写字台边的小金鱼爱护有加。每天定时定点撒下很多鱼食，然后对它们说，吃了食物你们要好好长大啊。

我依然等在窗台边，小小的背影在白色瓷砖地上拉得老长。夕阳的温柔，晚风的和煦，别人家做饭时嗞嗞啦啦的声响和空气中飘荡的饭菜香，都是伴随我无尽等待的记忆。

我无比期待那个身影的归来。她迎着余晖，

周身金光一片。我打开窗户，踮起脚尖大喊，妈妈！她抬起头来看我，在夕阳里对着我笑。夕阳极美，像是一条橙红的绸带蒙在她的脸上。

我喜悦地站在门口等待着，听见她匆匆上楼的脚步声越来越近。如果时间早，她会系上围裙给我做菜；如果时间晚，她会带回外面买来的食物。我们围坐在餐桌边，她总不断地往我碗里夹菜，然后说，下个周末，妈妈带你去公园玩儿吧。

开始我说“好”，后来便不再答应了。

她放了我太多次鸽子。我知道，她说的下次，永远是下次，一次也没实现过，并且不会对我有任何解释和愧疚。于是，我渐渐不会再等她了。她再进门叫我，我也只是缩在沙发上看书，冷淡地“嗯”一声。

小学的时候，市里开博览会，给中小学生发了门票。她答应我会在下个周末陪我去。可直到今天，那张票依然在我手里，缩在书架的角落里落了灰。

初三那年，学校举行百日誓师大会，给所有家长都发了邀请函。她答应我一定赶到。活动结束后，家长们都带着孩子回家，而我在校门口等到最后，也没有等到她。

前几年我跟她聊起这些事。她窝在沙发里，目光从电视移到我身上。细碎的阳光透过玻璃，像一条漫长的银河，横亘在我们之间。

我甚至想过，一辈子都不要原谅她。年少的回忆，像是一条冗长又黯淡的黑布，死死地禁锢住了我的身体，让我一想到往事便觉得喉咙发紧，透不过气。

直到去年，她半夜生病，上吐下泻，血压飙到160。我帮她穿好衣服，自己套上衣服后又慌慌张张地去找身份证和医保卡。她忍着难受，冷静地告诉我证件的位置。

打车去医院的路上，我们俩坐在后排，我让她把头靠在我身上。车窗外已无人烟，唯有绵延不绝的路灯一盏一盏地飞速向后退去，留下星辉点点。深冬寒风萧瑟，冷风像是野兽一般摩擦着车玻璃，呼啸奔走。轮胎压过井盖时的颠簸，让她感到不适。我侧头看她，她缩在黑暗里，看不清脸。我忍不住去握她的手，特别凉。那一刻我才知道，她一直在发抖。

那一瞬间，我原谅了她。

她如今不像从前那么拼了。周末，我从学校回来，她总在家给我做我爱吃的菜。我怕长胖，饭后她就拉着我出去散步。我挽着她，走过公园的每个角落，听她讲，知道了许许多多从前不知道的事。

她下岗那年，最初的想法是一定要带着我，走到哪儿都带着。好多单位因为看到我太小，怕她影响工作，选择不录用她。后来外婆看她实在太难，这才把我接到她身边去住。

外婆去世后，我稍微大了些。她反复跟我确认，水电煤气刀具千万不能动，这才把我一个人留在家里去忙工作。可是每次都不放心，一下班就往家里跑，直到看到等在窗台边的我，才放下心来。

那时候其实挺难的。她说话的时候，语气平静得像在说别人的事情。

走过公园的游乐场，好多父母带着孩子在那里玩儿，嬉笑声、尖叫声，几乎刺痛我的耳膜。秋风有点儿凉，吹动了条条柳枝，发出沉沉的声响。

她顺势把我的卫衣帽子扣在我头上。她总是这样，不等人反应。

我说，你知道我小时候一个人在家饿得翻箱倒柜，又不敢开火，只能拿肉酱泡水喝吗？

她说，你知道我下岗那年，找工作被四家公

司辞退，冬天骑车在冰面上摔跤骨裂却只能强忍着吗？

我完全不记得这事儿，便问，没去看过吗？

她爽朗地一笑，哪有那工夫，我再不济也要让我女儿有肉酱去泡水吧！

我扑哧笑了。

我知道，她不会变的，并且依然不会对自己当年的所作所为有任何愧疚。但是那年的母亲节，我给她送了一份礼物。我花了一个月的兼职工资，给她买了个我觉得肉疼的小牌子包包，并在包的内衬里加了一张纸条：

妈妈，母亲节快乐。我永远爱你！

我猜，以她风风火火的个性，大概会在某天找不到零钱的时候碰巧翻到吧。

我渐渐明白，所谓的亲情，有时候不在陪伴，而在责任。真正身处社会时才发现，这世上有太多的无能为力和有口难言。这并不是借口。无论你身在何处，都有个人在想着你、念着你，为了你在夕阳里奔跑，用尽全身的力气。夕阳下的背影，从不仅仅只有你而已。

或许，这就是亲情吧。

⋯⋯⋯ ▶▶ 2. 夕阳 · 友情

时间总是教人遗忘，遗忘过去的珍贵，遗忘曾经的痛苦。我们都会在时间的长河里历尽黄沙，刻画出年轻的模样。

七年级第一学期的体育课考 800 米长跑。她跑到我旁边的时候，绊倒在塑胶跑道上，整个人滑落在风里，然后重重地磕在地上。

我也不知道怎么想的，都没犹豫一下，直接停下脚步去扶她。在此之前，我们两个人整学期说的话不超过十句。她是班上排名前三的优等生，而我是班上后十名的差生。班主任一见到我就皱眉，见到她却总是喜笑颜开。

她对我说，那你应该讨厌我啊。

我想了想，回道，其实我更讨厌自己。

是的，我更讨厌自己。在老师当着所有人的面，似笑非笑地展示我只考了 19 分的数学卷子时；在老师刻意为难我，无缘无故地叫我在教室罚站时；在老师把风尘仆仆赶来开家长会的母亲一通奚落，母亲回家后愤怒地撕碎我写小说的笔记本时，我都非常地讨厌自己。

她却直白地说她也讨厌我。这让我很是意外。

我故作轻松地说，嘿，你能不能婉转一点啊。

那是北方四五点钟的冬天。太阳懒散地缩回高楼的背后，只有隅落里的余晖留给大地一摊柔软。我们俩坐在操场的运动器材区，并排玩着脚踏板。

她皱着眉认真地说，我讨厌你被老师同学讽刺挖苦时，脸上不以为意的笑容。明明你心里难受得要死，为什么还要笑呢？

我好像被什么东西扯住了心脏，刺痛感瞬间蔓延全身。我故意不看她，假装不在意地说，干吗不笑呢？他们就是想看我哭。我偏不让他们得意。

但是笑不就代表你肯定他们说的话了吗？她说，你明明不是那样的人。那天我摔倒，所有人都从我身边经过，却只有你选择停下来扶我。

我笑，大概是我人美心善吧。

她也笑，晚霞吃力地越过远处的高楼照过来，锐利的光线早已折损过半，在她的脸上洒下一片温柔。我如今回忆，这大概是我这辈子遇见过的最好看的姑娘了。

她说，我帮你吧。

后来便是一个既幸运又痛苦的故事。外人只知道我的成绩从全班第 30 名变成了第 20 名，又从第 20 名变成了第 10 名。初三毕业前，我一直保持在全班第 10 名左右。

班主任看我的眼神从厌恶变成了和善。同学们不再嘲讽我，甚至偶尔会来问我提高成绩的方法。有一天，坐在我后面的男孩儿拍我的肩膀。我回过头去，他如琥珀色般的瞳孔里满是认真。他对我说，你作文写得好，有什么技巧吗？我看老师总是夸你。

这是曾经我回头跟他讲话，他叫我不要影响他学习的男孩儿。

中考结束后，她进了省重点高中，我则去了一所相对一般的重点中学。我和母亲都很满意。我母亲很感谢她，给我钱叫我去请她吃饭。那天饭后，她对我说，不管以后怎样，我们都要好好的。

我点头说“好”。

她却失了约。

高二下学期，我接到她母亲的电话，匆匆赶到她家时，她正一个人呆坐在床上，目光空洞，失了颜色。她母亲说，她经常一个人坐在床边看月亮，一看就是一夜，有时笑得诡异，有时哭得哀切。两天前，她趁着学校外出体检的工夫，一个人脱离了队伍。老师发动同学一起找，在很远的一个公交站找到了她。她在等车。

我走过去，坐在她身边问她，你要坐车去哪里呢？

据她母亲说，她好久不说话了。

我又问，你怎么从不跟我说呢？

她还是静静地看着窗外。

我去拉她的手。以前我总说她是暖炉，手心滚烫得吓人，如今她的手指冰凉得像是刚握过深冬落下的雪。

我帮你吧。我说。

她的眼角突然流出泪来，一条细而晶莹的长线，沿着她的侧脸缓缓延开。

她停了一年的课，被家人带着天南海北地旅行，偶尔会给我发照片。她说，我当时觉得自己被困住了，被困在漆黑的荒野里，寻不到光亮。幸好你出现，抓住了我。

我看着信息想，我又何尝不是如此呢。

一年后，我考上大学。她告诉我，她准备复读一年再参加高考，但是可能考不上自己曾经的理想院校了。

我回，没关系，这位小学妹，我校大门朝你常打开，学姐欢迎你。

一年后的八月末，盛夏酷暑难当，太阳化身成了一只炙热的烤炉，把每个人都烧得恨不得撒把孜然粉。我在学院帮着学姐们忙新生入学的事。她给我发信息说，已经在机场候机了。

我忙得头晕眼花，只回了句“一路顺风”。

文学院的迎新处在南院操场的左侧。老生在头一晚便把迎新条幅、办公桌椅布置好了。我坐到其中一把椅子上帮提着箱子的新生办理入校手续，阳光刺得我睁不开眼。突然，一份档案放到了我跟前。

你好，我来办理入校。

是熟悉的声音。

我这才知道，哪有什么去南方，哪有什么去海边，都是骗我的。

于是，我抬起头，眯着眼迎着阳光看她，却看不清脸。那一刻，她似乎与太阳融为了一体，就像那个傍晚一样。

你好，欢迎入校。我说。

夕阳会吹散时间，把不谙世事的少年变成沉稳练达的大人，可是，夕阳却不会吹散我们，以及我们的青春——那日傍晚，这日晌午，明日清晨。

去/看飞机

✽徐海蛟

夏日里的午后，我们正站在门口屋檐下，风吹来，稻田漾起涟漪。“飞机！快看，飞机！”顺着妹妹手指的方向，我仰起头，天空下一片瓦蓝，三三两两白云停在天幕。两朵云之间，我找到一架燕子般大小的飞机，它正从我们头顶上空掠过，双翼闪动银光，等它到达另一朵云的位置，只有蜻蜓般大了，随后就成了一个逗点。

飞机消失后，我们仍然举着头，盯着天空注视了好一会儿，仿佛还会有另一架飞机出现。

小叔问我和妹妹：“你们想去看看飞机吗？真正的飞机。”

这个问题我们一下子不敢回答，使劲儿定了定神，确定自己没有听错，往嗓子眼里咽了口唾沫，才说：“想！”

那几年暑假，小叔自南方城市返乡，就会到我家中转。仿佛一个节日降临，小叔的到来，让这个租来的家亮堂起来，他把外面的世界带到我们面前。他带来二十世纪八十年代时兴的波纹面发型，带来南方椰树林里的风声，带来和青春相关的喇叭裤，带来英语。那会儿乡村孩子要到中学才接触英语，小叔嘴里的 English 就成了某种高级的象征。我们喜欢小叔，喜欢他口中的外面的世界，喜欢饶舌的英语，他用英语跟邻居姑娘讲解“咳嗽”和“牛”的区别。说有人感冒去看医生，将 cough（咳嗽）发成了 cow（奶牛），医生问他你家奶牛怎么了？病人说难受得睡不着。医生又问，奶牛现在在哪儿？病人指着喉咙说，在这儿呢……笑话逗得那姑娘掩着嘴乐得花枝乱颤。小叔在的日子，嘴唇描画得红艳艳的姑娘便常常来我家。

“好，我们准备准备，明天就去看飞机，看真正的飞机。非常非常大！”

“真正的飞机到底多大？”

“三间房子那么大。”小叔肯定地回答我们，目光里没有犹疑。

“小叔，你见过真正的飞机吗？”

“当然见过。”小叔很肯定地回答我们，“飞机就停在飞机场里面，停在跑道上。”他那么说，让我们相信他看到的飞机是静止的，大概真的飞机确实是这样一个大小。

“飞机场停飞机的地方有遮挡吗？飞机不怕被雨淋？”

“飞机的跑道，那得有多宽？比学校操场大吧。”

“非常宽，也非常平坦。跑道上不允许有一颗小石子出现。”小叔说。

这倒稀罕，为什么不能有一颗小石子呢？小叔说，因为飞机的轮子非常小，碰到一颗小石子就会打滑，那是很危险的。小叔又说，飞机不但不能碰到小石子，它在飞的过程中，哪怕撞到一只蜻蜓，机身上都会出现一个大洞。

那是我第一次得知飞机有轮子，我以为飞机是不需要轮子的。那也是我第一次得知飞机竟然会有自己的历险，如此坚固的飞机还撞不过一只蜻蜓，坐在飞机里该有多提心吊胆？

小叔将我们拉回了现实，小叔说：“去看飞机，我们要有所准备。首先得带上点吃的，我们买三个面包，再让你妈煮几个鸡蛋，再带上一瓶水。”

我们要去看飞机，看真正的飞机！这件事令我那雀跃的心难以平静。在我们有限的人生经历里，对交通工具有过说不清道不明的迷恋，先是汽车、自行车，随后火车，这些有轮子的东西都让出生在山村的孩子着迷。我小学二三年级那会儿，最喜欢用父亲诊所里的空药盒做汽车，用两根树枝给空药盒装上四个塑料药瓶盖，再用铅丝的结将其固定于药盒两侧，药盒就有了四个轮子。于药盒前端钻个孔，牵一条线，一辆车做成了。晴朗的傍晚，我拉着那辆简易小汽车在田边小路上奔跑，车在身后发出与地面摩擦时欢快的响声，但不多一会儿就四脚朝天了，赶紧停住，折返回去将侧翻的车翻过来，再重新撒开腿。那时候的乡村，田野铺展开一望无际的绿，晚风牧歌一般清爽，我在每个傍晚，借助那辆小小的车，在风声里带着童年奔跑。车没出几天就会散架，散架后我会重新做出一辆新的，乐此不疲。

更小的时候，我还在大山里，并没有一条平坦的路供一个孩子拖着小车奔跑。但我会做纸风车，将三条纸分别对折，穿插成一个简易草帽状，顶在树枝上。当我们飞跑起来，风车就会呼啦呼啦转动，我时常有一种幻觉，认为是风车的转动与牵引，才令自己奔跑得那么快，我听到呼呼的风声，相信自己终有一天能飞起来。

外祖父村里有个哑巴，起床后第一件事就是跑步到五公里外的乡里看大客车。哑巴看汽车是顶勤快的，天蒙蒙亮就起来。我们住外公家，还躺床上睡觉呢，冬天那么冷，我心里想着，起床后让舅舅去屋檐下折一根冰凌。就听到外面脚步擂鼓一般咚咚响，躺在一旁的大人迷迷糊糊地告诉我们：“那是哑巴呢，到乡里看汽车了。”

哑巴几乎马不停蹄一路狂奔，大客车就停在离乡政府不远的路边，已经敞开车门，等待进城的人们。哑巴默默靠近，又隔开些许距离，羡慕地看着一个又一个人走进大客车去。待到那趟唯一的浑身落满泥巴的班车塞满乘客，发动引擎，并从屁股里喷吐出一股黑烟，摇摇晃晃向着林中公路里的晨曦驶去，哑巴才满足地露出笑容，用手拉拉外套下摆，重新往家奔跑。哑巴人高马大，跑动起来嘴里呼呼地喷吐着粗气，就像一辆发动的旧客车。

究其原因，我想交通工具代表着出发，代表着另外一些没有边界的事物，小山村里的人们从早到晚都未走出大山的掌心，他们向往未知和出发。

没来这座平原城市之前，生活的山村里还没有电视，我们极少见到汽车，从未见过火车，即便下了山进了城，也没有火车。只在游戏里，孩子们相互手搭肩膀，连成长龙，嘴里发出火车开动声，咔嚓咔嚓，咔嚓咔嚓。

飞机则不同，绝不能称为一般的交通工具，它是一只神秘的大鸟，时常飞临想象的天空。极偶尔地，飞机遥远的身影会在小山村里惊鸿一现，不知道为什么，从小山村飞过的飞机都高高在上，小得你不盯着天空发呆，眼睛根本捕捉不到。后来大人告诉我们，飞过我们头顶的飞机是给森林播撒种子的。

总有孩子会盯住天空，要么看变幻的云，要么看新近飞来的鸟，要么看雨和彩虹。孩子总是山村里最先发现飞机的人，第一个孩子喊出一句“飞机”，接着第二个孩子也喊出一句“飞机”，我想一个村里总有好几个孩子在不同地点同时充满惊喜地喊出“飞机”。孩子们开始在青石路上追着飞机跑，青石路倾斜，飞机越来越小，小到隐入天边的云霞深处。一群孩子相继停下来，飞机不见了，天空中留下一道云的划痕，孩子们盯着那一线银亮的痕迹气喘吁吁。

当天晚上合了眼，一些疑问不断盘旋在我脑海里。我们可以进入跑道看看飞机吗？我们可以用手摸摸飞机吗，或者拍拍飞机的翅膀？据老师说，用来制作飞机的金属又轻又坚固，稀有得很。如果那个机长特别好心，他会让我们进到驾驶室一睹究竟吗？

待到这些绕来绕去的问题，像黑夜里的萤火一般逐渐散去，梦境铺开一片空地，一架大飞机出现了。它远远地停落在跑道上，非常巨大，我们飞快地朝它奔去，跑到它面前，却找不到进入飞机肚子的门。我们一直耐住性子等着，等飞机张开大口，把我吞进它的大肚子。但飞机非但没有张开大口，还兀自向后跑去，越来越快，越来越远。

有那么片刻，我竟然坐进了飞机。飞机上的视野好开阔啊，我低下头来，脚底下却是空空荡荡的，风呼呼疾驰着，一片又一片黑瓦的屋顶在移动，许多人抬着头惊叹飞机离他们那么近，小河像飘带一样落向远方……飞机似乎很顽皮，一会儿飞高，一会儿又从一片树梢唰一下擦过去……我想伸手摸摸座椅靠背，可摸来摸去，就是摸不到，我用力将手往下伸，又朝后摸去，座椅似乎并不存在。我捉到一团软软的湿漉漉的东西，拿到面前一看，是一朵白云，这朵云可不一般，有鼻子有眼，还能张开嘴笑，笑起来露出白亮亮的牙齿。紧接着，云越聚越多，越聚越多，我已经看不到飞机了，我坐在了云端，飞机呢？飞机呢？

我度过了一个特别长的与飞机相关的夜。

第二天总算来了，母亲拿出一个装着食物的塑料袋，里面有三个面包、六个水煮蛋、一瓶水、一袋小店里买来的鸡蛋糕。我们将这个塑料袋放在自行车前篮筐里。

那是一辆上了年纪的26英寸黑色永久牌自行车，看上去黯淡无光，但有什么关系？这一天，它将成为功臣，载着我们到达飞机跟前。没有它，我们什么都办不了。

我推出自行车站在门口，轻轻拨动车铃，丁零丁零，这是出发前欢快的信号。当然自行车得小叔骑，小叔踮着脚控制住车，将妹妹拎上车前横梁，我也随即跨上车后座，他轻轻发力，嘴里一声“嗨哟”，自行车转动起来，沿着乡间的机耕路往前跑。

晨光流动，田野一字摆开，稻叶上露珠晶亮。自行车朝南行驶，机耕路上满铺着小石子，自行车很颠，但这颠簸好比一首曲子欢快的节奏。我们穿过很多田野，在田野和田野之间横亘着一个又一个村庄，东王、李家弄、泥桥头，就在自行车经过泥桥头的机耕路时，我看到一个穿着白裙子的女孩和她的妈妈一起推着车在路边走，我们的自行车渐渐靠近她们。这不是我们班成绩最好、长得最漂亮的女孩吗？我能听到自己的心怦怦跳动的声音，有那么一瞬间，我好想让自行车停下来，好想告诉那个穿白裙子的女同学，我们要去看飞机了！显然小叔并不知道我这番念头。自行车就这样越过了女同学和她妈妈，我假装着在专注地看另一边的田野。

渐渐地，自行车走完了熟悉的村庄：布政、鹅颈村、俞家……驶入我们平常足迹未曾到达过的地方。

根据飞机的起落判断，机场在南面不远处，位于我们相邻的小镇。当然我们也知道机场所在地的名字，那儿叫栎社。每骑过一个村庄，自行车都要停下来休息一会儿，顺带问路。起先小叔自己问："你好，栎社怎么走？"一个农民模样的老大爷有气无力地将手一抬："往南骑……"我心里对他的指点方式很是不认同，我觉得他应该情绪饱满地告诉我们栎社在哪儿，毕竟栎社不是一般的地方，那儿可是有很多很多飞机的，再说他也不应该那样毫无热情地帮着指路，我们可是要去看飞机的。

接下来，小叔要我们兄妹俩去问路，他告诉我们挑那些面相和善的人问，问之前要有个称呼。我们便学着小叔的样子问："爷爷，栎社怎么走？""阿姨，栎社怎么走？"经人们多次指点，自行车渐渐驶入去栎社的那条田间小路。当我们最后一次问"栎社怎么走"的时候，有个当地人笑着说："这儿就是栎社。"

放眼一望，低矮的村庄散落着，周边田野一望无垠，跟我们来的那个村庄并无二样。"飞机呢？飞机在哪儿？"我们终于忍不住说出了心里迫切的疑问："请问飞机场怎么走？飞机场在哪儿呢？"有人回答："飞机场啊，还得往南走，还有一段路呢。"自行车继续摇摇晃晃动起来，速度明显没有先前快了，耳边的风也变得很小，仿佛在挠痒痒，知了开始叫起来……幸好早上的大太阳此刻不知躲哪儿去了，否则我们可真要热坏了。

自行车吱吱呀呀往前行进，路旁的稻子摇曳着挤压过来，突然，面前的路不见了，出现了一条宽阔的河。显然这是一条走不通的路。小叔看看表，已过了十二点了，说："孩子们，暂停行军，先用餐，吃了午饭再去看飞机。"我们在河边草地上坐下来，先分着吃豆沙面包。面包很油，里面的豆沙扁扁地躲在角落里。接着又各自吃了两个鸡蛋。午后的风吹过来，吹干了身上的汗，凉凉的。河水静默流淌，只有知了的声音此起彼落。

"小叔，我们能找到飞机场吗？"

"肯定能找到，我们都已经到了飞机场的领地了。"小叔用右手的食指挺了挺鼻梁上的眼镜，随后起身到自行车前，从车篮里取了一张报纸，重新坐到草地上，没过多久，小叔就叠了一个报纸的飞机。小叔说："看，飞机。"——我们暂时忘却了整个上午以来的一无所获，在河边的草地上扔纸飞机玩，我从这头扔过去，纸飞机在低空里滑行了一会儿，缓缓落到草上。妹妹跑过去捡起来，纸飞机又朝我们坐着的方向飞来。就这样，纸飞机来回飞，直到有一次，我将它送出去的时候，它改变了方向，朝河飞去，不偏不倚落进了水中。

我们又开始上路了，从那条河边的小路上退出来，并找到了一座桥，过了那条河。路上小叔交代了一件重要的事："待会儿我们到了机场，机场一定会有警察守卫，你们俩就上前去和警察叔叔说几句好话，警察叔叔才会让我们进去看飞机。"

看飞机还要说好话？可我们并不知道好话怎么说。小叔说："你们就是说话要亲，要喊警察叔叔，告诉他，我们是特意来看飞机的，因为从来没见过真正的飞机，这是我们好多年来的愿望。"我们都讨厌说好话，但为了看到飞机就得好好表现，说就说呗。

自行车继续往前行驶，时间又过去十几分钟，小叔仿佛想起什么来，他说："照这个方向走，我们可能到不了机场入口，但我们可以到机场跑道去，在跑道外也一样可以看到飞机。"

这句话让我心里既觉得忧伤又觉得安慰，忧伤的是大概进不到里面看飞机了，安慰的是这样我们不用跟警察说什么好话了，我从小就是一个讨厌说好话的人。再说，即便进不到里面，还能看到跑道上的飞机，也挺好。孩子的心啊，就像一张风帆，极容易鼓满希望，不容易彻底瘪下去。

自行车继续朝人们口中的机场跑道行进。太阳彻底隐没了，云跑动起来，越聚越多的云，仿佛心里越聚越多的焦灼。飞机场啊，到底在哪儿呢，我们走了整整好几个小时了。

一排铁丝网突然挺身而出，拦住了去路，再不得前进了。是不是机场到了？网对面并不见飞机，也不见跑道，而是一片平整的荒废的田地，生长着杂草，草丛中散落着零星的黄色小花。我们站在铁丝网前，这道网牵引着视线向远方延伸，似乎无穷无尽。只有那些黄色的小花，探头探脑的，很好奇地看着我们三个脸上写满茫然的人。

知了再次叫起来，头上的云越来越重。“看来机场跑道是不让人靠近的，离跑道这么远就将路拦死了。”小叔又做出了他的正确判断。

我们只好垂头丧气地往回撤，自行车驶出一段路后，头顶上突然响起悍然的轰鸣声，一架起飞不久的飞机正掠过我们头顶。小叔赶紧捏住刹车，伸出一只脚紧紧撑住地面，将自行车停下。我们仰起头来，飞机真大啊，我看到它展开的巨大的双翼，我看到它银色的肚皮，它并没有像鹰隼那样扇动翅膀，而是斜斜地向天空深处冲去，似乎一点也没有耗费力气。

那是我们到那年为止看到过的最大的飞机，近得仿佛跳起来，就能触到似的。我们盯着天空看了一会儿，飞机便冲入了云层，但我们依然仰着头，听着轰隆隆的响声由近而远，恍惚中觉得飞机依然在视线里。

我想这真是一架顶好的飞机，它仿佛看穿了我们心里的失望而跑来安慰我们似的。

自行车重新响起吱吱呀呀的声音，这一回，它朝西行驶，驶过那些我们依然不认识的村庄，才进入我们认识的村庄。小叔提议下来走一会儿，他大概真是骑车骑累了，背上衬衫湿了一大片，我们开始步行。

小叔说：“你们不要失望，我们至少看到了飞机！”小叔又说：“等你们一长大，就能去乘飞机了，乘飞机去北京上大学，乘飞机到外国。”

这句话还是挺安慰人的，反正没出几年，我们就可以长大了，也可以乘上飞机了，这么一想，心里轻快了许多。

我们走到了那个叫布政市的村庄，进入一条老的街，路边有小店，小叔买了三根糖水棒冰。当凉丝丝的棒冰放进嘴里，心情重新变好，我们原谅了黑乎乎的云朵，原谅了稻田里无休无止的蝉鸣，甚至原谅了那张无边无际的铁丝网，反正长大后我们是可以乘上飞机的。

自行车再次在稻田间的机耕路上飞驰，小叔突然生出了浑身的气力：“我们现在要跟雨赛跑啦，我们要在雨落下来之前，以闪电的速度飞回家去！”

我们就大声问小叔：“如果现在坐飞机飞到家，要多长时间？”

小叔大声回答：“五分钟，哦，不对，三分钟！”

许多年后，我开车接女儿回家，她坐在车后座，时常问起我这个问题：“爸爸，如果现在坐飞机去中心区的家要多久？”我说：“大概两三分钟。”女儿又问：“如果坐火箭去中心区的家呢？”我说：“不能啊，不能坐啊，你会坐过头的，待会儿火箭把你带到西伯利亚去了。”女儿说：“什么是西伯利亚啊？”我说：“就是非常远非常远的那个地方。”她就在车后座咯咯咯地笑开了，嘴里含糊着念叨：“火箭那么快啊，待会儿把我带出地球去了。”

那样的时刻，注视着前方汽车尾灯，我会兀自发愣，仿佛自己又顷刻变小，成了坐在小叔的自行车后座去看飞机的那个男孩。只有孩子才会想着去看飞机，只有孩子才会一心一意地渴望穿过云层到眼睛看不到的地方去。

一生中落的雪，我们不能全部看见

✽里则林

关于生活的样子，在年少时，是在心里悬而未决，说不清道不明的一个谜题。

在我初中刚刚回到父母所在的城市时，住进了一个陌生的小区。按照规定，出入都要带一张门卡，在门口的感应器上刷一下，栏杆才会升起。

那时的我总是觉得麻烦，喜欢直接从下面钻过去。而门口有一个常年站岗的保安，是我曾经最痛恨的人之一。每次都会过来拦着我，让我出示业主卡，我摇摇头，然后又要求我报出门牌号。我才用不耐烦的语气说出门牌号，并且每次报完，都要还以一个鄙夷的眼神。

那时我和所有生活优越娇生惯养的无知少年一样，并不知道尊重是什么。如此反复多次之后，终于我忍不住了。在保安大叔再一次把我拦下时，我深知他一定认得我，觉得他完全就是没事找事，忍不住地破口大骂起来。保安大叔只是憋红着脸，并不敢和住户吵架，礼貌地对我说，这个的确是规定，没业主卡的必须询问，否则拿什么保证你们住户的安全。

听完他这一番道理，我更是想笑，心里只觉得他就是个有点小权力就要用尽的小人。我依旧鄙夷地看了他一眼，然后径直走了进去。那时的我，心里不但没有内疚感，反而是暗爽。

在某天下午，我在家里阳台傻站着，突然听到楼下大门方向有谩骂声，望过去，发现一个中年男人正指着那个保安大骂着。原因和我一样。

我看到保安大叔无助地叹着气向四周张望，眼里满是委屈和无奈。那天我才明白了自己是怎么样伤害了一个尽忠职守的人。

那年寒假，大家都在忙着过春节，我站在阳台，发现保安大叔依然在站岗。那天下着雨，天很冷。他一个人站在小小的亭子边，时而抬头看天，时而往远处呆望。

我皱起了眉头，那天的保安大叔，定格在了我那时年少的记忆里，我想他一定也有自己的亲人，有父母和孩子，为了他所爱的家人们不用在寒风中、烈日下像他一样站着而努力地站着。

是否他的苦楚和委屈，都会融化在这样一个信念里，融化在一个来自远方的电话，告诉他的孩子，爸爸很好。

后来多次搬家，但我总能在不同的人身上，看到他的影子。

初中毕业以后，我便离开了父母。在另外一个城市上高中。

在那里我遇到一个小男孩，他每天下午六点会准时到他爸爸的小推车那儿。他爸爸是卖山东煎饼的。我经常经过那个地方会看到小男孩茫然地看着人来人往，眼里映射出一般孩子所没有的孤独。

他偶尔自己在旁边玩树下的小草，偶尔趴在一个塑料凳上写作业。到晚上 9 点多 10 点的时候，他困了就枕着小书包睡在爸爸手推车旁的一块硬纸板上。每次经过他身边我总是看着他，他也看着我，然后我对他眨一下眼睛，他却马上看向别处，仿佛害羞一样。

有一天晚上一位中年男子经过，小男孩的爸爸不小心把面糊溅到了那位中年男子的衣服上。中年男子大发雷霆，指着小男孩的爸爸开始骂，瞬间就吸引了大规模的围观群众。

中年男子的说法是，这里本来就不准摆摊，摆了摊还要那么不小心，还要溅到别人。小男孩的爸爸很窘迫，一个劲地道歉，脸上尽是无奈和委屈。

我透过人堆看到了小男孩，小男孩眼里满是惊恐和无助，紧紧地抓着爸爸的衣角。后来中年男子终于骂舒服了，走了。小男孩的爸爸一个人默默地坐在凳子上。也许是在儿子面前丢脸了，也许是心酸和委屈。小男孩站起来，坐到了爸爸的腿上，然后抱着爸爸的脖子安静地看着爸爸，在后面轻轻地拍着爸爸的背。

那时候我正好走到了后面，我扭头过来，看到小男孩眼睛里一扫往日的孤独，有的只是心疼。那一刻我觉得既心酸又温暖。只是突然，小男孩的眼睛里竟然一滴一滴地流出眼泪来。小男孩咬着嘴，也许在努力忍着，不让爸爸发现，手不断交替着擦自己的眼睛。

那一瞬间，我被心酸淹没。我渐渐明白，也许生活有时有一种残忍的温情，在那些相依为命努力生活的人身上。

长到二十几岁的年纪，回到家里的厂实习。我总算开始听我爸的话了，这让他多少有些欣慰。

在厂里，我注意到了业务员小胡，他来这里两年了，总是很勤快，平时不谈业务的时候沉默寡言。曾经我陪他一起出去跑业务，他两手托着样品，一家商店接一家商店地屡受白眼，虽然他汗流浃背却依然有礼貌地笑着。

在某次饭局上，我和小胡坐在一起。我看到他在饭桌上，被人戏弄，被人灌酒，而他做得最多的事情就是往锅里添菜，倒酒，倒茶，递纸巾，叫服务员，开酒瓶，还有强颜欢笑。饭桌上其他人叫我小伙子，叫他“喂”。不胜酒力的他醉得一塌糊涂。饭后，我负责送喝多的小胡回家。

我开着车，顺手开了音响，飘出一个低沉的声音，是张国荣的《取暖》。我听着听着就觉得受不了，因为太沉闷了，想随手按掉，他却急忙制止了我。然后断断续续地说起这首歌，他上学的时候也觉得不好听，不过出来工作以后就觉得挺好的，只是很久没听了。

我们就这样安静地听着这首歌，突然耳边传来嘶哑的声音：你不要隐藏孤单的心 / 尽管世界比我们想象中残忍 / 我不会遮盖寂寞的眼 / 只因为想看看你的天真 / 我们拥抱着就能取暖 / 我们依偎着就能生存 / 即使在冰天雪地的人间……

我转过脸看着他，却看见他眼眶湿润。他沙哑地说，开下窗。我刚一打开窗，风便凶猛地呼啸而入，但最让我措手不及的不是风声，而是他的哭声，他哭得撕心裂肺。我的右脚掌不断敏捷地踩着刹车放慢车速，他对我摆了摆手，然后把脸埋在另一只手上，泪水从他手心里漫出来。

不知过了多久，他渐渐只剩下抽泣了，最后慢慢地安静了下来。到他家楼下的时候，他红着眼睛，用力地搓着脸，用手抚着眼睛，有气无力地问我，还看得出来吗。我说有点。我知道他妻子还在等着他。

他站在晚风里，用力挺直了腰杆，扯了扯衣服，用纸巾把脸上的水擦干，咳了两下，吞了一口口水，然后深吸一口气，挺起胸口来，对我笑了笑，提着包上了楼梯。

我抬头看着面前这栋老旧的楼房，楼道甚至没有一盏灯，听着他疲惫沉重的步伐声，整栋楼黑压压地立在我面前，沉默而冰冷。我想他马上就要回到那个简陋却温暖的地方，他的脆弱不会让自己的妻子看到，他仍是一个身高一米八的男子汉，在他年幼的孩子面前，他依然顶天立地。

我看着他起早贪黑，看着他回如此简陋的家，看着他面对客户的时候手有意无意地遮住衬衫上没有纽扣的扣子，他总是有礼貌地笑。只是生活对于他来说是怎样的寒冷，以至于他喝醉之后，听了一首沉闷的《取暖》，能哭得像一个孩子。

作家刘亮程说过：“落在一个人一生中的雪，我们不能全部看见。每个人都在自己的生命中，孤独地过冬。”那些生命中的陌生人，如果我可以和他们一样，为了亲人去忍耐那些劈头盖脸的风霜雨雪，忍耐所有世事艰险，而后依旧坚持，依旧感恩，依旧奋斗。也许那样的男人，才算真正的成长与成熟。

我曾经以为活着就是每天看太阳东升西斜，月亮阴晴圆缺。只是岁月总会领着我们一路前行，在沿途里，捡到自己所碰见的答案。

当年少时的轻浮和空洞被成长所填充，才明白一些挂在嘴边诸如“责任”“坚持”这样的褒义词为什么是褒义词。人到了一定的年纪，才会突然开始对生活有了与以往截然不同的看法，而那么个瞬间，便是成长。最终在那些你以之为镜的人身上明白，生活也许时常残忍，在这残忍里保持温情和感动，坚持和付出，努力去生活，才是真正的难能可贵。

我失去了我最好的朋友

✲ 张晓晗

小时候我看过一本小说，忘了什么名字，大概就是讲一个传说，如果死掉的人，没有被发现死掉，自己也不会知道，还能被爱人看到，还会在人类的空间生活下去。其他情节我都忘了，只有这个传说我记得清清楚楚，甚至很多时候，我都觉得是这个故事造成了我性格很重要的一部分。如果一件会难过的事，我会自动屏蔽，假装没有发生过，它们是不被我拆开的快递，不被我点开的信息，不被见到的人，扔在某个角落里，我想着说不定哪天它自然就消失了。

所以，在接到我爸电话之后，我说知道了，我会马上订票的。接下来完成工作，和客户沟通，订酒店，订机票，收拾行李。什么都做好了，离着去机场还有些时间，我坐在沙发上，不知道干吗，就翻开一本小说看，一秒也不让自己停下来。

然后翻开书的那一秒，我大哭起来，心里想的却是，完蛋了完蛋了，一会儿要来接我去机场的朋友看到该多丢脸啊。我最了解这种不能感同身受的痛苦，安慰起人来都词穷了。

①

爸爸跟我说，奶奶快不行了。

以前很鄙视那种相信朋友圈里转发医学奇迹的人，家里那么多人是医生，很清楚这些“奇迹”不过是安慰剂。哪有那么多人能用意志力与命运斗争成功的，什么查出来癌症，去爬爬山就好了，还有什么推到火葬场突然复活了。而那一刻我竟然开始不停地在朋友圈里搜索相关的文章，并希望这些都是真的，还是会有办法的，我也一次次掐自己胳膊，想着如果能醒来就好了。

自从奶奶住院，我梦到过她几次。每次一睁眼，就想还好还好，虚惊一场。她只是感冒而已，怎么可能出事。上个月去ICU看她，她可能是想赶快出来，插着管子，在纸上写，我就是肺部感染而已啦。我还笑笑，凑在她耳边说，对啊，我小时候也有过的，半个月就好了。

在来上海之前，全家人其实我和奶奶相处最多。上小学前一直住在爷爷奶奶家，人类的生活技能，都是他俩教我的，系鞋带、写自己名字、认表、认钱、用马桶、背古诗，现在想想总感谢这个感谢那个，也从来没谢过她，教我一些每时每刻用到的东西。

大多数人说到奶奶，都会说她是见过的最好最好的人，但是我作为她的资深好友，觉得这些评价都太局限了。奶奶是个超酷的老太太，她不爱搬凳子出去和大家聊八卦，也不是闲在家里和小孩斗智斗勇的那种人，一天生活能被她安排得满当当的。早上起来买菜做早饭，大家忙去之后，一上午都用来看报看杂志，还做读书笔记那种。下午会带我打羽毛球，或者教我打牌。我相信全家人只有我最清楚奶奶的神秘兴趣班，练过毛笔，打过门球，学过扇子舞，老年大学的英文班，计算机班，还参加过合唱队咧。当初我就跟着她去院里的“老干部活动中心”看他们练歌，我满屋子疯跑，到现在我几乎问过每个人，他们唱的那首“刀叉鸡尾颜，隔通太平山”是什么歌，没人说听过。可是奶奶他们明明就是唱着这首歌拿到亚军的啊。

她是到了我初中都能帮我做物理作业的人，可是这些从来没人知道，她也没和任何人炫耀过。或许每个奶奶都是神秘的隐世大侠，曾经个个是有故事的女同学，也有一身武艺，只是每天在厨房里，把食材码好，烟盒剪开，用钢笔在背面写，大米，小米，茶叶，酱油，一一贴在那些剩下的零食罐上，哼着“刀叉鸡尾颜，隔通太平山”。用这些琐碎，掩饰自己是太强大的存在。

2

每年在爷爷奶奶家过生日，奶奶一大早都会给我下一碗面条和准备十块钱。我当时不知道吃面条什么意思，还不能咬断，很是麻烦，但是收到钱还是高兴极了，我小心把钱放在最喜欢的透明笔袋里。上学后住爸妈家，我竟然还能一大早为了那十块钱，骑着好孩子童车，骑五站路跑去爷爷奶奶家，一进门吃着面条，发现奶奶消失了，餐厅就剩我一个人在吸溜面条，心里就巨开心，知道是给我拿钱去了。

后来变成十五块，二十块，三十块。我就这么一直存着，存到了一百五十块巨款，才一起花掉。买了什么，我真的不记得了，但一定是很重要的东西，因为在爸妈家，只要和他们不愉快，又不能骑着好孩子童车找爷爷奶奶的时候，我就会抱着那个透明笔袋里的钱大哭。小孩子，很幼稚的，好像那样就知道了，世界上谁才是对我最好的人。你们对我不好，还有他们呢。

奶奶几乎是我整个成长过程中的避风港，有什么事就去找他们，一进门总能吃到我最爱的酱油炒剩饭，之后是山楂糕，切好的水果，嗯，奶奶的一项特异功能就是任何剩饭都能混着酱油，炒出天下最好吃的味道，土豆那种深深的红褐色，浓浓的酱油味，是最治愈的食物，除了在奶奶的饭桌上，我再也没见过。哪怕过年去姥姥姥爷家弄坏了东西被骂，晚上也会趁着大人看春晚时拨通熟记的电话号码大哭，外面一片喜气洋洋，我就抱着电话说好想你哦。真是又搞笑又肉麻。

我和奶奶的关系一直很铁，就吵过几次架，原因都记得。一次是因为大院儿童帮派斗争，我也跟着一起排挤小朋友，奶奶觉得这件事是非常严重的。我爸小时候，有次和同学抢报纸，不小心把报纸撕坏了，某个大人物裂成两半，这么一件小事，让奶奶不安了好久，各种上门送礼道歉，拎着我爹巡回殴打，希望大家千万不要揭发他。都八十岁了，她所有家务还是亲自做，衣服手洗。上学后，有时爸妈不在家，奶奶来看我，我的同学都真爱她，她是全家对所有同学最热情的人，哪怕那种鼻涕都擦不干净的小男生来家里，我都嫌弃，她就用热毛巾帮人家擦脸，带着我们一起做作业，吃零食，看电视剧。当初多小的小孩，都吸溜着鼻涕，好认真地跟我说，你奶奶真好啊。我心里想的是，下次奶奶不在，我才不给你开门呢。

还有一次是，我弄丢了一个电子日历。我妈单位发了一个小小的电子日历，很像文曲星那种，我出去滑旱冰，带在身上嘚瑟，各种假装文曲星，别人一要看看，我就赶快收起来，生怕暴露。后来嘚瑟丢了，我很紧张，想假装这件事没发生过，还是被奶奶发现了。问我电子日历呢，我说丢了。她问我，你找了吗。我说，没找，反正是单位发的，也不是真的文曲星。没想到她勃然大怒，说你怎么能这么不珍惜东西啊，轻轻松松说丢了，找都不找！然后，黑灯瞎火拿着手电，带我去滑旱冰的院里搜寻。我那段时间是叛逆期，对她一贯的过分节约 style 完全不能理解，她在那里找，我就在一边臭脸跟着。爷爷奶奶节约到什么程度，我们家院子里的辣椒可以挂十年，爷爷睡觉穿的白玫瑰牌背心比我年龄都大，大瓶的可乐雪碧瓶子都要留下来装水，冬天放在暖气片上，烤热了洗脸用。家里洗完脸的水用来冲马桶，淘完米的水用来浇花，任何一样东西，都能被他们废物利用。虽然这样，家里所有的东西却还是整整齐齐，干净体面，都是很会生活的奶奶所赐。

妈妈和婶婶收拾奶奶用过的东西，发现几乎所有内衣裤，袜子，都带着补丁，一边收拾一边哭，那些每年送给她的羊绒衫，羽绒被，都整齐码好一次没穿过用过，六十大寿叔叔送她和爷爷一人一件鄂尔多斯羊绒衫，之后每年过年，过生日，他们就跟战衣一样，穿那一件，到现在还跟新的一样。后来我妈说，这是他们的习惯，你不知道那个时候生你爹和你叔这样两个儿子，每天光吃饭就够发愁的了。

可是就是这样的奶奶，第一次去香港旅游，给妈妈买了金项链，给爸爸买了金戒指，给我买了金表。那是我人生中第一次拥有金子。我们来上海买房，他们第一时间打电话来说，少跟银行借点，我们有钱给你们。然后我每次回去看他们，教育我的主旨就是爸妈现在还在还房贷，千万要保持节约美德，以至于高一暑假去欧洲看我爹，我妈想买个钻石，我百般刁难，心里想的都是，啊，还没还清贷款呢，要节约啊。

我现在出去吃饭，发现同桌的朋友没喝完饮料，都直接拿过来喝掉。

仔细想想，支撑着我成为一个好人的信念、对人的同情心，基本源自奶奶。我是总体来说没什么道德观念的人，能交到朋友，生活得不错，也就靠着这么一些事情的底线。还好从小在她身边长大，善良的种子埋在心里，这些东西有多重要，重要到让恶习无师自通的我，也变不成太坏的人。

③

小学三年级，爸爸就去上海了，妈妈也到上海进修，我又开始被奶奶接管，她坐公交车往返我家照顾我，回去后还得给爷爷做饭。我觉得爸妈养我有几次超级好运，就是我生很严重的病的时候，他们竟然都能逃过，全是爷爷奶奶在照顾。那年我得肺炎，大半夜带着我去医院，陪着打了半个月吊针的都是奶奶。

上个月我就在想，为什么让八十岁的奶奶得肺炎呢，为什么不能选我呢，为什么不能。

爸妈不在，我就不回自己房间睡，每天晚上都爬到奶奶床上，和她一直聊天到睡着，还养成一个坏习惯，让她在我背后写字，才能容易睡着。如果睡不着，我会捏一下奶奶的胳膊，再陪我玩一会儿。长大后睡不着，我却再也不可能找到人陪我失眠，陪我再玩一会儿。

那个时候家住在六楼，五楼有一个平台，楼下的邻居在阳台搭了一个斜斜的、绿色的塑料棚。我几乎每天都在幻想，到底有什么机会能在那个棚上滑一次，跑到平台上。终于有一天想到了办法，就在睡觉的时候跟奶奶说，奶奶啊，如果哪天家里突然来了歹徒，我们就顺着那个棚跑到五楼哦！奶奶听了就咯咯笑，想了想说，哪天要是真的有坏人你要记得这么跑啊，我就跟他们拼了。我说，不行啊，你要一起。她说，我就一条老命跟他们拼了，你才有时间跑啊。

这件事就算十岁的我，都感到了矫情的程度，从来没跟人讲过，这是第一次说。当时我背过身，抱着被子，就有点难过。我不想这样，我不希望这个世界上只有我，没有奶奶，当然要一起跑啊。

—④—•—

想着要写欢快一点，要讲一件事，证明我是她最好的朋友。爷爷一直是我爹和我叔的“公敌”，吃饭坐座位要讲究，写信格式要讲究，看书写字要讲究。我高中时候回去过年，他都能和我爸吵架吵到我爸离家出走。其他规矩是，十指不沾阳春水，严以律人宽以待己。奶奶就在这种高压政策中，伺候了爷爷一辈子。小时候，有次爷爷出去散步，奶奶忘带钥匙，甚至都不敢直接在门口等着说忘带钥匙，要不会被爷爷讲一晚上道理。她就带着我在操场一圈圈转。当时我是不明白为什么不能告诉爷爷，所以在打开门一瞬间，我便激动地告诉爷爷，奶奶忘带钥匙了！当时我奶奶估计万念俱灰了，说了句半头青。然后我又牢牢记住这句话，等到周末我妈来接我的时候，问我妈，什么叫半头青。我妈说，你哪儿学的。我跟我妈说，奶奶说的。

……

于是，周一回到奶奶家，又到了晚饭后我们的操场娱乐时间。奶奶和我一起坐在双杠上，问我，是不是跟你妈说我说了半头青。我说，是啊，我不知道什么意思。她叹了口气，递了根冰棍给我，是不好的意思，以后我不会说了，但是以后也不能接连出卖我。

虽然我又很想问，出卖是什么意思。但是在冰棍的诱惑下，我忍住了。

现在再想那个画面，六十岁的奶奶，和六岁的我，坐在双杠上，啊，真是一个很萌的老少女呢。

还有一次，我大龄宅男叔叔，终于谈恋爱了，被我在院门口看到他和女朋友（就是我现在的婶婶）依依惜别，走一走扭一扭，再回头抱一抱，简直看呆了六岁的我。终于在这个循环中，叔叔注意到了我已经在旁边看得吃完了半包咪咪虾条，他一把推开女朋友，上前拎着我回家，路上在小卖部买了好多零食，跟我说：“我交女朋友了，不能告诉别人哦。”说句题外话，我认为冥冥之中，婶婶能成为婶婶是有原因的，她是唯一一个素未谋面就给我准备礼物的女朋友！！！当时我叔叔女朋友投票大会，我怒投十票！题外话说完了，我继续吃着咪咪虾条，跟我叔叔说，我忍不住啊。叔叔无奈，他说，那好吧，只能告诉一个人。当时我那个焦虑啊，那个惶恐啊，“唯一一个人”在妈妈和奶奶之间摇摆不定，比选美国总统都难，到底告诉谁，她们谁才是我最好的朋友，最值得信赖的人？后来我还是选了告诉奶奶，并且跟她说千万不要告诉别人。接着，又到周末，我妈竟然给我买了薯片，我心里又是一阵内疚，和她关系也不错啊，就又支支吾吾告诉了妈妈。我妈问，那你还告诉谁了，我好为难地说，我先告诉了奶奶……我妈说，那奶奶是最好的朋友吗。我拿着薯片急得都快哭了，真是太难选了，我才六岁，为什么逼我做这种选择！这件事的终结是三天后，全家都知道叔叔交了女朋友。我叔叔再一次把我拎出来，说信不信我揍你。

嗯，现在想想，成长过程中，奶奶虽然是奶奶，可还是我最好的朋友，能占掉唯一一个那么好的朋友。

—⑤—•—

在回济南的飞机上，我一直忍着，只要我不掉眼泪，剧情就不会到高潮，只要不到高潮，就还有转机。有些时候我心里会想，万一是当时突发状况，跟电视剧里演的那样，用除颤器压两下就好了，还能再活五百年。到了后半程，我都洗脑成功了，反复想着我爸当时说的那句话，好像是情况不妙，并没有说奶奶不在了，她一定还在，一定还在等我。

一下飞机，打通妈妈的电话，我第一句话就是问奶奶呢，我去哪儿找她。妈妈哽咽着，半天才说出来，太平间啊。

不是这样的啊，情节不应该是这样的啊。电视剧里这会是一个梦啊，会是一个励志故事，会是一个可以打败现代医学的奇迹。我挂了电话，啪啪打了自己两耳光，北风带着沙呼呼吹来，场景没有变，我还在机场，手里还握着电话，那一瞬间，我终于大哭起来，在机场门口像是被人遗弃一样。我再也没有奶奶了。再也没有了。

奶奶准备来上海治疗，爸爸妈妈已经准备好了床位，明明情况已经好转了，来之前的一天还吃了水饺，还说会加油的，就是在来上海路上的车上，奶奶走了。说真的，劝人想开的话，我比谁都明白，但还是很难释怀，心里打碎了一个牛奶瓶，怎么扫也不可能扫干净。总觉得奶奶是千里迢迢来找我的，可是我作为她最好的朋友都没有见她最后一面，我好不够义气。

到了家里，已经来了吊唁的人，爸爸和爷爷在招待，大人还聊着不相关的事。妈妈在厨房帮大家做菜，我一声招呼都没打，就走进厨房，看到所有食材被摆得整整齐齐，挂着的围裙还是小学时候手工课我做的，一条给奶奶，一条给自己，我自己那条就用过一次，每年春节包水饺，我假模假式围着和面，却用面当橡皮泥。洗手池上还挂着她用钢笔小楷写的鸡蛋的三种做法：1、蒸鸡蛋时要用温水搅拌。2、煎荷包蛋时，在蛋黄即将凝固时，可浇上一汤匙冷水，快熟后又黄又嫩。3、煎鸡蛋时，洒几滴热水在蛋周围和上面，使蛋完整。一瞬间我就爆哭。她什么话都没留下来，这可能是写给不会做饭的爷爷的，鸡蛋是最容易的料理，她写的时候肯定想着爷爷这个笨老头是能学会的。拉开冰箱里面有我喜欢吃的QQ糖，喜欢吃的果冻。每年春节，去爷爷奶奶家，奶奶都会端出我从小最喜欢的零食，我不知道，这些东西随时都有，她是觉得，我会随时回来吗?

我离开家时，再也不会有人塞给我一个大润发的袋子，里面全是全国哪里都能买到的山楂糕和零食了。

我妈跟我说，不要哭，不是小孩了，大家都还在忙。我怎么都忍不住，憋了半天，说了一句话，奶奶好可怜，我们一直在麻烦她，她一天都没麻烦过我们。说到这里，我妈也跟着掉眼泪，她或许觉得已经到上海，已经见到你了呢。奶奶是去好地方了，不要哭了。

我说不出来上海这么多年后，没有经常回去看看她这种话，说了也没有用了。我的心里她一直都在，在生活里，每天看表三次，系鞋带两次，尿尿五次，读字无数个，每一件都和她有关。很多人对我说，一看你就是在那种很有爱的家里长大的小孩。这个时候我才能懂，是为什么。看上去一身孤勇，天不怕地不怕，是因为这些人的存在，我对世界有安全感。

可是那一天之后，我到底要怎么办呢。一瞬间我又胆小又脆弱，脑子里都在想，奶奶啊，以后我要怎么办啊，突然一下子，我那么熟悉的生活仿佛就变成全新的了，只是因为这个世界上没有你了，好像要重启一遍，规则重来，再也没有人罩着我了。

我一个人躲出去，站在门口，下着雨，刮着风，一时间无措到不知道干吗，甚至不知道去哪儿，此时我就是一个六岁的、迷路的小孩。怕到把手伸到包里乱摸，突然摸到有个我出门前塞进来的面包。想到去上海的时候，奶奶送我上火车，给我塞了一塑料袋这种小面包，我当时既着急又难过，要去到一个完全陌生的城市生活，之后可怎么办。奶奶把红色塑料袋在我胳膊上绕了两圈，说，路上饿了记得吃啊，吃饱了就没事了。然后拍拍我的脑袋，我就这样上了火车。二十五岁的我，把面包拿出来，使劲啃着，告诉自己，奶奶说，会有办法的，吃饱了就好了。

人和人的相处就是缘分吧。

大多时候，我想成为一个看似狼心狗肺的人，这样别人不会对我有过高的期待，我也轻松些。

奶奶啊，咱们是忘年老铁，你比我早来这么久，去下一个地方玩，肯定也要先去的，虽然或许会失散很久，很长一段时间，饺子不会好吃，生日没有长寿面，没有人会在我背后写字，但是我知道，缘分很奇妙的，总会再相见。

我会好好生活的，你问我人间之后可如何，我一定告诉你，挺好玩的。

用黄昏点亮清晨

✻夏眠

1 穿碎花短裙的金老师

曾有个小伙伴这样描述她对于高中化学的恐惧："那么多东西混在一起，我怎么知道谁和谁先反应？"我还记得她说这话的时候，瞳孔放大，捂着胸口，一副从噩梦中惊醒的样子。那语气起起伏伏，让我都不免生出劫后余生的庆幸。

我所在的高中在本地排名前三，但大家对于理科的学习依然可以用挣扎来形容。每次考试，就好像出题老师和我们在玩一场猫捉老鼠的游戏：会的不考，考的不会。原本清新脱俗的化学自从加入水解平衡、电离平衡和有机化学之后，就开始变得面目狰狞，以至于每次发考卷之前，我都要闭眼祈祷。

金老师第一次来上课，看我正双手合十虔诚祷告，犹豫了一下，又退到门外，想要确定自己是否走错教室。我睁开眼，看到一位架着金框眼镜、烫着卷发、穿着碎花丝质衬衣和碎花短裙的中年大婶站在讲台上，手上拿着书和教案，用中年妇女独特的嗓音说："大家好，我姓金，是你们的化学老师。"台下的男生们发出轻微的叹息。之前教我们化学的李老师年轻可爱又活泼，可金老师……

金老师推了推眼镜，有板有眼地开始讲起课来。课后，班主任提及金老师还特别强调：金老师是从别的学校挖来的好老师，教学经验丰富，大家好好珍惜。当时，所有同学，包括我，都沉浸在失去之前那位小可爱老师的遗憾里。只是，这份遗憾很快就被学习的压力冲淡了。

金老师的教学节奏把握得很精妙，如果我努力复习一下，刚好能全部掌握，但我若是偷懒，便会落在后面了。不仅是教学节奏，连她的姿势动作都被与我同桌的化学课代表所掌握——只要金老师讲到某个知识点时拍了三次黑板，那么考试大概率会出现。同桌告诉我这条经验时，正在上化学课，她捂着嘴小声和我说，我把头凑过去，眼睛却看着黑板，正好金老师敲了三次黑板，我一时没忍住"噗"的一声笑了出来。金老师皱起眉头看向我们，我俩不约而同地缩了缩脖子。金老师看了一眼我们，继续讲课。

2 世界突然安静了下来

国庆长假之后，化学课上，金老师气呼呼地把教案一扔，拍着讲台大声问："我的作业很多吗？有个学生和家长说金老师在七天假期里布置了十二张试卷，十二张是哪里来的？"我和同桌对望了一眼，心想，明明只有三张啊，即便加上课后题也就四张试卷的题量。看着金老师泛红的脸，我想可能是家长一气之下投诉到了学校或者教育局吧，心里不免泛起同情：金老师就是严厉了点儿，但每次作业都满页批注，偶尔几次冲突……想到这里，我回头看了一眼坐在后排的男生舒超然，在心里叹了口气。

周三的化学课，金老师破天荒地请了假，代课老师根据金老师准备的教案把复习课程完结了，临走的时候告诉我们，金老师生病住院了。当时的我，总觉得人食五谷杂粮，哪有不生病的呢？舒超然甚至打趣地说："该不是被我气病了吧。"

又过了几天，金老师还是没来上课。一些同学拿出了小说、漫画，还有一个胆大的直接拿出了偷偷带到学校的平板电脑。这时，语文老师出现在了门口，我们丧气地收起了自己的东西，拿出了语文书。语文老师把书轻轻放在讲台上，面对不情不愿的我们，欲言又止，最后长叹了一口气，说："打开书本，我们接着看《六国论》……同学们把课本拿出来，把漫画放进去，现在是上课时间。"

我没有回头，但知道坐我后面的人把东西丢进了桌洞，发出"咚"的一声。"舒超然啊，你……"语文老师深深地闭上眼，把书往讲台上一扔。正当我以为她要发作的时候，她用十分平静的语气说："你们对着金老师也是这样子的吗？那我告诉你们，金老师昨晚送去抢救了……情况很不乐观。"

大家不约而同地发出倒抽气的声音，之后是让人煎熬、让人难以忍受的安静，没有人说话，甚至连呼吸都变得轻微。我坐在座位上，双腿莫名酸涩，麻木感随着血液渐渐上移到了心脏。我低头看了看课本，除了"六国论"三个字，我什么都看不进去。

这节课上得格外安静，也格外顺利，每个人都小心翼翼，仿佛大一点声就会震碎玻璃。下课后，班主任走了进来，和语文老师交谈了几句，然后清了清嗓子，看着我们说："金老师……去世了。"

我僵在座位上，喉咙发堵，呼吸艰涩。不是说只是因为胆囊炎住院吗？不就是请了几天的假吗？怎么好好的一个人说没就没了呢？

3 有风吹过我们的十六岁

我从未如此措手不及地接受有人突然离去的现实。没有告别，甚至连一句话都没有。同桌小猪紧紧抓着我的手。

"周日会举行金老师的追悼会。"班主任简单说完，便离开了教室。我感觉课堂还没有结束，要不然同学们为什么都这么安静呢？恍然间，我听到的是略带尖锐的女声："我们看一下这个反应式要怎么配平。这个制取方式……"

周日是阴天，早晨的风有些微凉，我和小猪买好了菊花，坐的士赶了过去。偌大的殡仪馆让我们有些不知所措，我只好上前求助保安。保安是一个很和善的大叔，看了看我们，说："你们是来参加那个高中老师的追悼会的吧？喏，看，人最多的便是。"

小猪紧紧拉着我的手，她的身体在微微发抖。我听到有男同学招呼我们，便朝他们走去。大厅正中，是金老师的黑白照，她的女儿一身素，朝我们走来："是妈妈的学生吗？谢谢你们赶来，谢谢。"她言辞恳切又带着悲伤。我和小猪退到一边，看着陆陆续续有同学进来。小猪拉着我说："要是等下我哭，你可别笑我呀，我现在就想哭了。"我正要拉她走出大厅的时候，看到舒超然宛如一尊雕像，直直地站在那里，黑色的背影一动不动。

后来，我们有了新的化学老师，课程按部就班地进行着，大家渐渐从失去金老师的悲痛中平复过来。

金老师仿佛是一阵风，吹过了我们的十六岁……

4 不辜负这鲜活美好的世界

上了大学后，我们不少同学顾念旧情，相约返校看老师。班主任一边给我们洗水果，一边说："等我批完作业再说啊……跟你们讲，现在这届学生，是我带过的最差的一届。"

我和小猪对视了一眼，说："张老师，之前你也说我们是带过的最差的一届。"

"翅膀硬了，学会顶嘴了？"张老师乐呵呵地翻开作业批改了起来，忽然他似乎想起什么，指了指斜对面的办公桌说，"那是李老师的位置，李老师是你们金老师的女儿，现在教生物。"我站起身，走上前去，看见桌面上的文件整整齐齐，玻璃桌面下压着的是她和金老师的合影。我一回头，李老师正拿着作业进门，我迎面撞上了她的目光。

她朝我温和地笑了笑，我俩聊了聊关于大学的事，末了，我莫名其妙地问她："李老师，你觉得金老师的病是我们气出来的吗？"李老师露出了错愕的表情，她看看我，又看看一旁低头不语的小猪，笑了笑，说："之前还有一个姓舒的男孩子也问过我这样的问题……怎么会呢？你们是她的学生。"

第二天的同学聚会，舒超然也来了。聚会结束后，他坚持要送我回家。我看着原先顽劣不堪的舒超然的侧脸，依稀记得刚才他说自己现在的职业是老师。

我调侃地问："风水轮流转，现在你自己也当老师了吧，学生比起你当年如何？"

舒超然"哼"了一声，说："没我聪明还闹腾，有些时候真能活生生把人气死，之前准备统测，可把我累坏了，我愣是累出病了。"

"那你生他们的气吗？"

"怎么会，他们是我的学生。"舒超然不带一丝犹豫地回答。

道别的时候，我终究还是没有把那句"你还记得金老师吗"说出口。夜幕中，我回忆起高中的时光，想起舒超然叛逆的样子、愣住的样子、后悔的样子、那天在追悼会上的样子。李老师那天说之前有个姓舒的男孩子也问过相同的问题，所以我知道，舒超然哪怕上了大学也未曾放下过：当初年少轻狂的我们，对金老师，对身边的人的伤害到底有多深？

我目送舒超然离开。我知道，太阳终究照耀到了属于他的时区，曾经叛逆的少年，也要肩负起属于自己的责任了。

在那一刻，突然想起自己曾经写过的一段话："请用我的黄昏点亮他的清晨吧，让下一个少年带着我的余温去探索万物乾坤。若能如此，我便不辜负那些点亮我清晨的人，便不辜负这鲜活美好的世界。"

我要做一个粉蒸肉女孩

✿溪梦鱼

张爱玲在《第一炉香》中，说女主角的脸像粉蒸肉。以我的认知，惯会刻薄的她，此处是在盛赞。每每读到此处，我都在想象如若像粉蒸肉，肌肤该是多么润泽且白里透红呀！

因为在我的记忆深处，粉蒸肉就是软糯、丰泽、鲜艳、肥美的化身，是湖北人记忆深处的香醇。

当我还是一个小胖墩时，最期待的就是每年除夕，奶奶亲自操办的一大桌年夜饭。我坐在爷爷腿上，仿佛一个裹着大红毛衣的肉球，每当我有往下滑的趋势，都被爷爷枯瘦的手臂有力地拦住。

“茜茜，这是红烧鳊鱼，这是芋头牛腩煲，这是红烧肉，这是藕夹，这是……”爷爷顿了顿，抿了口小酒，“这是，粉蒸 yòu！”我抢答。爷爷咯咯笑着，手里的筷子微微抖动。

“对，对，这就是粉蒸‘yòu’！”奶奶走了过来，手在腰间的围裙上抹了几下，抢走爷爷手中的筷子，“茜茜普通话说不准，就是跟你学的。成天瞎教！”说着，夹了块粉蒸肉放进我的小碗里。“茜茜，你少吃一点啊，吃多了容易腻。”说罢，又进厨房端菜去了。

碗口镶着小蓝花，一块粉蒸肉躺在里面，姿态慵懒。深红色在最前头，那是蒸熟的瘦肉的颜色，下面是等粗的一道雪白，那是肥肉，再下面是极细的一道深红，宛如一道起跑线提示食客下面即将进入一场赛跑，因为接下来才是五花肉的精华所在——大块的肥肉。

那是齿的坚硬与肥肉的软香之间将要进行的殊死博弈。最后，酱红的糯米，包裹着五花的周身。上面还沾着葱花。宛若，杨贵妃的红裙前系着一弯翠绿的蝴蝶结。原谅我太爱粉蒸肉了，奶奶的叮嘱又一次被抛到脑后，晚上免不了两包“午时茶”下肚，才能拯救我被撑坏的肚子。

一年又一年，我慢慢长大了，不再坐在爷爷腿上趴在桌边等着粉蒸肉上桌了，一年又一年，爷爷去世了。爷爷去世后，奶奶很少亲自做菜了，粉蒸肉也消失在了奶奶家年夜饭的菜单中。

古语说“勤能补拙”，对我爸妈这类后天修成的做饭高手是十分贴切的。但我爸爸可能不同意，他一定认为自己是天赋型选手，之前种种黑暗料理只是因为工作太忙未施展开造成的。后来他工作闲了下来，便接过了粉蒸肉“掌舵人”的大旗。

爸爸做菜，是潇洒的，也可以说是随意的。清晨，他骑着小电驴到生鲜市场溜达，看到一块肥瘦相间的五花肉觉得十分合眼缘，于是迅速付钱装袋，顺便转了转旁边的摊位，就买好了家里的几天所需。他永远不懂，为什么我妈买东西要花那么长时间。

回到家，正式开始烹制粉蒸肉。将新鲜的五花肉切成半厘米厚，这时他便会叫我来观摩，“看我买的肉，好吧，肥瘦相间，这才是五花！比你妈买的好多了吧。”厚切的五花顺着一个方向，红红的脑袋压在另一个雪白的腰间，懒懒地依偎在一起。

将肉放进大碗里。我爸妈这辈人做粉蒸肉比我奶奶那辈简化了许多，而且现在市场上有现成的蒸肉粉还自带卤料，不需要像我奶奶那样自己做糯米粉。

将卤料和糯米粉倒进碗里，然后用手为五花肉

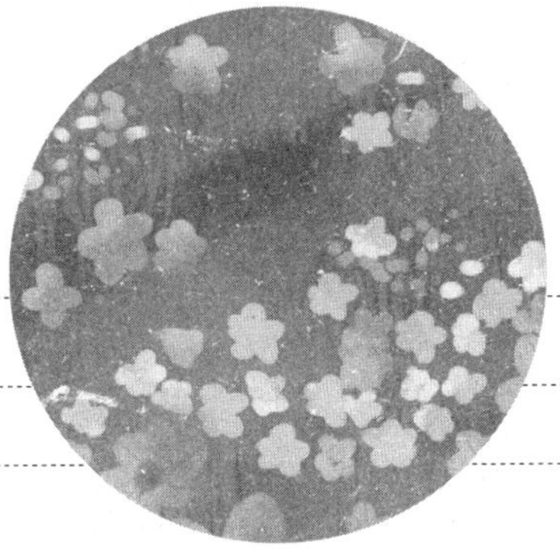

进行深度按摩。爸爸的大手干燥而白净，手法却十分豪放，酱红的糯米粉和卤料毫无章法地沾满他的手，我则在旁边将他的袖子挽上一个边。

这时他会洗了手给我妈打电话，问她几点下班，挂电话后朝还在厨房的我喊道："十二点开始蒸啊！""得嘞！"我赶紧去看钟，"现在十一点半，还剩半小时！"爸爸在客厅休息，架着一副老花镜弓着腰凑在笔记本前看股票或者靠在沙发上拿着手机看新闻，我则一会去欣赏酿制中的五花肉，一会跑到客厅看时间。

十一点五十八，我就高喊："到了，到了！"爸爸不慌不忙摘下眼镜看了眼客厅的时钟，"好，开始上锅。灯变绿就好了啊。"

高压锅里加水，垫上小支架，将粉蒸肉的大碗放进去。这时我真希望我有魔法，能让高压锅的灯快点变成绿色。

粉蒸肉的香，很特别。糯米的甜香综合了肉类的鲜腥，糯香包裹住肉香，丝滑地在鼻尖徘徊，一点一点往人心里钻。

灯已转绿，无视我的胡搅蛮缠，老爸怎么说也要等妈妈回家才肯把蒸好的肉端出来。我只好守在厨房，静静等着，门铃一响，不是去开门而是赶紧开锅。

爸爸将蒸好的粉蒸肉端上餐桌，我则将砧板上的葱花零星撒上，也算是为这盘肉出过一份力。"太好吃了！"我将一块块肉往嘴里送，摇头晃脑的样子把老爸逗笑了。"你只要吃到好吃的就摇头晃脑的，从小到大都这样。"老爸一边给我夹肉一边假装皱眉说，"这么能吃肉，以后谁敢娶你，吃都把人家吃穷了！"

几年后，爸爸的身体不好了，但他还是坚持去菜市场买五花肉，坚持在厨房把肉切成一块块的，用手将肉拌好。有一天，我偶然发现厨房中爸爸的腰弯得那么低。他说："你过来看着我做。"我说："你做得好好的，我来看干啥？"

再后来，爸爸去世了，我知道了他要我看他做粉蒸肉是为了什么。爸爸在世时，我亲手为他做过一次粉蒸肉。一辈子矜持的他依旧没有盛赞，但我看到了他嘴角的弧度，很欣慰的弧度。

现在，老妈也经常做粉蒸肉吃，味道居然和老爸做的相差无几，不知道是不是也被老爸培训过。虽然现在做粉蒸肉的方法没有老一辈那时繁杂，但是现代生活的快捷并没有冲淡温情，用心永远是烹制一碗好吃的粉蒸肉的关键。

不知是不是粉蒸肉吃多了的缘故，我的长相和性格也和粉蒸肉相似。皮肤粉粉白白的，性格软软糯糯的。这种风格的长相和性格似乎在这个什么都追求个性化的今天，显得十分没有个性。但谁说，"没有个性"就不是一种个性呢？

像粉蒸肉一样，接受看似格格不入的糯米，结果却米肉相融、浑然天成。

我要当一个粉蒸肉女孩，永远做一个吃到好吃的食物就摇头晃脑的馋嘴的孩子，以身旁的善意裹身，让自己溢满爱的醇香。

我终于成长为自己喜欢的模样

✽今世未央

1

我从小就知道，自己和别人家的孩子不同。别人家的孩子可以肆无忌惮地在外面玩，而我不行，稍微剧烈的运动我都不能做。进医院打针、输液于我而言是家常便饭，我熟悉医院里消毒水的味道，和那里的医生、护士混成了老熟人。

我无数次问过爸爸："为什么我和别的孩子不一样？"爸爸书生气十足，给我讲了很多"天将降大任于是人也"的道理，可我并不想听。

很长一段时间，我最大的梦想就是做一个普通孩子。

6岁的时候，我终于做了手术，爸爸告诉我："从今天起，你就是个普通孩子了。"我终于能跑、能跳、能出去疯玩了，还有了一个好朋友——格子。我们用同一张课桌，课间一起上厕所，放学后一起做作业。

我把最心爱的漫画书借给格子看，上面有作者的亲笔签名。为了这个签名，爸爸排了好长时间的队。这本书在我最孤独的日子里陪伴着我，可格子把它转借给了别人，而且，传着传着就弄丢了。

我快急哭了，格子却觉得我小题大做："不就是一本书吗？我赔给你！"这怎么能是重新买一本书就能解决的问题呢？我气坏了，跟她大吵了一架，我们俩谁也不理谁了。

格子很快就和班里其他的女生好了，还偷偷把我的秘密告诉了别人。不久，消息就在学校里传开了，大家都说我的心脏病是先天性的，做过手术，极有可能会传染。很快，我就觉察到大家对我投来异样的目光。有时候大家凑在一起聊得很热闹，我一走近，声音立刻就停了，然后大家就散了。我这才知道，自己被孤立了。

那种感觉比当初没有朋友更让人难受。就在这时，爸妈跑过来跟我商量，是否想要个弟弟或者妹妹。我的情绪终于找到了出口，大人们果然都是骗我的。如果我真的完全好了，和正常人一样了，同学们为什么会那样对我？爸妈又为什么非要再生一个孩子？

2

事实证明，爸爸还是很爱我的，他说服了妈妈，放弃了再生一个孩子的打算。

但是，我很快就发现，爸爸对我翻脸了。他从来不敢惹我生气，生怕我哭得厉害了会犯病。即便我无理取闹，他也不舍得凶我，毕竟我能好好活着，是全家唯一的希望。

现在却全然不同了，爸爸突然对我凶了起来。我赖在家里懒得出门，不想完成老师布置的跳绳任务，哪怕天黑了他都非押我下楼去跳；炒菜的时候发现家里没盐了，他不管我愿不愿意，就催我去买；我忘了戴红领巾，忘了写作业，见到楼下的爷爷没打招呼……这些原来都算不上事儿，但现在统统都成了正经事儿，值得爸爸再三跟我较真儿。

爸爸像中了邪，变成了那种望女成凤的家长。小升初的时候，我可以进学区内的第十二中学，可他非要让我报考师大附中。那可是全市最好的中学，能考进去的都是牛人，我算哪根葱啊？

我和妈妈联合起来都没拗过他，我只得抓紧时间准备，找老师上辅导班，到处打探往年的面试内容。经过笔试和面试，我在意料之中落了榜，气得在家里发脾气。我妈连连安慰我，埋怨我爸："你明明知道闺女考不上，还非要折腾这么一出。"可是爸爸自始至终都没有说一句道歉的话。

我很怀疑，这还是那个处处依着我的亲爸吗？他该不会是因为我反对他们要"二孩"，才对我这样的吧？对，没错！只能是这个原因了。

3

我自然不会任由爸爸摆布，慢慢学会了用各种手段和他斗智斗勇。我撒谎，逃课，和同学去游乐园坐过山车，一个人出去旅行时偷偷把高铁票换成飞机票……这些都是我之前不敢想、不能做的，却在和爸爸的较真中，不知不觉地做了个遍。

我成功地做了一个普通人能做的很多事，几乎忘了自己生过病，直到填报高考志愿时，才又想起了它。我拿到一份很厚的材料，上面写着高考不建议报考的专业。虽然我并没有多稀罕那里面的专业，但还是感受到了深深的伤害。这个世界对我和其他人还是有差别的，我根本就不能和普通人一样。

尽管我的高考分数挺高，远远超过一本线，

有很多城市和大学可供选择，但我最终赌气似的选了一座南方的城市，没有告诉任何人。我要证明我从此完全自由了。

我本以为爸爸会大发雷霆，会强迫我改回去，但他破天荒地没有反对，反而乐呵呵地为我准备行李。我看着他收拾东西的背影，觉得他已经老了，没有心气再跟我斗了。

大学时光过得飞快，在接触了各种各样的新鲜事物后，我才开始后悔离家太远。南方的冬天没有暖气，那股湿冷深入骨髓，吃的东西也不合胃口。我每天盼着放假，盼着毕业，盼着能回到我熟悉的地方。

4

大学毕业后，我回到了父母身边，找了一份稳定的工作，谈了个条件相当的男朋友。在商量结婚的时候，他父母知道了我的身体情况，一反之前的热情态度。在吃饭期间，我发现男朋友的神情一度很焦虑。

我不忍心看他为难，也不知道是不是该跟他一起努力征得父母的同意，想想还是算了。

第二天，我在家里忧心忡忡，突然发现爸爸手里拿了东西，他极力想避开我匆匆出门。我想也没想，抢过来一看，是我生病时的诊断书、做手术时的单子，以及已经痊愈的复查结果，上面有几行字被标成了大红色：室间隔缺损，遗传的概率基本为零，不影响正常生育。

我将这些东西摔在地上，哭着冲他喊："你以为别人会在乎这些吗？你能不能给我留点脸面！"妈妈强行把爸爸拉进了屋，我听到爸爸大声说："我不是为了让他回头，那种人不值得！我就是想让他们知道，我闺女已经完全好了！我不允许任何人嫌弃她！"我的眼泪哗哗直流。

和男朋友分手后，我像是生了一场大病，只剩下一具躯壳，但我的心里好受多了。我知道我不是因为失去这份感情而遗憾，而是因为重新认识了很多人和事而感伤。

在家待着的那段日子，我跟妈妈说了很多心里话。她跟我念叨，当初他们想要"二孩"也是为了我，我从小多病，很少有小伙伴和我一起玩，他们是怕我太孤单了……只是他们没想到我会反对，而且态度坚决，实在让他们心疼。

妈妈说："你别怪你爸后来那样对你，其实他是最疼你的，你受了委屈，他比你还难受。"我怎么可能怪他，又怎么会不知道他对我的良苦用心？

那时，我身体上的病虽然好了，但心里还依然敏感、自卑，唯恐被人当成异类。爸爸怕我困在自己结的茧中出不来，才对我一反常态，不惜用各种招数逼我。我哭，我生气，我吼着跟他吵架，慢慢学会了发泄情绪，慢慢学着去做一个普通人。

我想脱离他的控制，选择了远方的大学，其实他是高兴的。我终于从温室里的小花，变成了一颗皮实的种子，有了强劲的生命力，无论被风刮到哪里，都能落地生根……其实，我在他的调教下，很早以前就已成长为自己喜欢的模样。

生活回归正常后，我关注了爸爸的微博，发现他最近更新了一条："曾经觉得何其不幸，我们穷尽一生的努力，也不过是个普通人；然而，我们又何其有幸，能来到这个世上做一个普通人。"

看完，我在下面点了个赞。

心里那个梦，万一实现了呢

重要的是你要往何处走

✽伊 心

1

上大学的时候，我和朋友的备忘录里都有一句话“重要的不是你身处何处，而是你要往何处走”。那下面，我写的是密密麻麻的专业课复习计划，而她写的是托福备考日志。

我们在深夜寂静的楼梯口聊天，我看着她因为一整天的复习而倦怠的脸，瞳孔却闪闪发亮。虽然迷茫，但还是有些“众人皆醉我独醒”的耳清目明，为一天的饱满收获而暗自雀跃。

后来她去了大西洋西岸的一座城市定居，我们开始隔着半个地球的距离，仍然在深夜聊天，聊些不知所以的内容，聊着我们要往何处去。

后来我认识了蓝姐。蓝姐是我朋友小安的高中同学，有一次我去参加他们的聚会，正碰上蓝姐在接电话，一口标准的英语，还全是我听不懂的英文单词。

我悄悄地跟小安说：“你这个女同学好厉害。”

后来，才听小安说，蓝姐是医学博士。可读高中的时候，她只是班里最不起眼的一个女同学，相貌和成绩一样平平。不止男生注意不到她，甚至连女生也很难注意到她。

后来，蓝姐也没有在高考中成为黑马，以她的正常成绩读了一个专科学校。所有人都以为她会和班里其他女同学一样，毕业工作，很早就结婚生子。

谁知之后的每一次聚会，蓝姐的身份与生活都让老同学们感觉惊讶——这个班里最不像学霸的人，成功地走上了一条学霸的道路。专升本，考研，考博，从蓝同学到蓝博士，她用了十年，18 岁到 28 岁的全部时光。

后来，我还是陆陆续续听到她的消息，看到她去世界各地参加研讨会、从容作报告的照片，也看着她在国际期刊上发表一篇又一篇的论文。

他们学校举办毕业典礼，蓝姐作为优秀在校博士生代表发言，主持人介绍完她的一系列荣誉与奖项，介绍到她的论文数量和影响因子时，引来全场学生震惊的感叹。

2

十几年前，一起坐在高中教室的小安和他的同学们——包括蓝姐自己，都想不到，她会在十几年之后，成为一个如此万众瞩目、闪闪发光的人吧。

最让我感慨的是，她已经 28 岁了，可举手投足间仍然是少女的样子——活泼，热切，对未来充满向往。

相比于当年教室里那个寡言的女生，一定是这些年来一步步的成长，让她之于人生有了更多的底气；是她在那些沉默的年月里，埋头躬身的样子，让她从容自若地走到了这么远的地方。

我的另一个好朋友，上高中时数学比我还差，一百五十分的题目经常考六七十分，高考的时候超常发挥，第一次考及格。上大三，看大家都在考研，她也想考，所有人都不信她是认真的，经常打趣她“重在参与”。

可上次打电话，她跟我说：“想想自己高中时数学考那点儿分，现在居然变成了理学博士。人生啊，总在预料之外。”

可我知道，所有的预料之外都是冥冥之中的意料之中。因为她每次给我打电话，都是收到论文投稿之后的审阅意见之时。一审，二审，三审……随之而来的是她一次又一次的修改。我很少宽慰她，只听着她在电话里自己给自己打气，自己跟自己说加油。读研之后的这几年里，她是“明知山有虎，偏向虎山行”，跌跌撞撞地走着这条路，才终于收到了心仪学校的博士录取通知书，走到了光亮之处。

在那些熬夜修改论文的万籁俱寂的深夜里，她也知道前路漫漫，可心中暗自笃定，何惧未知风雨。

3

读研时有一个老师，他的故事更加坎坷和曲折。十几年前，这位老师才上中专。不是211，不是985，甚至不是一所普通的本科学校，而是初中毕业即可就读的中专学校。

我不知道他读的是什么专业，但是没上过高中的他不久之后便通过成人高考或者自考的方式考取了一所本科院校的英语专业。

这所学校也只是一个普通的二本，在省内都排不上好名次。本科毕业之后，他去了一家外企从事英语翻译工作，一度辞职创业，在社会的洪流中摸爬滚打。可一番风雨磨砺之后，他还是很想读书，于是在毕业几年之后成功考研，回本科学校读了英语专业的研究生。

随着知识的丰厚和眼界的开阔，他却慢慢地发现自己的兴趣点并不在英语，而在经济，于是又毅然考博，成为一所名校的博士，师从泰斗级的著名学者。博士毕业之后，他顺利地来到另外一所985学校任教，成了我们的硕士导师。

我们抱怨他布置的课后作业太多时，他说：“我读博士的时候这本书的每一道课后题我都做了，你们还嫌作业多？”于是我想到，读博士前，没有上过高中，本科又学英语的他需要自学全部的数学课程。这让自认为是文科生，一遇见数学问题就消极放弃的我甚是羞愧。

再看到他翻译的通顺严谨的经济学书籍，再看到他在课堂上写了满满几块黑板的模型推导与定理证明，我常常深感敬佩。

你看，真正的英雄，真的不问出处。

4

以前的高中老师曾跟我们说，永远不要小觑你身边的每个人，因为你不知道他以后会走到哪里。所以一定有很多人，他们从最平淡的处境里，走出最绚烂的风景来。但如果能回到高中的课堂，我更想告诉自己的是：永远不要因为此时此地的境遇放弃对未来的向往。

因为真正重要的不是你身处何处，而是你要往何处走。有些路走起来艰涩坎坷，有些路看过去毫无尽头，可若你知晓方向，亦步亦趋地走下去，总会越来越顺遂和平坦。

上大学时遇见不少同学，因为觉得自己高考发挥失常而自怨自艾，不仅觉得大学配不上自己，甚至觉得老师和同学都配不上自己。这种自怨自艾没有变成他们逆转命运的动力，反倒变成了他们玩世不恭的借口。

直到四年之后，那些高中时原本不如他们成绩出色的同窗们陆陆续续地拿到了名企甚至名校的offer，他们才幡然醒悟，无奈为时已晚。

拿到名企甚至名校的offer并非全然等于人生的成功，但至少可以说，积极、乐观地将18至22岁这四年的至美年华过得酣畅淋漓便是一种成功。束缚一个人脚步的，永远不是荒凉贫瘠的环境，而是一个人的心。生活从不会黯淡一束惯于仰望的视线，也不会辜负一颗诚恳真挚的心。

小时候上语文课，“坐井观天”与“夸父追日”都是贬义词，但如今我觉得，一只常常观天的青蛙胜过它只会埋首于狭小水井的同伴，而逐日的夸父在恣意奔跑的道路上早已与太阳一般绚烂灼目。每个人都有做梦的权利，每个人都有圆梦的可能。

我想，若你愿意走向光亮，即使再暗的地方都能渗透阳光。

蚕豆与男孩的电影梦

✻潇湘君子

那是30年前的事了。

小陆记得，他9岁那年的春天，家里的粮食有些青黄不接。当他再次壮起胆子提醒父亲，一定要帮他留足暑假买电影票的钱时，一边在村小教书一边在田中耕种的父亲不耐烦了，揪着脖领子拎他到了自家的菜地，指着正在开花的一片蚕豆棵子说："这些蚕豆归你了，能收多少豆卖多少钱，你就买多少电影票。"

父亲不做任何解释，也不听他怎样辩驳。在艰苦的劳作中，父亲已经用光了他在村小课堂上循循善诱的耐性。父亲更知道，乡村少年的路好窄，如果考不上大学，就无法将草鞋换成皮鞋。即便如他能够在乡间谋得一个教职，也仅是朝不保夕的代课老师。父亲可不想儿子因为热爱电影而重蹈他的覆辙。

父亲的伤心和恨铁不成钢的恼怒，将小陆摁在了蚕豆地的中心。然而，不到5分钟工夫，那股愤怒的、委屈的情绪就被蚕豆地里的微风吹散了。小陆看到蚕豆花开了，花瓣上像长着一双双讪笑的眼睛。微风徐来，花朵的清香招蜂引蝶，无数双眼睛也在闪动。

小陆蹲下去，捉住一朵花，自言自语："我倒要看看，这一园子的蚕豆结结实实卖出去，能不能买足暑假的电影票。"

蚕豆花谢了，蚕豆荚子长出来，粉绿粉绿的。摸一摸蚕豆荚，嫩蚕豆像是睡在厚厚的被窝里。等这"被窝"逐渐变薄，蚕豆就长结实了。

终于，收蚕豆的时刻到来了。早上5点，小陆就和母亲一起下园子摘蚕豆，一直摘到7点半才回家。顾不得两手乌黑像洗不干净似的，他从铁锅中摸出一个杂面馒头，背着书包就往学校狂奔。

放学归来，出去卖蚕豆的母亲刚进家门。她头发凌乱，脸膛被晒得黑红，累得腰身都塌了，带回的却是坏消息：气温上升以后，地里的蚕豆长出一抹黑胡子来，价钱急跌，上周还一块钱4斤，今天一块钱8斤都没人要了。

母亲试探性地看了看儿子的脸，说："蚕豆卖这么贱了，你能不能少看两场电影呀？家里的盐和酱油，还有你妹的头绳和裙子，都指望这蚕豆换呢。"

在渐渐暗下去的天光里，小陆沉默了好半天，然后咬了咬嘴唇，对母亲说："酱油要买，我的电影票也要买。明天再摘下来的蚕豆不卖了，咱把它晒成铁蚕豆，以后总有办法做成吃食，卖出好价钱的。"

母亲又问："你是想做油酥蚕豆吗？一炸就是大半锅油，咱家可没有那么多油好糟蹋。"小陆说："妈，你只管晒豆，把咱家的场院都晒上，地方不够，我架梯子晒到屋顶上去。爹说的，这些蚕豆归我管。"

几百斤的豆子从荚壳里剥出来，铺满了十几个团匾，在初夏的响晴天里晒得干干的。母亲背地里对父亲说："这孩子莫不是中了邪？这么多干豆存着不卖，得把全家人吃呕了。"父亲淡淡地说："随他去折腾吧，不跌跟斗就不知道屁股疼，也不明白美梦不能当饭吃。"

小陆听了一声不吭。等到村邻们的蚕豆统统卖光，菜园里的蚕豆棵子都拔出来当烧柴了，他才不慌不忙舀出几斤干豆，开始浸泡。泡上一天一夜的豆，其间要反复换水去除豆腥，然后再剥去豆衣，将脱皮蚕豆隔水蒸。小陆烧起柴灶，急火猛攻，一直蒸到豆子酥烂，可以用擀面杖压成泥。之后，他起一个温热的油锅，下一小勺麻油，入蚕豆泥和白糖，小火慢慢炒制。

母亲惊讶地看到，她那只有9岁的儿子不停地调停柴火，让灶膛中的火焰越来越温和，而蚕豆泥就在这温柔的炉火中炒出香味，逐渐起沙了。儿子踮起脚尖，将一点点蚕豆沙抹上母亲的嘴唇，母亲舔舔，沙鲜甜润，美绝了。

豆泥晾凉，母亲拿出当年陪嫁的点心模子，在里面刷一层薄油，帮小陆一起将豆泥舀入、压实、小心翼翼地拓出，一块灰绿色的蚕豆糕就诞生了。

依照小陆的主意，母亲带着五六十块糕，到镇中心的小学门口去卖。一块糕5角钱，不到半天就卖光了。后来，她又骑车带去县城卖……那一年的暑假，小陆不仅买齐了自己所有的电影票，还替妹妹买了头绳和裙子。

他用行动告诉了家人，别急着否定某些梦想，或许它可以与谋生完美地融合，就像一个男孩收获蚕豆去看电影一样。

之后，小陆确实没有走大多数农村孩子拼命考学的路。他辗转去了广州、惠州打工，后来找到一个做场记的机会，逐渐成为广告片编导。在业内积累了些名气之后，他走上了纪录片导演之路。

30年，他走的路或许人烟稀少，可内心从不彷徨。

他记得9岁那个春天的下午，无数双蚕豆花的眼睛包围着他，看得他心慌意乱。他更不会忘记，那天听到他们父子争执的邻居爷爷，在他的父亲走出蚕豆地后，给了他一小碗洗过的桑葚，还吟了一首小诗："蚕豆花开亦郁香，田间好色秀新妆。春心一片何人识，自扮翩翩紫蝶忙。"

那位爷爷跟他讲，"自扮"这两个字，深究起来，既是自得其乐，又是自具雄心；既是自有主张，又是自谋出路……正是这两个字给了他勇气与信心，让他在人迹稀少的路上毫不犹豫地走了下去。

1

又开始了。

我有些厌烦地悄悄抽出一张草稿纸摊开在面前，用钢笔画潦草的四格漫画。

台上声如洪钟的那位便是褚班，二中物理奥赛教练。他短小精悍，有股腹黑的幽默劲儿，每每操着一口山东话教物理。不知是经费紧张还是怎么回事，高一的时候教室里常缺黑板擦。有次他讲到兴起处见没有板擦，便张开大手一把擦过去。我们在下面偷笑，他则气定神闲，带着一身粉笔灰连说带比画，投入得很，欢乐得很。

自打考察了一个“奥赛大市”后，他每逢课间就开始讲种种见闻。这天周一班会课更是把它当成了主题，口吐莲花大有不到下课不终止的架势。

褚班感慨的核心，便是那里的学生的拼劲与我们的懒散。他善用对比与夸张的手法，闲来听着倒也别有几分乐趣。据说，“奥赛大市”以石油开采著名，冬季寒风凛冽，如刀割般，加上一年四季极度干燥的特色，害得几个考察的老师一早起来发现鼻血直流。于是，那里的家长们都把极大的心血投到孩子身上，坚决用财力支持他们到北京、上海参加种种奥赛培训，渴望他们成才脱离那里。因此，那里的学生都极有拼搏闯荡的韧劲儿。

与之相反，我们这儿素来以宜居著称，地理书上“环境优美”“空气清新”等一系列美好的词汇，用在它身上都毫不过分。受了环境的熏陶渐染，这里的人们似乎都有着慵懒的闲适气质，路上走得缓慢，事情做得温暾，与生俱来的野心也慢慢被磨损得没了踪影。这种状态，说得好听些是悠闲，不好听便是不求上进。

在这种氛围里成长，我对未来也抱着无所谓的态度，学得优哉游哉，从不拼命。平日里，第三节晚自习和假期自习能逃就逃，周六晚上背着书包回家，周一直接拎回教室，连拉链都不曾拉开过，凭着一点自以为是的小聪明，成绩还说得过去，觉得做到“不错”还算轻而易举，便把放纵慢慢变成了习惯。

我继续漫不经心地涂写着，不经意间抬头看过去，恰好迎面撞上褚班掠过的犀利眼神。我微微一惊，背挺得直了些，放下了手里的钢笔。

可那天我终究也只停留在听听而已。我暗自想：就一直蜗居在这个风水宝地，又有什么不好?

2

名次不温不火地持续了一个学期，依然停留在年级四十多名的飘忽状态里。前座好友阿忆却成了黑马，从数百名杀入前五十。我们学校有个规定，前五十名免去这学期的学费，所以“五十名”成了优等的衡量标准。

出成绩那天，我本以为褚班会走过去鼓励阿忆，没想到他在我桌子前停下了脚步。我没搞清缘由，一时竟愣愣地忘了站起来。他淡淡地问了一句：“你是不是不行了？”我没应声，低下了头。我太清楚他对我寄托的希望了，毕竟我是他特招到自己班的所谓尖子生。

他叹了口气，拎着名次表转身离开。我面部表情没什么变化，甚至还和同桌笑了下说了句“莫名其妙”，心里却起了波澜。以前别人总告诉我，我自己也以为，这样就足够了。而这一刻，突然有个人对我说，这不够，远远不够，因为你本来有足够的能力做到更好的。

为了这么一句简简单单的话，我想去证明“我可以”！

那节自习课我没写一道题，盯着阿忆的背影出神。阿忆当真是个极努力的人，谈不上聪明，却有一股不服输的劲儿——早在初中便是如此。中考失利后她抱着我痛哭一场，但并没被打倒，而是转身投入了这场新的战役。事实上，这仗她也的确越打越漂亮了。

阿忆常同我讲自己的梦想：做一个优秀的翻译。每当此时，她的眼睛便闪闪发亮，说“翻译”两个字的时候既神圣庄重又欢欣鼓舞，唇齿间洋溢着水蜜桃的清甜。

阿忆同我住一个小区，更因同学数年，两家人常来常往，熟悉得很。听她母亲说过，她每天三节晚自习做完作业，回去还要补各色习题。来上课也是困倦的，她便喝点儿咖啡撑着，实在困了就站到走廊上去吹吹冷风。下了课，甚至吃饭的时间，她也总是在讲台前、办公室抓住老师问问题。而我，两节课将近做完作业，便找来几个班里参加物理奥赛的好哥们，抄褚班本来意图让我们抠一抠，深挖掘开拓思路的物理大作业。

多数同学只感叹阿忆这次考试是个“意外”，而我知道，她是厚积薄发，或者说本当如此。我抬起头来，悄悄搜寻了一下窗外门外，发现没有褚班的影子，便又望向前排的阿忆。她低着头奋笔疾书，脊背有些弯曲，刘海被夹子卡在后面。我看不到，但能想象出她的眼神，刚强坚毅。

我第一次感到危机，那是种清醒又不安全的感受。也许，所谓的没有野心，只是我太把自己现在轻而易举拥有的一切认为理所应当，当作恒定不变，事实上一旦自己彻底被这舒适的漩涡吞没，等到把老本吃光，那么距离这“理所应当”彻底离开我的日子，也就不远了。

3

正式放假前我买了个小本子，在扉页上郑重地写下褚班的话：你是不是不行了？然后又补上了我郑重其事的回答：我一定可以的！

那个寒假，我在小本子的页脚写了不少激励人心的语录，或直白激烈、或娓娓道来、或诗意翩跹……高考后收拾出来一看，不禁觉得那时的自己，可笑又可爱。

小本子的主要功用是拟定计划，在假期内刷完厚厚的语文“五三”，自然也少不了雪花般的作业试卷。计划有这样的特性，开始的几天执行兴致很高，日子久了惰性就开始探头。我努力地不让闲散的惯性再次占上风，企图把忙碌的学习从本子上的日程变成融在骨子里的习惯。用完一叠草稿纸，使完一支签字笔芯，整理完十几页笔记，我感到的都是前所未有的满足。这或许说明，我之前实在是太懒惰了。

那些日子，窗外纷飞的大雪记得，雪后明媚的阳光记得，夜里昏黄的路灯记得，胸膛里那腔奔涌的热血和那颗跳动的心，全都记得。

然而，开学考试的时候我非但没有取得进步，反而倒退到了一百多名。当下也感到不安和急躁，心想，上学期平时没怎么学习，都轻松考进前五十名，这个假期这么努力，怎么就不进反退了呢？但随即便意识到这样的质疑于己无益，便慢慢摆平了心态。

并非每个人都可以如语文老师上课爱读的贺舒婷那般，一努力就成功，进步来得猝不及防、轻而易举。一时的不如意，不该也不能成为我们怀疑自我、停滞不前的理由。

4

后来，我经常和阿忆一同上下学。早上六点多离家，晚上九点才回去，经常蹭她爸爸的车，几次想给点什么答谢一下，可每每我送去一滴水，她就还我一片海洋，最后我哭笑不得地发现自己收的各色礼物比我给她的还多。

有个神奇的规律，阿忆爸爸每次加班不能接我们的时候，多半要下雨落雪。我其实挺喜欢这样的时刻，冷雨黑夜无人街，环境明明冷寂，可心却温暖到有些不合时宜的地步。平时寻常不过的话题，在这个情境下都会无比美好。或许，我们就注定要在夜中同行，冲破一切黑暗、一切阻力，去追寻心中灿烂的日光。那一刻，有种浪漫的逃离感。

从车站到家门口五百多米的距离，日后每次走都觉每一步都承载了属于我们的回忆。暗红的大门前，阿忆曾畏缩着不敢进去，怕楼道里窜出来的小猫小狗咬人，我便带头往里走；昏暗的街灯下我们曾为一道数学题争执不休、面红耳赤，甚至不顾寒风萧瑟掏出演算纸趴在墙上直接验算……就这样，我们把一路橙黄的街灯、粉红的砖墙和繁茂的梧桐，都在岁月的笔记里写成了一首诗。

我学着她身上的那份踏实和坚韧，将放学路上兜兜转转的玩乐变成了学习探讨。我将时尚杂志封存进了纸箱，将彩妆封锁在抽屉深处，穿着最平常的白衬衫牛仔裤，把头发随意扎成一束最简单的马尾，结束了一段暧昧的感情，过起了心无旁骛的日子。

我放弃了周日原本雷打不动的美剧，常常为了一道题在书桌前坐整整一夜，用了无数张演算纸，没思路的时候就不断回顾学过的知识以及相关的延伸概念，试图抽丝剥茧。最后的最后，柳暗花明，寻到做法，得出结果，发现和答案一致的那一刻，我不由得欣喜若狂。还记得那天视线从书本上移开望向窗外的时候，眼睛竟然因为太长时间看那些数字而有些模糊，过了一会儿才慢慢恢复正常，瞥一眼墙上的时钟，已是夜里两点。

接下来的日子里，我一定也要打一场漂亮的仗。我对自己说，一字一句，神情坚定。

5

从高一下学期的第一次月考开始，我慢慢找到了感觉。自己都觉得莫名其妙，我竟冲进了年级前十，战胜了不少曾经以为遥不可及的高手。

我依然努力，依然勤恳。

高一结束的时候面临文理分科。我们学校一贯重理轻文，史上文科生只两个进过北大。然而，我的兴致全然不在化学方程式和木块受力分析上，而是在文史哲上。在矛盾纠葛里，学校当年的高考情况帮我下了决心。

当时高三的风云人物是林策，一个干净帅气的男孩子。我记得他在开学典礼上作为学生代表讲话的样子，音色低沉磁性，笑容明朗漂亮。他是理科班常年的第一，尤擅长大部分奥赛尖子头痛的语文。也许是因为他的成绩太让人放心了，学校并没有把额度最高的加分名额——校长实名推荐——派给他，而是给了一个成绩不那么稳定的学姐。

可是那年高考，林策遭遇了滑铁卢，自主招生的 30 分也救不了他。他最后去了南开大学，虽然在我们眼中也是很好的学校，但与北大清华终究还有段距离。

阿忆母亲与林策家人相识，我在一次放学路上听了阿忆的讲述。林策当初本来想选择文科，可是本身成绩太好，班主任不愿意放，便在理科扎下了根。他妈妈颇为惋惜地说，要是儿子当初选择了文科，高考成绩一定不会有这么大的波动。

我决定遵循心灵的指引。

暑假里褚班找我谈了次话，问了将来的打算。我说理科班竞争太大，想去学文，他沉默了会儿，说老师总想把好学生留在自己这儿，但要是学生自己想好了，对未来发展好，老师也不可能拦着。

“思蓓，你想上北大吗？”他忽然郑重其事地问。我脱口而出：“想。”我被自己坚定的语气吓了一跳。

那天我们聊了北大，聊了外面的世界。心里那个原本模糊的对未来的想象，还有对外面的世界的粗浅认知，慢慢被那番话，以及那番话里的人和事，勾画出了一个具体的模样。

进了文科班，我退出了数学竞赛，并没有在奥赛上取得什么成绩，但那份韧劲同心中憧憬的灯火一起一直伴随着我，让我在最苦最累最水深火热的日子里，都不轻言放弃。当那份野心与期盼足够强烈的时候，任何重压，任何挫折，都不成阻碍。

在路上的我，试着为了某个遥远的梦去拼去闯，步伐稳健，神情坚定。

高二的暑假，我参与了北大优秀中学生夏令营，认识了些来自各地顶级中学的尖子生。隔壁宿舍有个清丽温婉的上海姑娘，想报考中文系，她的广博见识和漂亮文笔令我咋舌。本来在我们那个小地方，我自以为读书见识不输给谁，可到了这里，方知过去自己所处的，不过是井底之蛙眼中的小世界。

离开前的夜晚我坐在未名湖畔，一年后到这里来读书的心情无比迫切。倘若不拼一把，不累一次，也许我永远以为自己眼前的便是整个世界，永远都不会知道还有那样一种可能。

6

一年后我如愿到了燕园，在一个小众的社科院系继续摸索着前进。阿忆去了湖南大学，我毫不怀疑她会成为一个优秀的翻译。假日闲来看到《翻译官》，“翻译”两个字会让我情不自禁想到她安静的背影和坚定的神情。

夏天的时候我常回中学母校走走。夏日的校园，枝头依旧绿得繁华。一树桐叶，静美温凉，仍似昔时。没料到的是，此间一草一木一砖一瓦勾起的，尽是与旧时光相关的回忆。曾以为弥散了的一切，原来只是被流沙样的时光悄悄覆盖。清风揭去轻沙，才发觉它始终都在。那些阳光灿烂的日子，我努力过，绽放过。甬路旁静默的银杏树记得，承载我日夜伏案奋笔疾书的木头课桌记得，沾着我的汗水的那支钢笔记得，胸膛里那颗跳动的心，那腔奔涌的热血，全都记得。

那些时光啊，不曾说，不曾想，可也不曾忘。

总有些热爱是纯粹的

✲琦　惠

5 岁那年，马龙被父母送去了乒乓球培训班，开始练习乒乓球。父母希望通过这种方式让马龙得到锻炼，从而少生病。马龙却在一次又一次练习发球的过程中，从内心深处喜欢上了这项运动。他开始把乒乓球视为最亲密的朋友。甚至，只要能有乒乓球陪伴着自己，因体质弱而不被教练重视的马龙都甘愿在赛场旁“坐冷板凳”。

“我记得有一次马龙的胳膊都练肿了，他眼睛里含着眼泪也要继续训练。”马龙一直有着一股“不服输”的劲头，不管自己是不是球馆里的焦点，他都会高标准地要求自己，持之以恒地练球，要不是这样，他可能永远不会被教练注意到。也正是因为马龙身上的韧劲，让他很快就成为省队的一员，后来又进了国家队。

初来乍到，马龙虽然话很少，却“闷声干了大事”。2004 年，仅加入国家队一年，马龙就获得了世界青年锦标赛单打冠军。2006 年，18 岁的马龙又随队出征不来梅世乒赛，获得团体冠军，这是他人生中的第一个真正的世界冠军。

他用实力说话，得到了前所未有的关注，成为国家队的重点培养对象，被教练寄予了更高的期望。

“我总感觉马龙像个孩子，说话奶声奶气的，胆子还很小。你要是叫他，他蹦蹦跳跳地就过来了，完全没有那种狠劲和霸气。”刘国梁为了锻炼马龙，给他塑造一颗大心脏，曾亲自下场陪练，还给马龙制定了“苛刻”的比赛条款：刘国梁可以遮挡、犯规罚球，且比分从刘国梁 9 ：7 领先开始。

秦志戬教练与刘国梁教练一样，把马龙当成自己的孩子，希望他能有大担当、大作为。为了让马龙更有自信和胆量，秦志戬教练特意在马龙某次生日时，想了一个办法。他“欺骗”马龙说：“马龙，我们一起为你准备了一份神秘大礼，放在了训练馆旁的那座山的山顶上。你今晚结束训练后，独自一人去寻找惊喜吧。”秦志戬教练趁着马龙不注意，把马龙的手机藏了起来。马龙满心期盼，完全没有注意到自己的手机早已不在口袋，更没有察觉到这是一场骗局。他兴致勃勃地去了后山，在一片漆黑中苦苦寻找了半个钟头，最终悻悻而归。

白忙活一场，马龙并没有生气。相反，当他知道教练的初衷是为了自己好时，他的眼圈瞬间就红了。他由此下定决心要努力克服自己天性胆小的弱点。在那之后，不管参加什么比赛，马龙都会对自己说：“马龙，勇敢一点儿！没事儿，你厉害着呢！”

坚守自己，鼓励自己，超越自己，这是马龙为我们上的第一课。

两个年纪相仿、颜值相仿、球技不相上下的男孩子天天凑在一起，难免会被媒体和大众作比较。哪怕现在张继科早已退出国家队，大家还是会把他和马龙放在一起讨论。前一段时间，就有人在微博发起了一个话题——“如果与国乒男队做同学会怎样？”其中有一位网友说：张继科一定就是班里的“混世魔王”，他学习很好却不喜欢遵守纪律。他球技很好，总喜欢炫技；颜值也很高，喜欢他的女孩子很多、很多。反观马龙，他就是班里“低调的存在”，虽然学习同样好、球技同样棒、颜值也不输张继科，但如果你不去主动地与他搭话，那他会长久地保持沉默，温柔地守护着班集体。

他们两个，前者如火一般热情、张扬，后者像水一样温和、宽厚，这也难怪球迷分别送张继科、马龙代号“獒”和“龙”。当年同在国家队时，张继科和马龙的成绩也确实就像他们的性格一般，前者属于爆发式，后者属于细水长流。

2011 年，张继科先后拿到荷兰鹿特丹世乒赛、巴黎世界杯男单冠军，又在次年的伦敦奥运会上夺冠。他仅用 445 天就实现了世乒赛、世界杯、奥运会三大赛大满贯，创造了历史最短纪录，至今无人打破。可再反观马龙，他好像永远都差那么一点儿运气。每次都是在大满贯即将登顶时，便失败了。对于此事，媒体曾大肆报道过，甚至有些记者还认为：马龙的实力不如张继科。

来自外界的、负面的评价如洪水般不断朝着马龙涌来，他的“心理暗示”也逐渐开始失效。马龙把自己置入一个怪圈，他会忍不住和张继科比球技，还会一遍一遍地否认自己，认为自己的能力确实不如张继科。尤其是当张继科以 4 ：3 的成绩在里约世界杯赛上险胜后，马龙的心态彻底崩了。他哭着对队友说：“太痛苦了，我不管怎么努力都是失败，这感觉太痛苦了。假设我不喜欢乒乓球，不打乒乓球就不会这么痛苦了。”

可事实上，这个假设并不成立，更不会存在。马龙太喜欢打乒乓球，哪怕身处瓶颈期，他也只是宣泄一下，并没有想过要真的去放弃骨子里的热爱。不仅如此，马龙还加大了训练强度。在那段时间里，马龙的“超长待机训练模式”总会让陪练感到“恐惧”，会让陪练禁不住地皱着眉头“哀求”：“龙队，我太累了，我真的打不动了，咱今天早点回去吧。”

马龙成为他人眼中“疯子一般的运动员”，他完全做到了迅速地摆脱沮丧，调整心态，以旺盛的斗志逆流而上。马龙还说：“当身处深渊，退无可退的时候，眼前就只剩下向上走的路。”所以说，慌乱时重新找准目标且咬着牙、努力地逆转局面，即是马龙给我们上的第二课。

在东京奥运会上，马龙收获了乒乓球男子单打和男子团体两枚金牌。加上伦敦奥运会乒乓球男子团体金牌、里约奥运会乒乓球男子单打和男子团体金牌，他成为中国体坛又一位“奥运五金王”。作为一名 33 岁的运动老将，马龙算得上“老骥伏枥”，他却对自己说：“你的美丽人生才刚刚开始。”他对自己未来的运动生涯还有期盼，哪怕是在最艰难的 2019 年，他都没有想过退役的事。

那时候，属于马龙的时代刚刚到来。可未曾料想，由于常年征战赛场，他的膝盖已钙化，且越来越严重，无法再支撑着他继续驰骋乒乓界。经过深思熟虑，马龙做出了一个艰难的决定：赴美接受手术。

“我当时特意剃了光头，寓意重新再来。”马龙如是说。当然，这次手术也确实意味着马龙需要重新再来。他用了整整三个月时间，机械性地练习康复动作。随后，马龙还不断地给自己进行心理建设。所有的一切都好像再次回到了原点，之前的努力，马龙需要重拣；未来的荣耀，马龙也还需再拼搏。

他决定用三个月难熬的时光换取再打三年球的机会。

“我做这个手术真的不单纯是为了这一届奥运会，就算没有奥运会，我还是希望能够再打两年。所以，我自己愿意用三个月的时间换取三年的时间，即使这个决定是有风险的。”马龙对着镜头，很诚恳地说道。

从 5 岁开始第一次触碰到乒乓球，到现在一步一步地克服困难，称霸世界，在马龙的世界里，乒乓球一直是他最好的伙伴，是他最强大的精神支柱，亦是他的信仰。他希望有越来越多的人爱上这项运动，希望自己哪天不再为大家造梦时，也依然可以传递“国乒”精神。但他最希望的是能一直打乒乓球，最好永远没有离开的那一天，没有退役的那一天。

马龙说：“我很享受乒乓球带来的乐趣。”

你看，这世间总有一些热爱是纯粹的，是不带有任何功利性的，是可以给人带来极致快乐的。这些热爱，会陪着我们熬过生活中所有的黑暗时光，会在我们浅薄的一生里发出耀眼的光芒。它也一定会在我们深深爱着它的同时，给予我们热烈的回应。

永远对某件事情保持最纯粹的热爱，不忘初心，即是马龙给我们上的第三课。

以梦为马，不负星空

✲黄熙童

1. 当二维变成三维时的震撼

夜晚应该是什么样子的呢？是点缀着闪烁的霓虹灯？还是充满着从居民楼窗户里透出的灯光？曾经，叶梓颐也以为这就是夜晚该有的样子。但在15岁那年，她对夜晚有了不一样的认识：夜晚是属于星星的舞台。

叶梓颐从小就对神秘浩瀚的自然有着浓厚的兴趣。她童年最喜欢的读物，是一本封面上画着熊猫的《中国百科全书》。童年时看的许多和星座相关的动画，如《圣斗士星矢》《美少女战士》等，更激发了她对星空的无限热情。但小小年纪的她还不明白如何转化这份热情，只能将这种喜爱投射在书籍中。

直到上高中，叶梓颐遇到了对她人生产生重大影响的地理老师。高中学校所处的位置相对偏僻，没有城市的光污染，能够看到漆黑的夜幕下低垂的星星。地理老师将叶梓颐带到没有路灯的操场上，在星空下，叶梓颐拿着活动星图，对照看天上的一个个星点，确认它们的名字、方位，耳边还有老师的指引。叶梓颐对星空、对宇宙越来越向往：为什么星空能有如此多美丽的变幻？我想把星空的美丽永远地留下来。从那时起，属于叶梓颐的另一个世界开启了。

高中三年，叶梓颐逐渐摸清了自己将走上的追星之路。在地理老师的指导和帮助下，她多次参与了全国中学生天文奥林匹克竞赛，并取得了不错的成绩；她还在高中加入了“巡天者”天文爱好小组，大家在课后共同绘制黑板报，一起画星星连线……不断地与星空打交道，给叶梓颐留下了很多美好的回忆。

对叶梓颐而言，爱上星空开始于亲身观察的那一刻。当书上的二维图片真正变成现实中的三维状态，并展现在她眼前时，当星星从纸上的彩色亮点变成夜幕上闪烁着的星体时，叶梓颐大受震撼，并收下了星空递给她的邀请函与挑战信。

2. 觅星于野是一场惊心动魄的旅程

如果要用一个词来概括叶梓颐的追星之旅，或许惊心动魄是最准确的。

虽然怀抱着对星空的热爱，但叶梓颐在大学毕业后，并没有立刻从事星空摄影师这一新兴职业。直到亲历了一次日全食，她才笃定了转行的想法。

之前叶梓颐一直将追逐星星当作自己的爱好和副业，闲暇时总会给自己安排一趟浪漫的追星之旅。可一次日全食，让她彻底将星空摆到了人生首位。短短两分钟左右的时间，地球、月亮、太阳的相对移动，将浩瀚宇宙以直观生动的方式展现在她面前，在太阳由明至暗又由暗至明的短暂时间内，她感受到了人与宇宙同一的关系，感受到了一种惊心动魄而纯粹的美。自那之后，叶梓颐便着手准备转行了。在积攒了一定的资金后，她开始了更专业的追星之旅。

最惊心的一次旅程是在西藏纳木措。那天晚上的星星很美，可是天公却并不作美。一道道白色的闪电劈天裂地而来，仿佛割裂黑夜的长枪。

即将到来的雷雨，让野外摄影师们几乎都选择了放弃，叶梓颐的队友们也选择了离开。但叶梓颐思来想去，还是不愿意错过这次能抓拍到闪电与群星同台的机会。然而正当叶梓颐准备抓拍的时候，大雨却倾盆而下，她只得一个人在野外暴雨中苦苦坚守。

倾盆大雨加上身处高原，让叶梓颐当晚就发起了高烧，并产生了气短、咳血等一系列高原反应，一度生命垂危。现在回忆起那天，叶梓颐依然心有余悸。她说，当时她甚至以为自己真要去往天空了。

以重病作为代价的纳木措之行在叶梓颐的身体上烙下了永久的痕迹，留下了更加敏感的高原反应和一系列肺部问题。但她并没有后悔，她认为，如果过于在意得失，让这件事成了自己的心魔，那么她就再也不会有热情和动力去继续追逐自己喜欢的事业。

或许动魄的美丽总是伴随着惊心的旅程。野外的追星之旅不仅伴随着蛇虫鼠蚁，还伴随着各种未知的危险。但这些并不能阻拦叶梓颐的脚步，她还是义无反顾地坚持着自己的选择，走向高山，走向原野，走向海边，走在一趟趟寻找星星、拍摄星星的旅途上。

3. 既是浪漫，也是挑战

星空是浪漫的，满天星斗交替变换，与其他星星构成不同的星图，与周围的山川湖海构成更壮美的画卷。叶梓颐将这样震撼神秘的景象留在相机中，实现了自己年少时希望将星空之美传递给他人的愿望。不过，虽然已拍摄过很多荣获国内外大奖的照片，可叶梓颐还是觉得属于星空的那份浪漫很难通过照片完完全全地传达给观看者，她只能尽力去还原星空的原貌并多给大家讲述一些星空背后的故事。

星空摄影师或许听上去很高端，实际从业却会遇到很多困难。叶梓颐曾面对很多难题，如家人的不支持，在野外的生存挑战，摄影的资金来源，等等。叶梓颐在微博上说："一个人有精气神儿，我觉得特别重要。不一定非得是事业上努力上进，而是精神抖擞，不断努力追求自己想要的生活。"她是这么说的，也是这么做的。无论面对怎样的困难，她永远都是精神抖擞地去克服它。

在从事之前的工作期间，叶梓颐为自己日后的追星之旅打下了坚实的经济基础，她也想过逐梦失败的可能性。叶梓颐认为，从事一个全新职业最需要的就是自信与能力，相信自己会成功和相信就算失败也能东山再起都极其重要。至于拍摄所用的资金，叶梓颐更有着独到的理解——赋予梦想价值，不仅是通过金钱使梦想具有价值，更要让梦想去创造经济价值。

叶梓颐之所以从少女时代开始就一直能够与星空为伴，是因为每一次的追星之旅带给她的不仅是浪漫，更是挑战和提升，她在一次次克服困难的过程中提升自己，每一次旅程都让她多接近星空一步，也让她多接近更好的自己一步。或许，当星空摄影师这一职业不能带给她更多挑战与进步的时候，她会选择以另一种方式去热爱星空。

周围很多朋友都对星空摄影师这一行存有担忧，新兴职业或有朝不保夕的风险。叶梓颐却觉得，世界上并不存在康庄大道，无论做什么都有风险，她认为最重要的是现在，当下没有什么工作能够比做星空摄影师更能带给她快乐和满足，所以即使这是一个新兴职业，没有所谓"老路"可以参考，她也会坚定不移地走出一条属于自己的道路。

叶梓颐说："我总有一种莫名的使命感，觉得应该用自己的所思所学，将这些画面捕捉下来，让更多人了解星空、自然和宇宙的美丽，就像在每个人心中种下一粒种子。"她的追星之旅已经持续了十余年，她相信，往后还会有更多的十年。

古风少年和他的拉风时代

✻清池

成长途中，我们总会遇见几个特别的人，托起平淡年岁里的日月山河，老邢就是这么一个特别的存在。

老邢祖籍江苏常州，因为父母年轻时支援西部建设，举家定居西安，十几年西北风刮过，十几年面食填腹，老邢依然很轻易就被人认出是南方人。老邢有一个很文雅的名字，不过在我们这群死党口中，大家还是习惯称呼他“老邢”。

初识老邢，我们都还是一群青涩的高一新生。老师点名，第一个就是老邢的大名，随即六十多双眼睛满教室搜索，要知道，第一个被点名意味着中考成绩是这个班级最高的。终于大家的眼光聚焦在教室最后一排站起来的男生身上。清瘦高挑的个头，像一枝俊逸修长的竹子，清瘦俊朗，剑眉星目，嗯，帅气的老邢是以本市中考状元的身份考入我们班的。

很自然，老邢一下子成了全班偶像，成了一些女生暗恋的对象。我们总期盼与他有所交集，哪怕只是说几句话。不过，老邢腼腆寡言的“高冷”范儿，莫名让人觉得“可远观而不可亵玩焉”。事实上，老邢高度近视。

没过多久，老师进行首次排座，不过尖子生有优先选择位置的特权。不想，第一个走进教室的老邢彻底打散了老师的如意算盘。在一片惊愕中，他径直坐在原来坐的最后一排。随后一群男生以他为中心逐个入座，老师无奈地只能揪出几个矮个儿的、捣蛋的坐在前排。

优等生的学习很容易被人效仿，只是老邢，我们只能在心底膜拜，不敢“拿来主义”。上课时，老邢习惯将头埋在书本里，大半天不抬起，自顾自琢磨，再难的题目他总能清晰地厘出个来龙去脉，轻而易举拿到高分。这种超强的自学能力在老邢看来已经习以为常，原来小时候因为身体孱弱，时常请假在家，妈妈兼顾了家庭教师的角色，老邢也慢慢养成了自学的习惯。

高一上学期，老邢始终独霸年级第一，也慢慢跟我们这群坐在教室后排的捣蛋分子熟络起来。下课后，大家聚在过道闲聊，老邢习惯静静站着旁听，偶尔几句冷幽默让人捧腹，像一个合格的捧哏。晨读时，我们一帮人会豪放地盘腿坐在操场上谈天说地，老邢喜欢蹲在旁边听我们聊天，习惯性地挠头发，好像头皮屑很多似的。

老邢的笑点很低，时常仰天嘎嘎大笑，有几分夸张，全然丢了平时高冷男神的形象。问他干啥仰天长笑，他回一句："跟 UFO 对话呢。"

高一时，我们还有大把时间参加学校的各类社团活动，老邢一口气加入了好几个冷门社团——象棋班、书画班、太极班。尽管人少，不过老邢和他的团队倒是将三个社团办得风生水起，象棋班里有学员参加全国青少年组象棋赛获奖，书画班时不时在学校举办书画展，太极班更因为老邢的"代言"吸引来好多女生加入。自带古典气质的老邢也在这些独特的爱好浸淫中成长得越发"书卷气"、渊博。

后来的校运动会上，老邢带领太极组学员为全校师生奉上了一档高品位的视觉盛宴。远远地，老邢身着一袭白色长衫，端端笔挺地站立在队伍前方。随着悠扬的古典音乐响起，一队人马摩拳擦掌，刚柔并济间，行云流水地打完一整套拳法，宛若宗师再现。

如此特别的男生，自然会成为女生睡前卧谈会交流的焦点，私下里我们一致认为他是"班草"的不二人选。

"也许他再活泼一点儿会更好。"

"他去踢足球。"

"他有点儿腼腆，打扮一下或许会更好。"

"嗯，他笑点有点低，冷酷一点或许会更有型。"

我们意欲以各自不同的审美标准去"捯饬"这位"班草"，以便老邢能以更加完美的形象为本班代言。只是，老邢依旧像个古代的世外高人一样，依然喜欢穿运动装，笔挺地站在队伍的最后，依然会在熟人面前讲冷笑话，然后自己先笑得花枝乱颤，连带仰头笑出嘎嘎声。

提及书法，他会帮你讲解与书法有关的知识，并不忘带几幅书法临摹帖；提及诗词，他会为你默写下一首诗词，然后一字一句分析其中的平仄押韵；提及音乐，他会帮你下载一首乐曲，画出五线谱，帮你分析其中的音律；提及体育，他会为你搜罗出最新赛况，然后像讲解员一样娓娓道来。

老邢是我们公认的"百科全书"，我们也在这部"百科全书"的陪伴下，度过了美好的高中三年。

上网是老邢的一大爱好，高二时，他就是拥有近十万粉丝的大 V 博主，他喜欢在网上填词作诗，还钟爱剪辑古风视频，点击率自然都高到爆。此外，老邢还对网页制作情有独钟，他会钻研后台编程，制作出一些另类的特效画面，自然收获一票忠实粉丝。

尽管痴迷古典艺术，但对专业和未来理想的定位上，老邢却有自己更理性和执着的方向——天文学。那是对浩瀚太空的无限好奇，像黑洞，无穷无尽；那更是对人类生存环境的忧思忧虑，像老者，充满先知。"还是想做一个天文学方面的科学家"，少年仰头望望天，那里晴空万里，纯澈一如少年心。

高考过后，老邢毫无悬念去了南京大学天文学院，主攻天文与天体物理方向。奔赴大江南北的我们不时怀念高中的美好生活，微信群成了联络感情的主要阵营，老邢也偶尔会来几句"邢式幽默"，然后丢下句"要去实验室了"就没了声响。朋友圈里，老邢转发的也多是我们越来越看不明白的专业知识，字里行间是他对学业和生活的热爱与满足。

我后来明白，曾经的我们的确因为老邢无形中拧成一股绳，在最好的青葱岁月里，在一个优秀的男生的陪伴下，不自觉地成长进步。而奔赴大学后的我们，因为少了楷模的朝夕陪伴，像是失去了图腾与信仰，空洞了许久。

大学里的老邢持续他的爆发式成长，四年间拿下不少国家、国际科研项目，这些从网上看到的新闻倒成了我跟别人炫耀的资本。青春里遇到过这么一个特别的拉风少年，作为他的朋友，我怎能不骄傲？怎敢落伍退步呢？

是的，我是修飞机的！

✲可心儿

1. 梦想 VS 现实

一直以来，我都梦想成为一只翱翔在天际的雄鹰，驾驶飞机畅游在祖国的河山之上，这个梦想在看完《中国机长》之后更无法按捺，在即将毕业之际，我便迫不及待地报名了民航招飞的体检。

视力“C”字表硬生生将我的双翼折断，我只能仰起头，看飞机从我的头顶驶过，留下一行云朵织就的尾巴。很快那白色的尾巴也消失不见了，我触不到，也抓不着。

可学习机械设计制造专业的我，却歪打误撞得到了在机场实习的工作——航空器维修员，也就是俗称的机务。你见过汽车修理工吧？我们也差不多，只不过是修飞机罢了。

自此，我虽然离梦想远了，却离飞行员近了。我虽然不能展翅高飞，却仍可以为飞机保驾护航。

2. 起初我是拒绝的

在经历了两周的入职培训之后，我怀着无比激动的心情走进机场，幻想着像影视剧中演绎的一般叱咤职场。可当我拿到工作服时，整个人都委屈起来了。

没有大墨镜，没有马丁靴，没有耳麦、耳返、通讯器……只有深蓝色的工服套装——那肥大的裤腿和不合身的上衣。上衣那说不上是荧光黄还是绿的反光条，衬得我像一个急于装扮自己的“傻鸟”。

然后，一顶蓝色的一次性塑胶帽子就被扣在了我的脑袋上。师父告诉我，疫情防控期间所有防护必不可少，不可以有部位裸露在外。

夏天的停机坪温度有 50℃，没有丝毫遮蔽的阴凉，只有飞机发动机散发出来的高温。师父带着我做绕机目视检查，不出 10 分钟，我就觉得塑胶帽子中的汗水可以养鱼了，恨不得像狗一样伸出舌头降降温。

我看师父丝毫没有受到高温的影响，仔仔细细地观察着飞机的外观情况，他的深蓝色工装早已洗得褪色，可还能看出后背留下的微黄汗渍。我想趁歇息间隙拽下帽子散散热，却被师父拦住了，他打趣道："你才刚来不习惯，等过两年就不这么热了。"

回到实习生宿舍时，我浑身像从桑拿房里出来一样，头发打着卷儿贴在我的头皮上，我暗暗下决心，这个周末就去推成平头。

3. 停机坪上有什么

由于机场向来建在偏僻的郊区，生态环境优良，我所处的机场又恰好在秦岭以南多山多水的南方城市，于是我在停机坪上见过各种各样的小动物。

夏末秋初，一到傍晚就会有独角仙从周围森林飞来，第一次见时我几乎要欢呼起来。从来只在动漫里见过独角仙，第一次在现实中见到，我觉得自己简直抓住了整个夏天。后来它们渐渐多起来，我便隐隐期待能见到更多稀奇的小动物。

可我却见到场务开着驱鸟车，用驱鸟煤气炮吓跑了一只深褐色的小猫头鹰，我心中很不是滋味。此时并没有飞机即将落地，巨大的轰鸣声让猫头鹰头也不回地飞走了，我只觉得人类自私——明明侵占了猫头鹰的家园，连它的自由也要剥夺。

直到我亲眼看见发动机里渗出的血，师父告诉我，发动机遭遇鸟的撞击是常有的事，那些飞机起飞时撞进发动机的鸟一瞬间就会殒命，而若是遭遇鸟群的撞击，飞机将会面临严重的危险。

排除故障的前提是防患于未然，哪怕是一只靠近停机坪的鸟，都要及时驱赶，以此保护鸟与人。师父让我仔细检查发动机有没有因撞击导致的凹陷，我们几人合力将鸟的碎屑清理了出来。我的工作服蹭上了深红色的痕迹，手套也不忍直视。在此之后我常常祈祷，这些自由的生灵呀，请不要光顾停机坪，你们去森林飞，去江河湖海飞，停机坪还是留给飞机飞吧。

4. 英雄不一定会飞

超级英雄都披着鲜艳的红披风，飞在蓝天上。可并不是所有的英雄都会飞，有时候也会用跑的。

记得有次吉祥航空航班落地，我在绕机检查时发现一号发动机有滑油渗漏现象，马上向同组的前辈汇报。此时烈日当头，前辈的防护面罩里都氤氲着水汽，他有些疲惫地向我解释道："这是飞机发动机的设计原因，本来就会有滑油渗漏现象。"

我还是放心不下，从表面上看滑油滴落的速度不快，大概一分钟一滴，但渗油点一直从发动机底部向右侧延伸，这种现象并不常见。于是，我坚决向机务队请求支援，并将情况向机长报告。机务组随后与航空公司飞机维修部门取得联系，按要求打开发动机风扇反推包皮，查找漏点。

打开风扇后发现，滑油的渗漏远不止外观所看到的情况。左内侧风扇包皮已经全部被油液所污染，发动机底部的滴漏现象也很严重，三五秒就有一滴。

那天晚上，休假中的师父回来了，带着我们机务组通宵排查故障，他一边假意骂我毁了他的休假，却又一边使劲儿捏了捏我的肩膀。这个不惑之年的男人说不出什么动人的言语，但捏我肩膀的那一下，还真实在。

5. 你见过凌晨几点的城市

停机坪从不打烊，飞机几点落，我们就几点工作。其中有正常起飞的国际航班，由于时差它们不得不深夜降落在我们的土地上，当然也不乏各种原因的延误。总之加班是常态，熬夜是使命。

我曾经梦想仗剑走天涯，去看看世间的繁华，肉体却被困在了一方小小的停机坪上，可经过我排查故障的飞机却可以带着我的灵魂飞向远方。

我见过凌晨 1 点的停机坪，忙碌的身影忘却了归家的旅途；

我见过拂晓 3 点的停机坪，一片漆黑，唯有路灯稀疏；

我见过清晨 7 点的停机坪，旭日初升，朝霞点染云朵；

我见过正午 12 点的停机坪，每位员工顶着烈日挥汗如雨。

满怀期待地做梦，遍体鳞伤地成长

✽李尚龙

每个电影背后都有一个制片人，所谓制片人，就是负责给电影搭盘，负责给影片拉投资，负责找制作团队。说白了，他们的作用就是把商业和艺术结合在一起。

我刚认识天天的时候，就是在一次电影筹划会上，她很漂亮，漂亮到让周围所有人都盯着她看。我问朋友，这姐们儿是干吗的？朋友说，总制片人。

我愣住了，因为总制片人基本上都是四十来岁，于是赶紧问，这大姐多大？

朋友说，1993年的。

我说，这年纪就……就……只比我大了十岁。

可能我的声音很大，她听到后，很不满地说，在我讲话的时候，麻烦大家不要讲话，尊重点好吗？

我赶紧闭上了嘴。

天天是1993年出生的姑娘，这是她操盘的第一部网络大电影，在此之前，她是一个演员，演过很多女鬼、女僵尸、女流氓之类的片子，不温不火。

从北影毕业后，就留在了北京，父母三番五次让她回家，换来的都是她一次次的拒绝。她说，回家了我就只能默默无闻地当个教表演的老师，可在北京，我就有机会当女一，就有机会成为一线明星。

父母给她的期限是一年，一年后没有成功，就回家结婚生孩子。

她答应了。

可惜的是，拍了好几部片子后，因为选择的电影戏路很窄，自己又着急赚钱养家，不得不选择这样的影片，严重地限制了她的发展。

慢慢地，她发现没人找她演戏。不服输的她，又开始混迹制片圈，在认识了许多有钱人后，她开始去了解电影背后的逻辑，学了大量的知识，认识了好多朋友。终于，她开始了自己的第一部制片作品，但毫无经验，焦虑万分。

我一开始听到她的经历的时候挺震惊，因为长得这么漂亮的姑娘明明可以嫁个不错的人，安稳地过日子，或者好好当演员，演好自己的角色，何必要走进制片领域面对血雨腥风？

带着满满的好奇，在那场会后，我认识了她。

那年她从北影毕业，因为长得漂亮，很快被一个导演认可，问她，你想红吗？

这个领域总有一些讨厌的家伙，喜欢跟女演员说：你想红吗？但凡这么说话的导演，往往都拍不出好的作品，也很难把人捧红。

天天刚毕业，不理解背后是什么逻辑，于是拼命点头，说，想啊！

于是她进了组，跟着试戏，熬夜背剧本，甚至深夜给执行导演打电话问怎么表演。可是，开机前，她被告知，她演的女一号被人调包，女二别人已经确定了，只能演女三了。

天天咬着牙，说，没事，我也演。

她没想到的是，女三是一个女鬼，前几场戏就被弄死了。

她看着剧本，琢磨着剧情，虽然只有几个镜头，却依旧咬着牙演完了这部片子。

拍完戏，她没有参加杀青宴，只是自己一个人找到一个没人的角落，号啕大哭。

她发现自己变成了案板上的肉，大学毕业，本以为是天之骄子，却没有选择。

虽然不喜欢被人摆布，却只能被动接受。她说，她清楚地记得那天导演跟她说，那个姑娘表演比你强，长得也比你好看。

那天，她下定决心，要继续修炼自己的表演，要让自己升值。

于是，她用自己的存款，在北京办了一张健身卡，报了一个英语口语班。她说，从今天起，要提升自己，绝对不允许任何一个人说她不好。她要变强，要自己去选择戏，而不能被人选择。

可是，长安米贵，北漂不易，度不过生存期的人，在梦想面前，都太渺小。

哪个明星能从一开始就选择自己喜欢的角色呢？

她不敢找父母要钱，也不敢跟父母说自己演的作品，因为她接下来的作品，还不如第一部的角色，什么死尸、丧尸，好不容易有一个微电影让她演女一，但有大量的裸露镜头，她无法接受，只能退却。

就这样，一天天地，她终于开始感到绝望了。

我看着她手腕的伤，问，这是怎么回事？

她摇摇头，说，那时我太恨自己了，恨自己为什么那么没用，所以我拿烟头烫的。

她说到这里，有些说不下去了。

那天很冷，我们两个躲在三里屯的一家很小的酒吧，叫 Hidden House，这里很安静，与那个喧哗的世界，格格不入。

她最后一次表演，是一个都市爱情剧，制片人找到她，跟她说演女一。她欣喜若狂，打电话给爸妈，告诉爸妈自己要演一部电视剧的女一啦。妈妈在那边冷冷地说，都快三年了，你看看你都拍了点什么？

她在电话这边愣住了。

她才知道，妈妈一直有在看她的作品，虽然她不会上网，但她一直在关注着女儿的动态。想到这里，她鼻子一酸，跟妈妈说，妈，您放心，这部戏，我一定给您长脸。

妈妈说，不用孩子，只要你幸福就好，咱们不用出名。

开拍前，导演跟她说让她剪头发，说这样和故事的角色是相符的。

天天长发过肩，不忍心剪掉，可看着导演

这么坚决，自己又那么需要这次机会，还是下了狠手。她剪掉了自己的长发，站在镜子前的刹那，她哭成了泪人，那是她留了五年的头发，那是她的青春。

算了，反正都是为了能红，这些苦，就吃吧。

于是，她开始一心一意准备电影，准备每一个镜头。

可是，和很多励志故事又不一样，她没红，再一次被耍了。开机当天，竟然没人叫她，她一个人，等到了晚上。

女一再次被调包。

她不服气地问导演，你凭什么不要我？

导演冷冷地说，你脸太大了，不符合这部戏的戏路。

说完，转身就离开了。

天天被晾在一边，如同晴天霹雳，这一次，她没哭。她咬紧牙，回到家，买了一张机票，机票上面写着：北京到首尔。

我曾经对整容的人是有偏见的，我总认为身体发肤受之父母，每个人除了外在的美，还有更多应该和可以追求的东西，何必要执拗地对自己动刀呢？

可是，当天天讲完她的故事，我陷入思考，久久不能平静。

她一个人，人生地不熟地来到首尔，语言也不通，只能用英文去和大夫勉强沟通，说自己要怎么样做，大夫拿出几张图指指点点。一段时间后，大夫似乎听懂了，说，三天后吧，我们做手术。

她一个人在医院边上租了一个小房子，不到五平方米，为了省钱，她只吃一些即食泡面和快餐。三天后，她躺在手术台上，医生给她照了一张X光片，并且用棍子比画着，告诉她要怎么做。

她似懂非懂地点着头。

当一针打进脸，她再也没知觉了，只是感觉手术刀在和骨头摩擦，感觉脸上的肉被一块块地修掉。她不敢哭，因为怕眼泪把伤口感染，于是她忍着眼泪，任凭冰冷的手术刀在脸上敲打着、撕裂着，就像撕裂着她的心。

手术结束后，医生叮嘱了不能吃什么、不能做什么，就离开了。她从手术台上爬下来，跌跌撞撞地回到了小宾馆，当麻药劲过去，满脸开始钻心地疼，疼到骨髓，疼到心里。她照了照镜子，忽然，脸不疼了，却心如刀绞。

镜子里的人，她完全不认识了，为什么这个人像个猪头。

她赶紧发了两张之前照的照片在朋友圈里，那是个漂亮的姑娘，那是曾经的自己。而此时呢，满脸的瘀青肿胀，镜子里那位是谁？为什么自己不认识了呢？

消肿之后，自己会成什么样呢？手术会成功吗？想到这里，她抱紧了头，蹲在地上。

她终于还是回到了北京，把自己关在房子里好久，吃了一个月的药。那一个月，她度日如年，每天照着镜子。她的脸一天天地小了下去，伤口一天天地愈合了，可是自己的心却一天天地疼了起来。

因为，手术不太成功。

她的脸直到今天，还是有一些肿胀，那些肿胀，可能常人看不算什么，甚至没有那么明显，但对一个专业演员来说，恐怕是毁掉了全部。

那次手术，她花光了自己所有的积蓄，卖掉了母亲送她的车。她在北京，孤苦伶仃的，一天天，除了看着电脑，想着剩下没多少的积蓄，忽然什么也不想干。每天睡着了醒来，醒来了继续睡，浑浑噩噩，麻木不堪。

她想过回家，却发现早已经回不去了。

的确，北漂的人，都回不去了。

北京，是一个希望和绝望共存、名利和堕落共生的城市。霓虹灯下，有梦想，也有不少眼泪；有生活，但更多的是生存。我们都是这城市里的小蚂蚁，无论现在多么有成就，都是从一无所有奋斗而来，都曾遇到过绝望。

但幸运的是，有些人在逆境中会转型，会触底反弹，这就是这个城市美好的地方。

那天早上，她起床，照着镜子，照常叹了一口气。她看着表，忽然想：自己好久没有出门了。

一丝阳光照到家里，她看着阳光，忽然明白了什么，也就是那时，她知道了，自己不能再这么堕落下去了。

她约了几个朋友见面，发现大家并没有冷言冷语，并没有看到她的“巨大”变化。她明白，所谓的外在，真的只是敲门砖，关心她的人，更关心的是她的灵魂。

总以为自己是世界的核心，其实世界上除了亲人和为数不多的朋友，没有人真正关注自己。

那些爱她外在的人，不过是在爱那张皮。

那天，几个朋友跟她聊了很久，给了她一些建议，她心情好了很多。她回到家，看着镜子，一个字一个字地跟自己说：天天！你会成为一位优秀的制片人！

不知道她是怎么走出不能成为优秀演员的失落的，我不知道她是怎么搭起这个盘的，作为一个刚入行的导演，我清楚地知道制片水深，金钱无底。她一个1993年生人的姑娘，在这个复杂的网络里徘徊着，见不同的人，聊各种各样的天，就这么硬生生地拉到了两百多万元的投资。接着，她自己搭班子，找好的剧本，找靠谱的制作团队拍摄。

那些天，她天天熬夜，却无比充实。我想，这本书出版后，她制片的电影，应该已经杀青了。

她在酒吧，喝了两杯cocktail（鸡尾酒）。

我坐在她面前，她终于还是哭了。她说，龙哥，你知道我最开心的事情是什么吗？马上，马上，就会有一部电影的开头，写着总制片人“天天”了。我妈妈再也不会担心我在外面鬼混了。

我陪她喝完最后一杯，眼睛也红了。

的确，大家在北京都不容易。这个年岁，我们一无所有，却又故作坚强；我们满怀期待地做梦，却遍体鳞伤地成长；我们一边面对父母的不了解，一边抵住世界对我们强大的不友好。

可是，我们别无选择，只能一心一意地往前走，那些打不垮我们的东西，都只会让我们变得更强。

天天临走时笑了笑，跟我打了个招呼，认真地说了声再见。

我忽然想到一个朋友跟我说的一句话：上帝关了我一扇门，却给我开了一扇窗，打开那扇窗，外面的世界更大。这世界其实没有什么绝望，只是缺少在绝望时发现希望的眼睛，那双眼睛，能带你看到更广阔的世界。

我微醺地回到家，忽然看到手机上有一条信息，上面写着她给我写的一句话：龙哥，总有一天，我们都会成为自己想成为的人。

我回复了一个笑脸，打开了台灯，那天很冷，但那时，我很温暖。

守住灯塔

✽谢鹤醒

1

除了写作，我更喜欢画画。童年的记忆里，我总是在信手涂鸦——给我一沓纸、一支笔，我就能安安静静稳坐一隅大半天。但因为画画容易受工具等因素的限制，而且也总被家长骂“玩物丧志”，上初中后，我逐渐转向更便捷隐秘的文字表达。我没日没夜地写小说，很快，成绩一落千丈，中考之后，被迫去了一所名不见经传的高中。

那是我生命中格外压抑、灰暗的一段时光。在手忙脚乱地与忙碌的学业磨合之际，我逐渐发现，或许只有握紧手中的笔，才能找到属于自己的出口。于是，很长一段时间，我把自己伪装成一只沉默的刺猬，终日埋头苦干——并不是学习，而是像初三时那样“不务正业”地写小说，甚至在考试作文里屡次写到对过往的留恋和对自由的向往。终于，班主任忍无可忍却又小心翼翼地批了评语:“为什么不愿相信挨过冬天，就会有春天？”

可此刻就是我生命中唯一的严冬啊!

因为成绩垫底、个性孤僻，高中时我没交到什么朋友，直到姚雪的靠近，我像是终于遇见了同类——欣喜谈不上，欣慰还是有一些的吧。

当时的姚雪是个“假小子”，性格和行为也酷酷的，一点儿也不像又消极又软弱的我。我俩唯一的共同点，可能就是成绩都是垫底的吧，就连班主任都调侃:“你俩可真是‘难姐难妹’啊。”

姚雪家境很好，吃穿用度都品位不凡。但她不是那种养尊处优的大小姐，反而非常具有同理心。一开始，我不太明白她为什么愿意和我走得近，后来才明白，不只是我，她对很多人都很好，可能是宽松的家庭氛围造就了她洒脱却不失温情的个性，使得她浑身散发着正能量。

和她在一起，我第一次见识到能听歌的MP3播放器、有彩屏且可以打游戏的电子词典……每天下

午的活动课时间，我俩都蜷在操场的角落，一边分享着她的现代化玩具，一边谈天说地聊心事。慢慢地，我向姚雪敞开了心扉，第一次说起自己的梦想："我爱涂鸦，想画出一片天地。"

其实，对于彼时的我来说，梦想遥不可及，画画更像是暗淡困境里唯一的光。那时我住在姥姥家，有一次舅舅看到我的画，他悄悄跟我妈建议让我试试考艺术类专业，却当即被驳回。

"学画画将来怎么找工作？好好抓数理化才是当务之急！"

现在回想，我 17 岁时的压力更多来源于严苛的家人，而非课业本身。若干年后，我成为一名中学政治老师，曾经有女生在我的课上画速写，为了描摹人物的手部特征而反复观察自己的手，半天才下笔。我走到她桌前，问她以后想做什么，她慌忙收拾着画具，却忍不住双眸闪亮地回答："漫画家。"附带一句低沉而坚定的"我会努力的"。那一刻，我无法做出严厉的样子，因为我看到了曾经的自己。

我比她乖顺，却没她勇敢。

2

没有人支持我做任何与学习无关的事，除了姚雪。

她对我的支持，不只是口头表达，更体现在细微行动上。有一次，她兴冲冲地跑来找我："隔壁班左萌，经常在杂志上发表小说的那个，我闺密，你知道吧？她最近又有新文章要发，编辑建议她提供合适的配图，我就想到了你！你愿意帮忙吗？"

"我行吗？我画得那么业余……"

"没事儿，左萌说不着急，一个月时间呢！我觉得你可以！"

"那我试试吧……"

我还在犹豫之际，姚雪已经把那篇文稿塞到我手里了："你会画，又能写，一定可以助她一臂之力的。"

然而，画插图没有我想象中那么浪漫，反而困难重重。一方面，我羡慕别人能在我可望而不可即的杂志上发表小说；另一方面，我又因为自己始终无法绘制出满意的作品而万分焦虑；最重要的是，距离截稿日越近，我越担心辜负了姚雪的热忱与信任。

果不其然，最终交付的手稿惨不忍睹。虽然姚雪和左萌没有多说什么，但我内心深处满是挫败感：我发不了文章，也画不了插图，家里管得又严，学习成绩还差……这一无是处的高中生涯啊，该做的、能做的、喜欢做的事没有一件做得出色。

姚雪大抵觉察到了我情绪低落——时至今日，我仍然清晰地记得那个寻常的课间，我照例懒洋洋地趴在桌子上，她笑嘻嘻地凑过来，从手中的牛皮纸信封里轻轻倒出两支铅笔和一块橡皮，说："醒，希望你越画越好！"

恕我孤陋寡闻，很多年后我才知道，当初那块可以擦拭得干净无痕的橡皮和那两支异常顺滑的铅笔是某知名外国品牌的。至今，每当我在琳琅满目的文具货架前驻足，总会想起那个令我重燃斗志的课间。

姚雪那恰如其分的支持与鼓励，使我几乎没有迟疑地确定了：我还是放不下那微弱却有力的光——从基础素描到临摹日本动漫，从随手画在课本空白处的线稿到半夜打着手电偷偷涂抹的油彩……我重新找到了绘画在我生命中的意义。那段时间频繁产出的画作，大多陆续送给了平时关心我、帮助我的同学和朋友，给姚雪的是我临摹的一幅杂志插画：符拉迪沃斯托克的海与托卡内夫灯塔。她拿到后欣喜地表示会悉心珍藏。

其实，彼时的我没有亲眼见过这世间任何一片海和任何一座灯塔，但我相信，或许不必去到世界尽头，也能找到我企盼的自由。

3

高中三年以迅雷不及掩耳之势画上了句点。我和姚雪都在本市念了大学。毕业后，我考到成都读研，姚雪听从家里的建议去了某国企的宣传部门。我们一直保持着若有似无的联络，虽然很久都见不了一面。

如今，我已经不是高中时期那个卑怯的女孩了，岁月给了我更广阔的勇气和更丰富的可能。虽然，每一次崭新的尝试必定不会平顺坦荡，但再昏暗的前路也总有一盏明灯：我开通并经营个人微信公众号，姚雪吆喝得比我还起劲；我参加写作比赛，需要拼人气才能获得晋级机会，也是姚雪努力替我拉票……

姚雪的存在让我明白，这世上有一种难能可贵的友情，叫“我比你更珍惜你的梦想”。

每每想起姚雪，除却感激之情，还会勾起我一丝遗憾，那就是这些年里我毕业、找工作，依旧没能借画笔描摹出更斑斓的未来，迄今为止，我所有的“高光时刻”都与美术无关。

幸好，还有“写作”这艘船载我远行。直到 24 岁，我才在杂志上发表了处女作，那是一种终于迎来曙光的一言难尽之感。我激动地购买了十几本送朋友。姚雪也很高兴，她让我一定签好名再寄给她……没想到，她回赠了一个笔记本给我，并附了一张纸条：“无论绘画或写作，都是自由的方向，愿你永远做自己的执笔者。”

我认得那个笔记本的品牌：德语翻译过来是“灯塔”。往事一幕幕浮现眼前，鼻腔酸涩，感慨万千。

2018 年暑假，我终于去了托卡内夫灯塔。沿着只能徒步抵达的石子小路，吹着盛夏时节凉爽的海风，看到它孤零零地站在清冷的水面上，走近才发现，它早已失去灯塔的功能，变成了一个“网红”打卡点。

站在传说中的世界尽头，我很想告诉姚雪“我释怀了”。艺术创作亦如于汪洋大海中航行，无论是惊涛骇浪还是微波荡漾，如果能带着素朴的初心去前行，就无处不是星辰大海。

守住灯塔，哪怕它已不再点亮、无法指引航船。纷繁嘈杂都已不能淹没我，心中的灯塔，闪耀在星空下。

普通人要想成功，只有一条路可选

✻阿 美

她被很多翻译专业的学生视为偶像、女神，也同样被誉为翻译界的“天花板”之一。

人们往往只能看到洁白的天鹅亭亭玉立于水面，却不知妩媚动人的天鹅藏在水下的，是不停扑腾着的双脚。

今天，我们就来看看，张京这个专业的外交部高级翻译是如何炼成的。

1 张京是个执着、专注的人，初中就立志要进外交部工作

和大多数处在迷茫期的学生不同，张京初中就立志，以后一定要当一名外交官。

张京从小就是学霸，高中顺利考入了杭州外国语学校（以下简称“杭外”）。

简单科普下杭外，它是浙江省一级重点中学，非常难考不说，里边更是神仙打架、高手云集。

但即便如此，张京的各科成绩仍保持在班级前五，各类英语演讲比赛，她从未跌出过前二。

张京的父母非常重视对女儿的教育，他们发现，张京课余时间喜欢看美剧，还会模仿美剧里的人说英语。

换作其他家长，可能会斥责孩子“不务正业”，相反，张京的父母却选择了带着孩子去国外旅游。

在父母的支持和鼓励下，张京主动找外教交流，也会针对性地参加一些市里的英语演讲比赛。

她热爱英语，也绝不放弃任何一个可以学习英语的机会。

在高二拿到奖学金之后，张京想都没想，直接去英国游学了10天，当时的她，就已经能用流利的英语和英国人大谈人生观、价值观了。

张京高中时期的班主任这样评价她：

“张京是个执着、专注的人，知道自己要什么。”

张京一直没有忘记自己的梦想——成为外交官，事实上，她也是这么做的。

当年，张京的高考分数已经过了清华北大的录取线，换作其他人，肯定会不假思索地选择这两所国内顶尖的综合类大学，但张京没有，一旦心里有了目标，再高的荣耀对她来说都不过是外界的干扰。

张京毅然决然地选择了对口性更强的外交学院（以

下简称“外院”)。

外院是外交部唯一直属高校，也是中国外交官的摇篮。

班主任每每谈起张京与清北“失之交臂”的事，还是会觉得有些“屈才”。

但是，张京如今取得的成绩，就是对“屈才”最有力的回应。

2 外交部不是终点，而是起点

张京是杭外第一个获得外交学院保送资格的女生,即便成绩如此优异,张京也没有停止向“外交官”的梦想迈进。

在大学里，有了更多时间参加校内外活动，张京更是利用这个机会，参加了更多的英语能力竞赛。并先后在第十届“外研社杯”全国英语辩论赛上荣获冠军、在第十届“21 世纪杯”全国英语演讲比赛中荣获亚军。

目标明确的张京，在外人看来也许很“自私”，因为就连参加学习小组，她也是为了锻炼自己的英语和思辨能力。

她还会和同学们模拟在联合国记者会上代表国家进行发言，让大家随机提问，然后她来作答。

张京走的每一步，都是为了成为一名光荣的外交工作者。

功夫不负有心人，张京过硬的英语水平和综合能力，很快就引起了外交部的注意，在还没毕业的时候，外交部就向她抛来了橄榄枝。

2007 年，张京如愿进入外交部，那年是外交部首次对外招收 200 多名各类翻译，张京就是其中一位。

这看似毫不费劲的一帆风顺背后，不知道是多少个日夜的埋头苦干。

进入外交部对于张京来说，并不是梦想的终点，而是另一个人生的起点，她深知，进入外交部和实现梦想之间，还有一段艰难的路要走。

进入外交部翻译室的张京，马不停蹄地开始了为期 4 个月的魔鬼训练，每天雷打不动地进行着上午两个半小时的中到英口译训练、一个小时新闻听力训练，听完一遍，就要立马把原版新闻全部准确无误地翻译出来。

下午还有笔译、试译或者是新闻发布会观摩，以及一小时的新闻听力训练，晚上还会有三小时的“加餐”，和其他同事组成小组，翻译平时领导人的讲话。

最终只有 4% 的人能被外交部录用，即便进了翻译室，还要经过 6 年左右的培训，才有可能成为领导人的贴身翻译。

压力大吗？压力非常大，但张京知道，自己以后会代表国家进行口译，必须精准不能出错，这让她感觉压力更大，但也让她感到无比光荣。

她所有的努力，都是为了不辜负“中国外交部”这五个响亮的大字。

除了努力让自己的能力与职位匹配之外，张京还非常注重自己的形象，因为在庄严的外交场合，她代表的是中国，所以她时刻谨记内练“16 字诀”，外练形象气质,即“既要大方利落,又不能喧宾夺主”。

于是，也就有了 2013 年的那次意外走红。

2013 年，十二届全国人大一次会议上，张京因为气质庄重干练，容貌姣好，让很多参会摄影师都忍不住把镜头对准了她。

瞬间“冷面女神”“中国最美女翻译”等称号不绝于耳，张京一时名声大噪，用现在的话说就是，她成了一个小网红。

但张京干了这样一件事——

她清空了自己社交平台上的所有动态，并表示，自己的工作代表的是国家，不希望受到外界更多的干扰。

张京很清楚自己的职责和身份，也很清楚翻译的位置，自己并不是主角，只是担任沟通的桥梁，过多的曝光和娱乐化，只会影响到国家的形象。

虽然大家认为她是“最牛学姐”“翻译界天花板”“中国最美女翻译”，但这些对她来说，都不及代表国家完成一场口译重要。

外交场合犹如一个没有硝烟的战场，而她，是那名不为功名利禄的战士。

外国人话音刚落，她的口译内容就脱口而出，这令人咋舌的口译速度，叫作中国速度！

上海梦

邓安庆

我家第一个“沪漂”是我哥哥。那时候他中专刚毕业不久，被分配到我们当地一家钟表厂。他不愿意把自己的青春耗在那里，毅然决然地跑出去打工了。先是在武汉，后来去了福建，兜兜转转到了上海才安定下来。他工作时，我还是个初中生，特别羡慕他。每一次他打电话回来，我总好奇地问他：“电视里放的上海是不是真的？外滩真的有那么多楼吗？地铁真的是在地下吗？……”我哥哥总是很耐心地回答。我越听，就越想去亲眼看一看。

中考结束后，我迫不及待地坐上了长途大巴车前往我心之念之的上海。经历了十几个小时的长途跋涉，到上海的客运站时已经是晚上十点多了。哥哥来接我。我们坐在出租车上，我隔着车窗看着外面流动的风景。盘根错节的高架桥、鳞次栉比的居民楼、明净雪亮的商场……简直是目不暇接。我一边贪看着，一边想：“上海真好，我未来一定要来这里！”

哥哥上班的地方在宝山区真大路附近的一家小工厂。他是公司的骨干，负责整个公司技术方面的业务，每天都在厂房里忙个不停，根本没有时间带我出去玩。一开始我特别委屈，毕竟我千里迢迢跑过来，他都不肯请假一天带我去走走。哥哥可能也感受到了我的情绪，给了我一些钱，让我自己去市区里转转。

我拿着他给我的钱，背着包游走在上海的大街小巷。从一开始不会坐公交车，到后面游刃有余地查看地图、确定去处，只花了很短的一段时间。我渐渐尝到了自由的甜头。在那段时光里，我吹过外滩的风，吃过南昌路的饭，捡过淮海路的落叶，进过各种各样的石库门，听过公园里上海老人家唱戏，翻过上海书城满坑满谷的书……我全身心地投入上海的细节中去，每一样事物看着都新鲜，每一条路走起来都饶有意思，每一次坐地铁都提心吊胆担心坐错了方向。在这样的自由游荡中，我拥有了自己的上海回忆。

后来很多年里，我读了高中，上了大学，去多地打工，却始终没有一个机缘去上海。很奇怪，我那么喜欢上海，却总是没有去成。因为多种原因，我总是不能安稳下来，这里几年，那里几年，漂泊不定，颠沛不已。直到我在苏州定居，才算是安稳下来。按理说，我在苏州找个事情做就好了，可我还是忍不住去上海觅得一份工作。只要能经常来上海，我就非常开心了。这是一份来自少年时代的执念，它始终吸引着我，哪怕很费周折，也在所不惜。

就这样，我继哥哥之后，成了家里第二个“沪漂”。而我哥哥，早在多年前就去其他城市发展了。严格意义上来说，我只能算是半个“沪漂”，毕竟我家在苏州。可不管怎么说，我终于能在上海工作了。这二十多年里，我多次来过上海，核心城区变动不大，在我少年时期留存印象的那些地方，大多还是老模样。而我已经从一个十几岁的小孩，长成了一个年近四十的人了。可以说，上海的不变，映衬着我的变。

上海作家王安忆曾在书中如此写上海本地人的生活，“在此，你真要佩服上海市民生活的决心，任何变故的时日，都妨碍不了他们享受生活，这生活不是华屋美肴，只是一点小小的簇拥着的吃喝游乐，可也正是这些小乐子，是可嵌在变故的缝隙角落里，震也震不落，抖也抖不掉，将时日砌得很结实。”

而我们这些不是上海市民的“沪漂”也有我们“很结实”的生活。上海太大了，大到可以包容我们这些外乡人的各种生活需求。上海也太小了，小到你再有“孤僻”的爱好都能在这寻找到知音。只要你有心地在这里生活，上海同样也能回馈你更多的滋养。这就是大家都想要来上海的缘故吧。哥哥曾经在这里起步，完成了他事业的第一步；而我也要在这里扎根，生长出属于我自己的上海人生。毕竟有很多的可能性，还会在接下来的“沪漂”岁月里发生。

那段不奇幻的漂流，将我变成写作者

✽闫　红

1

小学六年级上学期，我忽然患上了头疼病，遍访小城名医都没有找出问题所在。医生建议我休学。就在这时，我姥姥从乡下来了。

我是我姥姥带大的，对于和我姥姥共同生活的时光存有美好回忆，就要跟她去乡下。我妈原本不同意，架不住我的眼泪汪汪和我姥姥的施压，只好答应了。

临走那天，我妈送我们到汽车站，在寒风里替我翻了一下滑雪衫的领子。那是件红色的滑雪衫，我上一年级时，我妈托厂里的上海人带来的，当时长及膝盖，现在袖子都短了，一大截手腕露在外面，从我妈的眼光看过去，难免有着凄凉的观感。

但我是快乐的，被西北风吹得不住吸溜鼻子，也不妨碍我快乐。

2

那时，我所在的地区 70% 的乡村都没有通电，但这并没有给我造成困扰，相反，我一下子就喜欢上了煤油灯的气味，以及它摇曳出的气氛。

白天村民下地，孩子们上学，时间铺展在我面前，任我安排。我将从家里带来的书一遍遍地看，那时候书是罕物，大家都习惯将一本书一读再读。

如此这般过了一些天之后，我姥姥带我串门、走亲戚，她与后庄一位长辈交好，过个三五天，我们就去那长辈家走走，有时还会住下来。

那长辈的丈夫是个老师，儿女都一直在读书，是前后庄数得着的体面人。他们对于能说会道的我，激赏有加，而我，也惊喜地在他们家，发现了很多我从未看过的书。

我以前读过的书有两种：一种是少儿读物，如《童话三百篇》之类；还有一种是我爸揠苗助长般硬塞给我的，像《三国演义》之类。前者对于当时的我过于低幼，后者我只能煞有介事地看看。

这位长辈家中的藏书则不同，都是一些小说，比如，戴厚英的《人啊，人！》、路遥的《人生》、苏叔阳的《故土》、韩静霆的《凯旋在子夜》等。

应该说，我当时读到的都不是一流作品，但它们将我的生活与阅读打通了。在过去，无论是看童话还是看《三国演义》，我的阅读都如隔岸观火，看个热闹，现在，阅读还能提供别处真实存在的生活，让我一边看，一边遥生神往之心。

3

我和生活本身之间的屏障像也被谁突然抽离。在过去，我看似愚钝，却也是时刻耳听六路眼观八方的，但我收集那些海量信息，似乎只是一种不自觉的行为，我与生活之间，隔着父母老师，隔着我的“小”，在乡下那些无所事事的日子里，动辄遇到生活的真身。

比如，在河边，忽见满树桃花，夭夭灼灼，触目惊心。我以前也曾在公园看到过桃花，工作人员将它种在那里，它就该在那里开花，开花于它，也算是事务性工作吧。可是这小河边，这桃花无主，自说自话，忽然胡乱那么一开，就开得如梦似幻，这这，让人到哪儿说理去？

还有下雨。城里也下雨，但跟乡下的雨一比，根本不配叫作雨，没有那么一种劲儿，即使是传说中的三月小雨，在乡下，也有着恐怖的威力。

疾雨如鞭，院子里瞬间积了水，水花互相追打，有作恶的快意。一场大雨能将全村人封锁在家中，即使终于雨停，也不意味着重获自由，你知道什么叫“泥足”吗，鞋子踩在泥地上，被恶作剧般地一再拽下，就算鞋子足够紧，走不上三五步，也会粘上重重的一大坨，拖得你步履蹒跚，咫尺成天涯。

孩子们都不喜欢下雨，但有一次，是需要雨水的时节，它却摆起了架子，久不光临。田野龟裂，禾苗蔫萎，男人端着碗在村中心的饭场上吃饭，“下雨”成了高频词，他们回忆某年某月的干旱，脸上是对现实的忧怖，这情绪传染了孩子，大家都觉得下雨是一件大事了。

我们喜欢生活里有点大事，我们像大人一样谈论并盼望下雨。

最后雨水在某个下午突然落下，雨点如深色花朵，点染在小伙伴们的肩膀上。正在割草的我们，片刻惊疑之后，不约而同地把篮子抛向天空，碎草如礼花，是我们的小仪式。

雨点重重打在肩背上很好，被淋成落汤鸡也很好，我们奔跑着穿越雨幕，在村口，有个女孩碰上了她父亲。那男人面色沉黑，喝道：“你看你，像什么样子！”女孩乖乖跟着她父亲回家，这一幕让我沮丧，被盼了这么久的这场雨，不值得为它忘我地快乐一场吗？

我也记得那阳光，在许多个春天的正午，我听见它如蜜蜂般哄哄然闹响；它也有气味，六月里，它将麦子焙香，也被麦香熏染；它还有色泽，有时是蜜色的，在院子里波浪般荡漾，有时又掺进了一点苍灰，在黄昏的旷野上。

后来，我也曾在城市里偶尔与这样的阳光重逢，他乡遇故知般，被唤醒许多过往。

不再相逢的是被流星划过的夜空。入夏之后，村里人都将竹床搬到外面睡，有人经过，就互相招呼。这种开放式的睡觉方式，新奇得让我无法睡着，有许多个夜晚，我睁大双眼，面对夜空，常常看到流星坠下，不太快，好像坠落得也不很远。我真想撵上去，看看它在地球上的样子。

4

我在乡下过了四个月，我爸妈托人带话了，要我姥姥把我送回去。说是开学在即，需要收收心了。

我回到了城市，情绪饱满，不知怎的，我觉得我接下来的日子会不一样，我不知道是什么让我有这种感觉。

新的语文老师对我不错，她很快发现我善于表达，我喜欢描述，尤其长于景色描写，这在小学生里是罕见的。老师把我的作文在班上念，有次她帮隔壁班的语文老师代班，还拿到那个班里去念，我在学校里有了点小名气。

老师让我谈谈写作文的经验，我站在课堂上，不知道说什么好，也许说了要多看书之类，但我知道那不是主要原因。

如果我能够穿越回去，我想说，是那段不用上学，也不在父母治下的生活，帮我急促地在与现实之间建立起了一种间隔，一种缓冲，我逃出我的无力感，逃出那些也许并无恶意的压迫，缓慢而自觉地，和生活彼此诚挚以待。

我还想说，在乡下的这段并不奇幻的漂流，打通了我和世界之间的最后一公里，我像是穿越了漫长混沌的甬道，终于找到出口，光线涌进来，周围变得透亮，我看得见也听得清，我很想对人说，我都看到和听到了什么。

而写作，就是想对人说点什么啊。

当那愿望被激活，就像火焰不再熄灭，一直到现在。这些年我遇到许多问题、解决许多麻烦，我曾心灰意冷，又总能让自己鼓起勇气。我写了很多字，有的还可以，有的很一般，我逐渐成为资深写作者，依然有着讲述的热望。我真的要庆幸那次的被激活，让我，毫无预兆并歪打正着地，与我最喜欢的这件事相遇，虽然，那场漂流，给我的还有很多。

“小巨人”的成长蜕变之路

✽ 王小吉

从小我就喜欢跳舞，电视上只要一放音乐，我就不自觉地跟着节拍扭动腰肢。妈妈在儿时也想学跳舞，只是环境不允许，所以没有机会实现梦想。当她发现我和她有同样的爱好时，她喜极而泣。

我从五岁开始学跳舞，老师夸我天赋极好，而且个头在同龄人里偏高，很适合这一行。那时候，我发育得很快，到小学二年级已经有 1.42 米了，妈妈说，照这个速度，我们家要出一个小巨人了。

爸爸也特别高兴，他说，家里终于要有一个搞艺术的人了。可惜我的舞蹈梦提早破灭了，十五六岁时同学都开始变高，我的身高却早就停止增长好几年了。我哭过、闹过，在医院也检查过，但现实情况是随着身高增长停滞，体重在持续增长。因为身形不标准，舞蹈老师早就不让我参加训练了。我感觉自己的心门也对这个世界慢慢关闭了。

身形的变化直接影响到了我的性格。从前那个爱说爱笑、开朗活泼的小姑娘消失了，取而代之的是一个沉默内向，走路喜欢低头，习惯性眉头紧锁的小胖妞。而“小巨人”这个名号像一个创伤的烙印，虽没有被家人再提起过，却永远地留在了我心里。

十六岁，花季的年龄，更可怕的事发生了，父母的离婚大战正式拉开帷幕。其实他们的感情早就出了问题，只是一直还在努力隐藏。而现在，他们的矛盾就像我呼之欲出的肥肉一样，再也没办法通过几件宽松的衣服隐形了。他们的争吵开始升级，常常忘记我的存在，但那吵人的噪声无法让邻居们忽略他们的存在。因为邻居的报警，父母离婚的问题开始进入法律程序。家庭破碎加重了我的焦虑感，而食物在此时变成了我唯一忠诚的朋友。这一年我的体重迅速升至 140 斤，我成了名副其实的胖妞。

一个周末下午，父母又吵起来了。我感觉非常绝望。原本计划去图书馆，却不知不觉地走到了湖边。当我旁若无人地迈向湖水时，忽然一个声音从身后传来。

“嘿，你在干吗呢？”我不由得循着声音转过头去，一个姐姐正推着轮椅向我滑行过来。“别乱看了，我在说你呢。”看着那个姐姐，我一下子愣住了。没等我说话，她又开口了：“我不想管你在干什么，就是提醒你，你突然闯入我的画面，破坏了整面湖水的宁静之美。我需要你向我道歉。”

我感觉又好气又好笑，不由得停了下来，质问道：“这湖水又不是你家的，你凭什么要我道歉。再说我都要自杀了，你都没有一点同情心吗？”

她忽然笑了起来：“正因为湖水是大家的，你才不能随意破坏公共资源。另外，同情心真的可以解决你的问题吗？那你上来吧。我最不缺的就是别人给我的同情心了，我反正也用不上，都送给你啦。”

看到我没有转身，她继续叫道：“你再不停下来，我的轮椅可能比你先掉下去了。”

我这才惊觉，她和她的轮椅已经到岸边了。“好好，你不要下来，我上来了。”我尴尬地转头走上来。看到我终于上岸，她的嘴角露出了好看的笑容。不知为何，看到她笑，我竟失控地大哭起来。那天，我之后的绘画老师，当时的陌生人就那样沉默地陪伴我哭了很久，直到我哭累了，再也不想哭为止。

三年后，我在老师的帮助下顺利地考取了一所著名艺术院校的油画专业。老师说，我很有艺术天分，我说，因为艺术都是相通的。其实，我忘记讲了，从小我就喜欢画画，而学舞蹈只是为了哄妈妈开心。爸爸果然没说错，家里出了一个搞艺术的人。只是最终没有长成“小巨人”。

老师说，她以前是一个篮球运动员，因为个子高，同样有过“小巨人”的名号。可惜因为意外摔伤，失去了行走能力。我问老师，不能做“小巨人”会不会很遗憾？老师笑道：“只有勇敢坚持梦想，内心有巨大能量的人才配得上‘巨人’的称号，空有一副好看皮囊却没有灵魂的人只能叫‘傻大个’。”

这世界很好，
但你也不差

带着你的勇气，大大方方做自己

✲闫晓雨

1

我在二十出头的年纪很不喜欢自己。那个时候的我，自卑、矛盾、清高又混沌，其实是可爱的，但因为过分喜欢矫饰自己的真心，会显得有些浮躁和不够真诚。

那时，我整个人都处在一种特别拧巴的状态，无论是工作、生活还是感情。明明不适合那份工作，为证明“我可以”，崩溃又不甘放弃；明明有自己的想法，总是不敢表达，在人群中习惯做个老好人；明明是喜欢对方的，却在对方靠近时顾左右而言他，永远以一副刺猬的状态在感情中戒备前行，伤人伤己。

可能许多女孩都有过这样一个阶段吧。过分敏感，讨好型人格，害怕别人不喜欢自己。总是在纠结和焦虑中惶惶度日，无论做出什么选择，总是不能让自己满意——这种奇怪的、微妙的情绪拉扯，本质上是由于我们缺乏“自我认同”，才会迫切地想要一个标准答案。却忘记，生活这张卷子，本身就没有正解。

如今，我反思：自己为什么多年来时常处于一种极度拧巴的状态？总的来说，还是太贪心了，什么都想要。当我的心被太多东西占满，就会由享受变成负担。

2

前几天我去见了一个前同事，对方刚开始创业，由于他的产品定位刚好是25岁左右的年轻女性，就和我在饭桌上展开了比较深度的聊天。

听完我的一些叙述和想法，他很惊讶：“我以前一直以为你只是喜欢吃喝玩乐，喜欢读书写字，没想到你会在商业上有这么多奇思妙想，分析得还蛮精准，我很受用。”

我不好意思地摸摸头。大概是之前在公司做同事时，虽有工作交集，但因为我在品牌部，对方在设计部，工作本身无甚紧密联系。

而且回想起在那份工作中，我并不是一个擅长“主动说出自己想法”的人，尽管经常开会，经常头脑风暴，但每次大领导提出议题时，我都会吞吞唾沫把自己内心的许多创意和灵感都压下去，我害怕举手，更害怕大家把目光都聚焦到我身上。我宁可浪费那些想法，也不愿意在公开场所表达。

这种心理再往前追溯，中学时代便已有雏形。我习惯在群体生活中做个“透明人”，害怕老师点名，偏偏又是个老好人的性格，每次课间休息，同学喊我去厕所、小卖部，我都不会拒绝，经常一个课间来回奔波在陪不同朋友的路上。

长大以后，这种心理放在人际关系和亲密关系里，更加致命。害怕拒绝别人，不敢主动说出自己的需求，经常被动去做一些本身没那么喜欢的事情。有时候真的会感觉很累。这种状况直到最近两年才有所好转，现在的我多了一些干脆，虽然还不够果决，但总算能做到知行合一了。

面对朋友邀约，如果和工作有冲突，我敢主动说出下次再约；不再强迫自己做不适合的事情，如果必须做，就毫无怨言全力以赴；和喜欢的人在一起时，对方有让我不舒服的细节，我不会在“黑脸”和佯装“我没事”之间阴晴不定，而是会大大方方说出自己的真实感受，反倒很少吵架，让我们可以在彼此面前完全做自己。

我选择，肯定是因为我喜欢和我甘愿。现在的我，真的很喜欢这样的生活状态。

3

近年来，我们生活的世界愈发动荡，大环境带给我们个体的冲击如惊雷般掷下，这些现实的反馈

作用在每个人身上感受都各不相同。

我渐渐意识到，原来时间和生命都是有限的。我们所仰赖的人间烟火，也许转眼就成过眼云烟。我们的人生、爱和能量，都是限定的，所以还有什么必要执着于那些不重要的人和事呢？为什么不痛痛快快地、酣畅淋漓地为自己活一场？

当我意识到时间有限，便不再和“内心的那个小孩”赌气。于是，拧巴的我开始学会放下，学着把全部注意力凝聚在自己身上。过去大家抵抗的所谓平庸生活，其实恰恰是我们应该去重新审视和认真对待的生活。是所有的经历和感知，调动着我们对这个世界的好奇心。

现在的我，只想争分夺秒，去爱，去体验，去做一些有意义的事情。生命其实是一个闭环：无须摇摆，过好当下。

4

我的前两本书，都是围绕个人成长写的。

那是我最焦虑的几年。网络上“不努力，你的同龄人正在超越你”的言论铺天盖地，然后一转身，发现身边的朋友成长速度都太快，自己好像怎么努力都跟不上——那时的我一想到这些，就焦虑得晚上睡不着觉，总觉得自己一无是处。

现在偶尔也会这样想，但不会沉浸在焦虑里了。我会客观分析大家的成长背景，会给优秀的朋友送上真心的祝福，同时主动向对方取经，不会再认为成功是靠运气，不会轻易评判别人的选择，也不会再被外界的发声轻易干扰自己。而是把所有的案例都当成平行时空里的一份镜像参照物——仅仅是吸收、辨别和消化，镜子那边的生活，只做参考，不会影响到我真实的生活。

我发现，当我把全部精力放在提升自我、去做自己喜欢的事情以后，生活发生了很大转变，内心不再对未来充满恐惧，并且每一步都走得很踏实。

我的心胸也变得更开阔了，价值观也变得特别“简单”。想做喜欢的事情又想赚钱怎么办？想赚钱，就别矫情；想做喜欢的事，就别太在意其他。先满足生存，再追求生活。怎么恋爱，才能让自己更舒服？不要觉得付出很傻，也不要觉得被爱理所当然。距离理想人生还差很远，对自己不满意怎么办？自信的人生，就是要允许自己偶尔的自卑，想要过上理想中的人生，就先去经历一大段备受煎熬的时光吧，没有足够坚定的信念，你的努力根本就谈不上有效。

5

前几天，朋友小九问我：“你会不会有时候因为写不出东西而格外焦虑，感觉自己仿佛就是在浪费时间、浪费生命？越想努力，就越讨厌自己。”

会啊。作为一个自由职业者，我经常遇到这样的情况。人最害怕的就是当下的自己无法匹配自己的理想，却又不肯放过自己。

你想裸辞，但又懒得投简历、担心失业后找不到更好的工作，从而每天无法集中注意力工作，痛苦得分分钟想离职；你谈了一段不合心意的恋爱，每每对方触到你的雷区，你都感到懊恼、后悔，却又无法狠心及时止损，离开这个人。这些所有的问题，根本上只有两种解决方式：一种是放弃，彻底离开这个人、这份工作；另一种就是主动经营，去找办法解决眼前的难题，攻克它。有时候，我们把焦虑和痛苦的时间用来好好休息，都远比你抓耳挠腮、沉浸在胡思乱想里强。

拧巴的人注定不快乐。所以我们要做的就是，不遮掩自己的脆弱失落，也无惧戳破生活的真相，带着你的勇气，去大大方方地做自己吧。

万柳

✽顾一灯

众生的差别，原来可以只隔着几百米远，这是我们在万柳参悟的道理。

刚上大学时，万柳对刚刚从小城考进北京的我和Z来说，只代表某些博士居住的宿舍区。周末出去玩，我们会乘地铁去万柳的华联，用学生优惠吃一顿海底捞，或者到苏松府点生煎包加鸭血粉丝汤，这样就感到格外满足。

当时各种社交软件兴起不久，第一批网络红人里，不少凭炫富起家。抱着好奇的心态，我们有时也会点进他们的主页，认识了许多奢侈品的牌子，看到了极其奢靡的生活方式，心里没有任何波动，只是觉得有趣。过于遥不可及的事物，很难激发我们别的感情。

直到一天，我们和学姐在华联新开的日料店吃寿喜锅。午后阳光很好，我提议出去遛马路。万柳华联的地下一层直通地铁10号线，我们习惯了直接从扶梯上去吃饭、看电影、唱歌，从没从大门走到室外，好好看一看周边的街道和景色。

我们一人拿着一支冰激凌，绕过华联的身后，路过一家私立医院，转进一片陌生的领地。这里很安静，马路开阔，几乎没有车在跑，路两旁隔着棕红色的围墙，是低矮的洋房。见多了北京奇形怪状的建筑，此间的存在实在让人神清气爽。

然后，我们看到一位高大俊朗的父亲，他陪着骑着儿童自行车的小男孩从马路对面经过。三个人的目光同时被牵引。不同于那些身上挂着松垮背心的大汉，他穿着剪裁得体的衣服，全身只有黑和灰两种颜色，显得简洁又典雅。男孩有三四岁大，上衣的刺绣图案非常时髦。我们不自觉地盯着他们看，随着他们的脚步向前迈进，直到看着他们从大门进入围墙，消失在我们的视线里。Z的冰激凌掉了好几滴在手上。

学姐说，你们知道吗？这里叫万柳书院，房子二十多万元一平方米，坐拥最好的地段和学区。然后她又呢喃了一句，你们说，如果我们有那个孩子的条件，我们的生活会不会很不一样？

那是我和Z第一次在这座陌生的城市，亲身感受到人与人之间的天差地别。那也是我第一次从学姐的神色里，看到这样隐秘但真实的东西：有渺小，有卑微，也有不甘。

再到万柳吃饭，明明正开心地聊着无关紧要的琐事，也会忽然想起这一幕，想到仅仅相隔几百米，却需要用一生去仰望的生活。像一片狭窄的柳叶，被清风吹落湖面，原先平静的一汪水，忽地多了几缕涟漪。柳叶停在水上，不知道该往何处去。

这个假期，Z在小城做家教，接触到很多十几岁的孩子。互联网的飞速发展，让他们更加便利地了解其他人的一天是怎样度过的。Z惊讶地发现，那些生活像大块的石头，从悬崖砸进湖水里，叫他们不得安生。

“如果好好努力，将来就能去更大的城市读书，选择自己喜欢的工作，有更丰富的人生。”

“可那又有什么用呢？老师，我注定过不了这样的生活。”

女孩将手机推到Z面前，播放一段有钱人的开箱视频。Z盯着手机看，大脑努力运转，却被越来越多的空白覆盖，不知道该和她说些什么。

到有了些阅历的年纪，再难给她编织不可能的幻梦，说只要好好学习，好好工作，就能收获想要的一切之类的话。我们在人格上平等，在精神上无分贵贱，但财富确实是有差别的，生活确实是有区分的，我们得面对这件事，而不是总想着掩饰或者躲开它。

但难道除了身家亿万、财务自由的人生，别的人生便都不值得一过吗？

不是这样。

在一线城市住豪宅自然是非常快乐的，但这并不意味着衡量快乐的标准只剩下这样一个单一的向度。没有必要因为一小部分人所谓好的生活，而将大多数人贬低到那样不值一提的程度。每个人都有自己独一无二的体验，有属于自己的人生画卷，没有谁能替代。

几个朋友一起吃饭，又有人提起类似于学姐当年的话。

“那种生在罗马的生活，你们会不会羡慕呢？”

我低头吃了一大口饭，用漫长的咀嚼来避开接话的机会。说从没有过这样的情绪，肯定是假的，可沉溺在自怜当中是不可取的。生在罗马还是小城，已经是无法改变的事实，设想另一种可能，非但无法带来任何东西，反而会徒生怨气。

另一个朋友说：“可是一路走向罗马，也是一种经历，生在罗马的人体会不到呀。”

仿佛天窗被打开，晴天的阳光洒进来，整个屋子都弥漫着干燥而温暖的气息。是啊，生在终点是一种快乐，向终点行进也是一种快乐，凭借自己的努力去获得什么，与想要什么都有人递到手边、送到嘴前相比，可是完全不同的滋味。

想要去喜欢的城市，就认真地听每一堂课，勤恳地写每一科的作业，换取漂亮的分数，进入理想的大学；想要圆儿时的梦，就积极地去和相关的人社交，不放过每个潜在的机会，找到喜欢的工作，谋求热爱的事业。

当然会有无数挫败的时刻。它警醒我们哪里出了差错，需要尽快改正。它也告诉我们，要磨砺出一种“尽人事，听天命”的心态，接受尽己所能做到最好之后仍旧不确定的结果。

Z说她想和那个小女孩聊一聊。生命的美妙，不在于我们住怎样的房子，开怎样的车，穿什么品牌的衣服，而在于整个过程中的经历。如意也好，无常也罢，试着去做好每一个环节，能收获的是一颗充盈的心灵，还有应对波澜往复的勇气，开拓自己所能开拓的可能性，做出自己力所能及的努力。

Z的神色很真诚，我也很期待女孩的改变。

你的角色

✻林特特

我和一位女明星打过四次交道。

第一次，在她家里。那是十几年前，我刚毕业，在一家出版社下属的书店实习，除了完成领导安排的工作，有时，对于一些重要客户，我还要承担快递员的工作。

女明星就是重要客户之一。我们出版社和某著名导演合作，出版了导演的一本小说，据说导演要将小说搬上大银幕，女明星可能担任女主角。于是，我被派去给女明星送新书。

我拿着一张纸条，纸条上抄写着女明星家的地址。女明星住在京城偏西的一处豪华小区，小区内绿化极好，小径曲曲折折，但它们对不熟悉路的人来说，并不美妙。烈日炎炎，我在小区里转了一个小时，汗如雨下。等我终于找到女明星家，按响门铃，我连表达崇拜和激动的话都准备好了。我掏出小镜子，对着镜子涂了点儿口红。

门开了，是位中年阿姨。“噢，知道了……你等一会儿。”她说着，接过我手中的书。

“谁啊？”我听见一个娇媚的声音，我不确定是不是女明星。门关上了，我站在如山似的铁灰色门前。门再打开，阿姨递给我一只鼓鼓囊囊、带着异味的黑色塑料袋。她冲愣住的我说：“A小姐收到书了，你回去吧。喏，帮我把垃圾带出去。”

我从书店出发时是上午10点，回到书店已是下午3点，没吃午饭。一进书店，我就被同事们包围，他们像我出发时一样雀跃，七嘴八舌地问：“A小姐真人好看吗？”“你们都聊了什么？”“你要签名没？”“她的绯闻男友和她住在一起吗？”

我尴尬而不失礼貌地笑着，内心充满委屈和酸楚，前一刻我还是正经大学毕业、刚找到一份体面工作的“天之骄女”，后一刻便受到如此冷遇。这让我想起一个古老的笑话：穷人去富人府上溜达了一圈，告诉邻里，老爷和我说话了——“说什么了？”“他让我滚。”

那日的不适在半个月后加剧。导演要开新书发布会，女明星应邀做嘉宾，作为去过她家、做过联络员的我，理所当然地又被派去接待、服务她。发布会在书店召开。女明星、助理和我同坐一部电梯，电梯里，她摘掉墨镜，我才见到她的真容——现在，我能回答同事的问题了，A小姐比电视上好看，脸小、皮肤白、眼眸闪亮。

她和助理耳语几句，助理再转达给我她的意思：女明星要上洗手间。

“有单独的洗手间没？”“没有。”“没有？那你负责去清场。”“怎么清场？”“把洗手间里的人都请出去。”以上是我和女明星助理的对话。女明星点点头，出电梯，她把墨镜戴上了。

以下是我的行动：抓耳挠腮，去洗手间敲每扇单间门，和每扇门后的人沟通。自然，我被当作神经病，挨了每个被打扰的人的骂。是啊，书店遵循顾客第一原则，凭什么又为什么要剥夺顾客上厕所的权利，仅仅因为她是女明星？

我在顾客那儿碰了钉子，便去找领导，领导也不同意女明星的做法。我再去找女明星，她一脸不悦，用美丽、高挺的鼻子“哼”了一声，戴上墨镜。助理吩咐我在女明星使用的小间门口把风。洗手间不时有人进出，我满是尴尬，难以言说的委屈又一次在心头泛起。

一去十多年，我没忘记女明星，实在是因为她越来越红，新闻里到处都是，我很难不看见她。

一天，我第三次遇见这位女明星。此时，我早从出版社离职，代表一家媒体采访她。她自然没认出我，助理也早换了人。采访在一座富丽堂皇的五星级酒店的偏厅进行，正厅稍后即将举行一场国际知名品牌的大型婚纱秀，女明星是品牌方重金请来的代言人。

我走过红地毯，穿过长廊，推开镶金边、钉金纽扣、包着海绵的门，前一位记者正和女明星做最后的总结陈词。女明星巧笑倩兮，美目盼兮，频频点头，稍后，挥挥小手，与对方告别。轮到我了，助理对女明星耳语几句，她的笑比刚才的更甜蜜，眼波流转，房间里处处能感受到她带来的暖意——显然我代表的媒体在女明星眼中是重量级的。访谈顺利完成，女明星还和我开起玩笑，她故意透露几个无伤大雅的圈内人的八卦，又连忙找补，“这你就不要写了”。

工作人员送我出门时，贴心地问我要不要女明星的签名照，一时间我有些恍惚：我穿着白衬衫、黑裤子，站在女明星家门口，递过去一本书，接过来一袋垃圾的经历，根本是我的幻觉，从来没有发生过。

几年后，我和女明星第四次见面：我们在另一家酒店一起候场，将一起参加一档对谈的活动。这时，我已全职写作，以作家的身份代表文化圈发言，女明星则是娱乐圈的代表。

不同于当年给我一袋垃圾的淡漠，也不同于几年前面对媒体记者的热络，这次，女明星在后台客气地对我点了点头，打了一会儿电话，而后，闭目养神。

上台后，女明星恢复了精神，她和在座的包括我在内的几位对谈者像阔别已久的老友，就“独立女性”“女性力量”等话题侃侃而谈，她瞅着印着我名字的玻璃名牌，亲切地称呼我“特特”。此刻活泼的她和与我们在后台打招呼时的她判若两人。

不过，我已经习惯了。经历了许多事，也习惯了许多人，在面对不同角色的人时，给出不同面孔或许是一种自然。

有一天，我忽然向我的师妹艾提起女明星，缘于师妹艾想辞职。

“我是去上班的，不是去给他们订盒饭的；我是去做学术研究的，不是去当司机的。”师妹艾愤愤不平。她刚博士毕业，入职一家研究所仅3个月，她觉得这份工作让她的理想幻灭。

“可是，你所遭遇的，是你的角色的遭遇，或者说，连遭遇都不算，是分配给职场菜鸟的你的角色任务。”我说。

“角色？我是我，我不是什么角色！”师妹艾依旧愤怒。

“我曾和一个女明星打过四次交道……”我悠悠地谈起往事。

“你不觉得女明星势利吗？你是小角色，她就无视；你对她有用，她就热情；你和她平起平坐，她就台后淡漠，台前像一家人……”艾说。

“许多年后，我明白了，不是我低人一等，只不过女明星遇到的是处于不同人生阶段、扮演不同角色的我，我没必要和自己过不去。许多事，当你明白这只是你的角色要承担的，就不会觉得难熬，就能保持清醒。你不高兴，那就换角色。如果一时间换不了角色，那就默默等待，谁说一生只能演一个角色？”

小镇少女飞翔记

陈静娴

17岁那年，我第一次离开家乡，去北京读大学，从此远离故土，作为各种“漂”，在世界各地辗转。

在此之前的时光，我都是在四川省中部一个叫内江的小城度过的。

这是一座很小的城市，以美味的牛肉面和辛辣菜系而闻名。

一条蜿蜒的江水把城市分割为新旧两个城区。

后来我到纽约读书、工作，读到一本叫《江城》的小说，讲述一个美国人在四川小城度过的数年时光。那本书里的故事发生在四川的涪陵，那里的榨菜特别有名。涪陵距离内江不远，同样城中有江河，方言相近，民俗相似，读来十分亲切。

于是我也喜欢看贾樟柯的《三峡好人》，毕赣的《路边野餐》。主角们为了一个目标，又似乎毫无目标地在城镇与乡野间游走，电影里的小城边总是有一条江，和内江一样。主角在山与水之间飘荡着、行走着、寻找着。没有什么特别的主题与内容，我却情不自禁地看了好几遍。

现在想来，这就是所谓的乡愁吧。

无法抑制地想念自己选择离开的故土，或许就是故土根植在血脉中的联系，走遍世界，穷极一生也不能转移。

年少的时候，我非常想离开这里。

我向往北京、上海这样的大城市，向往着所有四川盆地之外的地方。那里有着与四川完全不同的风土人情，那里有密密麻麻的高楼大厦，有发达的物质与文明，有来自世界各地的新奇有趣的事物——书店、餐厅、剧院、博物馆、历史古迹、现代地标……多么复杂纷纭，令人目不暇接的世界。

相比外面世界的激励与诱惑，小城的时光可算是贫瘠的。

我读的初中坐落在城郊，从不高的围墙望出去，可以看到茫茫的山野与葱郁的农田。夏天蚊子很多，排水沟因为潮热的湿气返味，使得拥挤的教室里总是弥漫着大家习以为常的异味。

那时候，我就深切理解了什么叫“久入鲍鱼之肆而不觉其臭”。

总体上，我并不热衷去学校。又有几个小孩热衷呢?

那时候，我家住得离学校很近。早上上课之前会拉一道预备铃，10分钟之后拉上课铃，接着开始一天的课程。

我总是在家慢吞吞地吃早饭，听到第一遍预备铃响过，无法再拖，才施施然出门。蹚过门前一口幽深的暗井——那时候看过《午夜凶铃》，总觉得这是一只幽幽的充满恶意的眼睛，周围没有任何安全防护措施，其实很危险，然而在小地方，这样的陷阱似乎比比皆是。或许生活的范围太小、变化太少，这些安全隐患几乎成为日常生活的粗暴装饰，大家直面陷阱、习以为常。一直到我毕业离开这里时，井口也还是在那里，毫不在乎地敞开着，倒是也不曾听说有人掉下去过。

过了这口危险的井，走上一个不长的斜土坡，左拐，经过一家租书店、两个零食小摊，学校大门就在眼前。进校门，上楼梯，走进教室门的那一刻，上课铃刚好响起。

屡试不爽。

多年后隔壁班的同学告诉我，他们都拿我当第二道预备铃用。看我经过窗口，就知道马上要拉上课铃了。

我至今还记得每次我走进教室时，已经站在讲台上准备开课的老师侧着头看我的样子。上课铃响，值日生喊“起立”。一天学习的序幕就此拉开。

因为成绩还算过得去，老师们对我的懒散与鲁莽总是睁一只眼闭一只眼，放任我沉浸在自己的小天地里。

中学时代的我尚没有萌发性别意识。顶着一头乱糟糟的短发，穿着肥短的校服，沉浸在自己幻想中的小天地里。我的朋友不多，确切地说是聊得来的朋友不多，很少有人能够理解我的奇思妙想和对外面世界的向往。

在那个没有旅游、没有网络、没有智能手机的时代，我与外界相连的唯一窗口就是书籍——来自小城的书店和租书屋。

我算是有些小聪明，初中课程不需要用心听，也能考到年级前几名。初中时代，关于学习的记忆不多，更多的是散漫的时光——上课时睡觉画画看闲书、在名为补课而实际上很宠溺我们的数学老师家里做完几道难题之后看作为奖励的电影DVD、和朋友在尘土飞扬的操场散步、去小卖部买零食、逃课去别人不常去的教学楼角落看漫画打游戏、望着大片的天空发呆吹牛。

四川真的是个安逸舒适的地方。生活节奏缓慢，青山绿水，气候宜人，供应各色美食。俗话说“少不入川”，外地人来了四川尚且不想走，四川人又为什么要离开呢?

我知道为什么。

小地方的天空是寂寞的，是真实而透明的蓝，没有超人，没有飞行器，没有超自然现象。白云按部就班地流动，太阳日日照常升起。

乡镇中学矮矮的围墙，环抱着土坡上的平房教室，野草在亚热带潮湿的盛夏里疯狂地生长。

与我走得最近的一个女生，和我有着共同的话题。

“你以后想做什么？”

“总之不要在这里。我想出去，看更大的世界。”

“我也是。”

外面的世界是什么样子的？

只要好好读书，就有机会去梦想的城市上大学，那样就可以看到外面的世界了。

这就是懒散的我会认真面对考试的主要动力。

高中时候，好莱坞电影《红磨坊》上映，我在小城唯一的电影院看了这部电影形式的音乐剧。

这是我第一次看音乐剧。

从此之后，我的脑海中便循环播放起主题曲中的这一句——“有一天我将飞翔，离开这里。”

等我真正学会飞翔，已经是10年之后。

我从北京辗转去了纽约，在超人所在的岛屿上工作生活，这里的百老汇大街终年上演着可能是全世界最新也是最好的音乐剧。

以这里为新起点，我看到更大的世界，我取得了更高的学历，考了新的律师执照，游历了很多地方，也学习了更多的技能：骑马、驾车、舞剑、开飞机。

当时与我一同压操场的朋友，后来也去了欧洲，开始了另一段新的人生。

小城出身的我，在国际大都市辗转洗礼。曾经因为缺乏见识而多少有些自卑的我，没承想，反倒是在漂泊世界的过程中，找回了自信。我经历过贫穷困苦与落后，我知道如何应对艰辛磨难与混乱危险。

我独自驱车从加拿大开回纽约，途中住在山中一家荒凉的汽车旅馆；

在布宜诺斯艾利斯的暗巷，我被小混混拦住要抢钱；

在伊瓜苏的偏僻车站，我嗅到空气中的危险而提前离开；

面对猥琐色情狂图谋不轨，我提前一步予以反击；

大量现金失窃，我语言不通地跟着警察勘查现场；

我独自行走在世界最南端的荒原上，面对阴霾欲雪的天空；

我环球飞行路经埃及，被当地军队团团包围……

我昂首阔步地行走在据说治安状况糟糕的纽约布朗克斯区、伦敦红灯区和布宜诺斯艾利斯波卡区，自己也惊讶于自己的镇定与坦然。

那时候我才意识到，无论飞去多么远的地方，我的根仍然深深扎在那座四川的小城镇中。这个经历过贫穷与混乱的小镇少女，历练出了见怪不怪的泰然自若。

我像很多因为高考而有机会前往大城市的“好学生”那样，按部就班地读书、工作，然后跟随读书与工作的机会去探索世界。同时，我也仍然是那个爬树、上房、逃课、玩游戏的淘气少女，时不时地从工作和生活的轨道中偏离出来，追寻心中的狂野梦想。

存在于时空另一端的小镇少女，她好奇地张望着当时尚不明朗的未来，恐怕没有想过，今后有一天，自己会生活在国际大都市——北京、上海或纽约。

她绝无法想象，自己可以亲手驾驶飞机，飞越冰岛喷发中的火山、肯尼亚非洲大草原奔跑的动物群、加拿大的因纽特人聚集区、格陵兰岛千万年无人涉足的高原冰盖、欧洲大陆缤纷的原野与蔚蓝的海岸线、北非与中东的金色沙漠、亚洲的无边绿意与海岛、太平洋上的暴雨狂澜。

少女仍然存活在我的心中，她仍然好奇地向外面的世界张望。

她想要探索银河，她想要谱写乐章，她想要一直向前走，看更多的、新奇的风景与人们。

世界这么大。

她仍然走在实现梦想的路上。

愿你天真热血而灿烂地活着

玻璃沐沐

1

我妹妹读书的时候来我家寄住过一年，她家生了一点变故，而我妈是老师，各方面来看，这都是一个不错的选择。

我妹妹是一个很乖的小孩，细声细气地说话，安安静静地吃饭，从不给大人添麻烦。

那年夏天的时候，我竟然听见她和我妈吵架，她穿着薄薄的睡衣，坐在铺着凉席的地板上，小口小口地抿着一块西瓜，突然想起请求我妈给她订一份报纸，结果遭到了拒绝。

我妈说："学习以外的东西不要看，报纸能有什么用？"

从语气来看，那并不是一个疑问句。

然后我妹就爆发了，说："为什么要有用？我辛辛苦苦学数学有什么用，学英语有什么用，最后还不是要忘光，通通还给体育老师。"

她想象中的体育老师像一块海绵一样，回收着同学们离校后无处释放的知识点和各种情绪，然后通过汗水，挥发在空气里，构成了一个大气循环。

我都被吓住了，我妈的眼神有点怪，也许她想这不过就是一件小事而已。

可我妹妹不是一个随便向家长提要求的小孩，她提出的要求，都是在心里酝酿了许久的事情，所以，不可避免地感到受伤。

第二天，我听见我妈打邮局征订电话，可我觉得，对于妹妹来说，经过一个晚上，这份礼物，至少失去了一半意义。

感觉这不是一个孩子热爱的结果，而是她讨价还价的所得。

既然结果都一样。为什么不一开始就答应呢，为什么会觉得小孩的要求都是无理的，为什么会有先抑后扬这个词呢，真的一点也不美好。

但我妈不这么想，期待落空又实现，总好过一开始就没有期待。

2

曾经班里有一个叫浅浅的姑娘，是个竞赛型选手。平时看着不显山不露水，和我们一样学一样玩，一到考试如有神助。

我们都羡慕她运气好，要么就是心理素质好，考场上才能这样自如。

可每次都这样，就有人说，她是不是做小抄了，有人说，她是不是提前看过卷子。

然后有人说，都不是，她最虚伪了，挑灯夜读的时候多了去了，只是不让人看见。

众人哦了一声，心下方才了然。

其实这有什么，但人们崇尚的是脑筋好的天然学霸，而还没变成天鹅的丑小鸭，总是要被嫌弃的。人们开始说她小家子气，得失心重，有一种不是你的，你偏偏强求的偏执感，浅浅开始被孤立。

直到有次班会小组讨论时，她哭着说，很难受，心里的弦一直绷得很紧，生怕人看出来，现在被揭穿了倒也轻松了。很怕听别人评价，因为从小听了太多人说她，这是一个天资不高但很努力的人。

这句话的另一层意思，难道不是她不聪明，所以只能下笨功夫。倘若结果还不出色，大概只余深夜痛哭的悲戚了。从此，变得学会掩饰自己的努力。

但老师表扬了浅浅。

知道自己的不足，从而尽力弥补，以求达到心理上的平衡。

这本身是一种智慧。

从那以后，浅浅开始学会与自己的努力坦然相处。

追求自己想要的东西，这姿态本身，除了自我感动外，应该也有一分昂扬向上的生命力。

努力了就算输掉，其实也没想象中那么可怕。

3

我有一个高中同学叫优茗，优茗在十几岁的时候，爆发过一次叛逆，和那些抽烟喝酒逃课蹦迪的叛逆相比，优茗的叛逆简直太保守了，但是伤害值却不低。

那时学校和家长普遍不太关注学生的心理健康，看她情绪日益低沉，只好理解为学习压力太大。

每天都很孤独，哪怕身在乌泱泱的人群里做课间操，自己也像是孤身一个人。很难集中精神看书，上课不敢和老师对视，偶尔发疯撕书撕作业，直到同桌借口看不清黑板上的字，搬离优茗身边。

优茗从此买了一顶灰色的帽子，进教室也不摘下，遮住眉毛，像一道灰色的蝉影，蛰伏在眼睫上方。

新同桌是一个沉默寡言的女生，爱好是在作文本上写科幻小说。

有天她把新鲜出炉的小说推给优茗看，她给小说里一个机器人起名叫优茗，然后在小说里的危急关头救下了报废边缘即将回炉重造的机器人优茗说，“你生病了，你需要我的帮助。”

我记得优茗那天的样子，她哭得比谁都要大声。

世间诸事繁杂，路上会遇到很多沟坎，很多事都不是自己挺一挺就能过去的，最重要的是，要寻求帮助。

我看的日剧里，有一句台词，痛苦的话，不必硬撑，顺其自然就好了。

后来优茗不知怎么就开朗很多，我看见她上课开始举手发言，定时补充复合维生素，勤奋地晒太阳，和新同桌说着只有她们懂的话，晚自习后一起绕着操场跑跑步。

唯有温柔才能治愈孤独，是真的。

4

我不是个热血的人，在情绪低落的时候，深想有一天，我会变成一只爬虫，什么都不用做，在地上爬着就好了，解脱的同时也有恐惧漫上心头。

是一种情绪上的自我疗愈罢了，伤好了，低落够了，还得按个暂停键，不用旁人伸手，自己乖乖拍拍灰爬起来。

大部分时间，在想好好做点事的时候，又十分羡慕那些热血的人，所以中学时代热爱《灌篮高手》，超级喜欢樱木花道。

因为不拥有，所以羡慕。

那种源自骨子里的自大，相信我就是天才，这样的人，应该万中无一吧。即使最初连灌篮是什么都不知道，即使穿着一双破了口的篮球鞋，即使看上去没心没肺，即使说不清是不是因为暗恋晴子而喜欢上篮球，到最后染了一头红发，学会了与最讨厌的人合作，学会了落泪，学会了成熟。

我做过的最热血的事情，应该是考研。也有同学问我，你是为了逃避就业而去考研，还是真心热爱学术研究，你想好了未来的路了吗?

我点头，但不曾说出口的是，由于心中的名校情结，我只是想借考研来弥补自己高考遗留的遗憾。

晨光中出现在自习室，伏案到星夜才离开。找到志同道合的小伙伴，一起研究历年试题，考试动向。偶尔看看心仪的导师，像看着心里的一道光。每天绕着操场跑枯燥的圈，祈祷身体不要垮掉。

可是，就像《初恋这件小事》的插曲唱的那样，漫长的一月，暗淡的二月，三月重复一遍。烦躁的四月，痛苦的五月，六月度日如年。

我的小伙伴在中途退出了，因为签了个不错的公司，我最后也失败了，什么也没有得到，萎靡了很长一段时间，想起来依然觉得遗憾。

没有人能永远天真、热血地活着，但所有人在各自漫长的一生中，总会有一两个时刻，是在热血、灿烂又心怀理想地活着的。

但反过来想，要记住那段找到目标，为梦想拼了命的感觉啊。

那是一生中大概率会成为最热血的时刻，下次再遇见的时候，那种爬虫挣扎着站立起身的声响，封冻的冰块碎裂的声响，要记得。

做自己前 先寻找自己

✲曲家瑞

我还是小女孩的时候，总是盼望着自己快点长大。记得我在读小学时，常常希望自己一觉醒来就可以变成大人，可以自己做决定，可以做自己想做的事情，不用再处处被管，受制于人。

这个想法到了念大学的时候，突然有了 180°的转变，我开始变得不想长大，不想进入大人的世界。那时候的我，对人生感到一片茫然，根本不知道自己究竟想要做什么，更看不到自己的未来。即使我学的是自己热爱的绘画，念的是艺术专业，但是这并不代表我对人生就没有不确定感。

大学毕业之后，因为看不到未来，我继续待在学校里念书，攻读硕士研究生。没想到在拿到硕士学位之后，对于未来，我依然没有找到答案，还是感到非常不安。

这是一个必经的过程，很多人都会遇到自我认同的问题。在“做自己”之前，一定要先“寻找自己”，在这个过程中，可能会有感觉孤单的时候，除了对未来感到困惑，有时甚至对自己的外表都会感到不满意。

这时候能最快入手的当然是对外表的摸索和改造。年轻时的我，简直把自己当成了实验品——我曾经留过很长的头发，也剪过很短的发型；有时把头发吹得张牙舞爪，有时把头发弄得又黑又直；我穿过极为淑女、秀气典雅的衣服，也做过十分男性化的装扮；我涂过黑色的指甲油，甚至擦过绿色的唇膏。这些极端、花里胡哨的穿着打扮，其实是我在寻找自我的过程中，因为找不到出口而进行的一种宣泄。

一个人的外表可以有如此巨大的反差，其实也体现出其内在的彷徨与茫然有多么剧烈。

我从进入大学读书一直到 30 岁的那段岁月里，因为不了解自己想要什么，可以做什么，更不知道自己未来该往哪里走，所以曾经像无头苍蝇一样到处算命。各种形式的卜卦，不分中西，不论门派，从路边摆摊的算命相士到命理大师，只要我听说了，我就一定想尽办法登门拜访他们，希望有人能为我指引一条路。

在那期间，虽然我也举办过几次个展，但是连一幅画都没有卖出去。于是周遭各种声音就开始陆续出现，很多亲戚朋友都跑过来对我爸妈说："你们花了那么多钱和时间栽培这个女儿，但是她真的能以画画为生吗？再这样下去，她将来要靠什么生活呢？"爸妈经常被问得哑口无言，一方面暗暗为我担心，另一方面觉得脸上无光。

事实上，一个艺术家的成就，怎么可能光靠办几次个展，或者卖出几幅画来衡量呢？那些人的"关心"对于当时的我来说其实是一种相当大的压力，但我又不能对他们说："你们根本不懂艺术！"

当我苦苦思索自己的未来究竟在哪里时，我还同时被一场又一场的相亲邀约淹没。那时候家里的电话每天响个不停，一大堆人抢着帮我介绍对象，爸妈也乐见其成，希望我可以在30岁之前找个好男人嫁了。

最后我跟这些相亲对象都不了了之，因为他们都不是我的"菜"。过了30岁之后，这些登门牵线、安排相亲的电话突然消失，仿佛我已经过了"赏味期限"，一夕之间，我从婚姻的媒介市场中被踢了出来。虽然听起来有点儿凄惨，不过我总算松了一口气，被催婚的压力瞬间消失，我终于能开始过属于自己的生活了。

孔子说："三十而立。"当我进入30岁之后，我好像真的开始独立。对于我而言，30岁到40岁是人生的奋斗期；我觉得30岁离40岁真的很近，那时忽然有一种莫名的危机感，觉得如果不能好好地把握接下来的这10年，我的人生似乎真的就完蛋了。

就像是时间到了，我开始进入人生另一个阶段的旅程，思考着我是谁、我为什么在这里、我的未来在哪里。这些一时半刻找不到答案的问题，我每天都会问自己。直到今天，我仍然在拼凑自己的样子。

有时候我从电视上看到自己，会突然发现：原来我是这个样子！有时候从学生的眼里看到自己，我又会意识到：原来我是那个样子！人生到了中年这个阶段，还可以发掘自己的多种面貌以及不同的可能性，实在是一件非常快乐的事，我根本不会因为年纪增长而感到害怕。

我承认，在身心各个方面，我都是一个比较晚熟的人。我人生的第一份工作，也是等到32岁时才开始的，我起步比一般人晚了很多。

25岁那年，我从哥伦比亚大学毕业，拿到硕士学位，在那个时候我的同学差不多已经进入社会开始工作，不少人到32岁时已经小有成就。有人在银行上班，有人在媒体机构工作，也有人在外资公司任职，他们看起来都是那么光鲜亮丽，他们的生活听起来都多姿多彩。讲到我的时候，朋友就会说曲家瑞是个艺术家，所以不能用一般的标准来衡量。只是这样的话传到我的耳朵里，一点儿也不能令我感到高兴。

那段时间，我对这个世界充满怨气和不满，从来不会反省自己为什么没有长进，而是觉得这个世界亏欠我太多，对我太不公平；我这么有才气，却没有人看见，想到这些内心就充满愤恨。但我很幸运，从小就知道自己喜欢画画，并且得以把自己的兴趣跟工作结合起来。在那些充满怨气的日子里，我有一种可以陪伴自我的兴趣，借由持续作画来抒发自己的情绪。这一段自我探索的经历，给了我信心，让我认同自己，也帮助我找到人生的答案。

即使无法结合专业和兴趣，我还是可以从自己喜欢的事情中找出一两件，尽全力投入其中，甚至做到专业的程度。

如果你喜欢唱歌，那就要尽情歌唱；如果你喜欢跳舞，那就要痛快舞动。持之以恒地钻研，让兴趣不仅仅是闲暇之余打发时间的事情，它还可以陪伴我们，甚至让我们发现更深层次的自己，成为自己的另一个专长。

寻找自己究竟要花多长的时间呢？其实没有定数。我甚至觉得，人一辈子都在探究自己，我们就像一座丰富的宝矿，不断地挖掘，你就会看到自己的很多面，突然发现：原来我这么有潜能啊！原来我也可以做成这样的事啊！所以寻找自己是没有终点的，但你一定得出发，这样才可能从过程中得到"发现"的乐趣。

被海浪吻过的时光

✲潘云贵

来高雄一些日子了，我常常坐在学校的教室里，等桌上烟气腾腾的开水变凉。这座岛屿一直被山海、日光深深眷顾着，仿佛永远有一张灿烂如同少年的脸庞。

从教室视窗向外看去，苍翠的寿山、柴山面朝着大海，一道极细的海平线将水天隔开。近处的沙滩上有上身赤裸的少年在行走，他们的同伴正驾着帆船随波漂流。远处的海上有从高雄港开出的货轮、游轮，像一列军队朝着远方的世界行进。明晃晃的阳光照耀着这里，想起宿舍走廊上晾晒的衣物，清晨还落着水滴，等傍晚时早已干透。从哪里看，岛屿南部都丝毫搜寻不到冬天的身影。

我住在学校宿舍，同住的学生是高雄当地人，很少来。一学期我就开学和期末见过他，我们只礼貌地打招呼，再无其他。所以宿舍算是“单人间”了，不被观看，不受约束，也不用跟谁协调作息节奏。早起跑步，回来做简单的早餐——一杯牛奶，一份三明治，用餐结束便开始阅读。在这狭小的空间中，我却有了很大的自由。

近来主要在看乔伊斯的《都柏林人》。窗外是被初升的太阳照亮的小叶榕，有猴子爬上树，一边采摘果实，一边与我对望。下午时，开始将近期脑海中的写作计划落实，写得还算顺利，每天写一千多字，花不了自己太多时间。到了傍晚，我喜欢去港口的市集上走走，在人潮中感受平凡的生活。也想着年老以后，到这样的市集上买鱼跟贝类的场景，在厨房烟火气里度过有滋有味的余生。

也喜欢独自站在海边，听波涛撞击礁石的声响，远处的海浪袭来，那样决绝地往前，不带一点眷恋。我手中盛放的一片暮色逐渐散去，黑暗很快围住了我，并与大海相融，偶有白色的海鸥掠过海面，翅膀抚慰着夜晚略显冰凉的海水。生命在暴戾与温柔中完成必要的过程，似乎也没什么可遗憾，起起伏伏、明明灭灭的风景算是人生吧。

夜晚，会带着未完成的文稿，去栈贰库的咖啡馆写作。有一款起司蛋糕是舌尖总惦记的，顺道点了一杯摩卡。服务生每回端上来，都会在托盘上放一小盘水果切片，应该是用来解腻的，但我几乎不动。他每回离开时会再问我还需要些什么，仿佛形成了一种习惯。我微笑，示意他不用了。望着夜晚灯火烁烁的港口，船只都安然泊岸，有一种岁月瓜熟蒂落的感觉，仿佛接下来一生的事情都有了着落。

把生活圈子缩到最小范围，刻意回避跟人形成紧密的关系。这样的我，在外人眼中或许会被贴上“孤僻”“冷漠”的标签，但只有自己清楚，这样生活才算轻快。说实话，以前也怕自己到了一定年纪也活不出大人的样子，但后来发现，成人身上的那份世俗气自己掌握不来，索性还是像孩子那样简单生活，内心有很多事都能很快放下。

西子湾的日光拯救了我。在它一天天相似而连绵的晴朗里，体内曾经遗留的雨季都被晒得通透了，渐渐地，自己似乎又回到了活泼的少年时光。

从宿舍旁的公路到文学院，大概是 1.5 公里，来回就是 3 公里，我经常沿着这条线路跑。路的一侧是山林，另一侧是海峡。起风的夜里，大浪滔天，如巨鸟拍击着它的双翅，发出剧烈声响，似乎即刻它便降临到我面前。说不害怕，是骗人的。

我从小就贪生怕死，看过恐怖电影后，夜里睡觉不敢把头钻出被窝；从村子里筑得高高的水渠边走，我是手脚并用，弯下身，连摸带爬过去的；明明怕狗，可喜欢一直看它，结果被追得气喘吁吁，看见谁家门开着就直接飞奔进去。很难想象吧，这样的我，在这漆黑的海边一路跑，竟也变得勇敢些了，能迎着哗哗的涛声而去。

慢跑途中看见的最多的动物是猕猴。许是山海滋养或学生喂食的缘故，猕猴们胖墩墩，都不精瘦。它们不怕人，常把身子横在路中央躺着，有时是一两只，有时是一两撮，像一个个家庭，有父母，也有孩子。小猕猴懒得不想动，常抱在大猕猴身上靠对方爬行移动。

我走过去，它们机灵地抬头看一眼，见我两手空空，就纷纷别过脸去。可我好奇地盯着它们，一两只小猴就跟上我，然后来了一群，全都在我身后追着，大声叫嚣。我哭笑不得地往前跑着，才知道猴子也不想被人的目光打量，是不是很有趣？我就这么跟当地的动物建立了联系。

当我放长假要离开学校时，猴子们似乎也来送行了。三五只蹲在路边的铁栏杆上，望着我。车开动了，它们从栏杆上滑下来，我透过车窗朝它们做了个鬼脸，其中一只猕猴激动地叫了一声，我纯当它是在跟我说：“一路顺风啊！”

我是不排斥与孤独为友的人。它在我的世界中从不生猛，一直是温和的状态，有时如猫，窝在我的膝下，有时像狗，目光楚楚巴望着我。

我还是那个永远只会坐在角落看别的孩子唱歌而傻傻鼓掌的我，走在川流不息的城市中被汽车前灯照出瘦黄面庞的我，在公车上被别人踩到脚也不吭声的我，跟同伴在一起玩耍话永远最少的我。比起囿于世俗的人类，很多时候自己已习惯将孤独作为生活的一部分，也乐于亲近树木、天空、山峦、星辰、眼里带光的儿童，以及有海可看的地方。

在这座仿佛永远是夏天的岛屿，我是一块从深渊而来的石头，正在被温热的日光亲吻。坐在海堤上聆听海潮的声响，看海面在夕照里荡漾出金色的波纹，空气仿佛温顺的绵羊，一只只趴在我身旁，身上的忧郁都快治愈了。

不再想起过去的痛楚，不再假笑间藏着忧伤，好好松绑自己。

世间旖旎，喜乐哀愁交织。

总有很多事，我们无法深究其中含义，也无法阻挡它们的来去。但我始终觉得，只要不曾遗失对美好时光的向往以及自身的努力，所有艰难的时刻到最后都会不值一提。

海涛阵阵中，岛屿总在对我发出呼唤。

当我决定瘦下来

✻王宇昆

我从小到大都是一个又丑又胖的男生，体重超出同龄人许多，肚子上的“游泳圈”像一块胎记，从未离开过我。在上大学之前的暑假，我花了一整个夏天减肥，成功地摆脱了可怕的赘肉，再也不是那个毕业照上脸最圆的胖子。

在惊讶我怎么会有如此大的变化的同时，还有很多人问我是怎么做到的，经常会看到社交媒体上的留言或评论，向我咨询怎么减肥、怎么坚持下去之类的问题。其实，各大网站都能检索到无数种减肥的方式。可在某一天，我的微博收到了一条看完让人十分难受的私信。

是一个女孩的留言，她说因为肥胖和懦弱的性格，她被班上的某个男生取了很难听的外号，全班男生都跟着一起起哄，甚至在大庭广众之下嘲讽她，后来她得知那个给自己取外号的男生竟然是自己一直暗恋的人。从私信中我能看出她内心的苦涩，最后她问了我一个问题：到底该不该为了让大家喜欢自己、为了那个自己喜欢的人瘦下来?

我在犹豫应该如何回答她时，忽然想起了我和P的故事。

当我决定瘦下来的时候，我还不知道接下来的日子将面临怎样的痛苦。我在我家附近的健身房办了年卡，每天一大早就背着包去跑步。因为急于求成，我选择了不健康的减肥方式——节食减肥，每天只吃一丁点儿的素食，饿了就喝水，累了就睡觉。刚开始跑步的那几天，我每天全身酸痛难忍，加上不吃饭，饥饿和疼痛让我几乎接近放弃的边缘。但为了瘦下来，我忍着坚持了下来，一个月过去，体重明显下降。我看着体重秤上的数字，比吃了一顿大餐还要高兴。

我是在男厕所遇见P的。我第一次看见她的时候，她正趴在马桶前抠着嗓子眼儿呕吐，脖子上青筋暴起，整张脸涨得通红。在男厕所见到一个女生，我既惊慌又尴尬。我问她怎么不去女厕所，她说女厕所的门被反锁了，无奈之下只能选择男厕所。我说：“你还好吧？”她点点头让我帮她在外面看着，等她吐完再离开。看着她难受的样子，作为一个什么忙也帮不上的陌生人，我只好在一旁陪着她，等她吐完后倒了一杯温水给她。她接过水，然后从口袋里掏出一个药瓶，倒出两粒黄色的药片，吞了下去。我看到她通红的脸恢复了正常。她向我道了谢，然后介绍了自己。

巧的是，她竟然和我是高中校友，她比我高一届。因为是校友加之又在同一家健身房健身，我们渐渐熟络起来。她知道我是一个正在努力变成瘦子的胖子，我知道她是一个减肥成功但仍在减肥的瘦子。“努力减肥”似乎是我们最大的一个共同点。作为一个“前辈”，P经常向我讲起她之前瘦身的故事，每每讲起自己的故事，P的脸上总洋溢着骄傲。她说瘦下来是她人生中唯一值得自豪的经历，但也可能是她一生中最失败的一件事情。

有一次健身后休息时，P问我为什么要减肥，我不假思索地回答她：“当然是为了瘦下来变好看，不再被其他人看不起。”

“现在是看脸的时代，又不是唐朝，胖子都快成社会的弱势群体了。”我拧开一瓶水，说完“咕咚咕咚”地灌下去。

“瘦下来就会变好看吗？瘦下来不喜欢你的人就会喜欢你吗？”P淡淡地问我。

“不瘦下来怎么知道会不会变好看，无论怎么样，起码不会再被别人用怪异的眼神看着。”

听我喋喋不休地说着，P叹了一口气。我不知道是哪句话说错了，会让P有这样的反应。但誓死瘦身的目标就摆在面前，我管不了那未知的一万种可能性，眼下只有瘦下来才能化解一切忧虑。

那段时间我像一个偏执狂，每天拖着虚弱的身子在跑步机上挥汗如雨。看着镜子前的自己渐渐褪去之前肥胖的轮廓，我开始在社交平台上直播自己的减肥历程，每一张自拍照赢得的赞许都让我的勇气值一点点上升。我头一次感觉到自己的人生充满了希望，光明就在眼前。

当我沉浸在这些变化所带来的快乐中时，P却似乎过得并不好。她的脸色越来越差，整个人骨瘦如柴，有时候在跑步机上跑着跑着就突然捂着嘴跑去洗手间了。她像个弱不禁风的老年人，却每天依旧在发疯似的减肥。我曾无数次地问P：“明明已经很瘦了，为什么还要继续减下去？”但P从没正面回答过我。

直到有一天，P在跑步机上突然昏倒。在医院的急诊室外面，我才得知原来P患上厌食症已经有一年了。生病的原因就是过度节食。那时候的P已经是一个瘦身成功的女孩了，腰肢纤细，和之前的那个她比简直是脱胎换骨。虽然减去了脂肪，但身体很难恢复。厌食症的治疗漫长而艰难，有时候P需要强迫自己去吃东西，但咽下还没多久的食物又会被恶心地吐出来，严重的时候，每天会呕吐好几次。P经常捂着嘴去厕所，就是厌食症所致，她每次吐完后吃的那种黄色药片，则是用来抑制呕吐感的。

医生已经劝过P无数次，叫她不要再继续减下去了，但P总是不听。没有人知道她如此执拗的真正原因是什么，所有人知道的是P可以不吃饭，但不能不减肥。

她在医院住了一个星期，我也到了开学的日子，临走那天我去医院探望了P。我亲自下厨做了几道菜带给她，她在我面前强忍着恶心吃了几口，然后嘱咐我一定不要学她，要按时吃饭。我笑着说：“你还是先管好自己的身体吧。”她点点头，又强迫着自己塞了一口饭。

在这之后，我告别了那个昔日笨拙臃肿的角色设定，开始走进全新的生活。

我热衷于在社交平台发布自己的自拍，享受着充满赞许的评论。原来羞于在公共场合表达的我，不再畏惧人们的目光，还参加了辩论队、演讲社，沉浸于在人前展示自己的那种成就感之中。我的标签再也不是“胖子”“肥猪”，而是换成了“男神”“帅哥”，甚至在我还未来得及适应这一突如其来的变化时，我新的人生设定已经改变了我的生活。

我获得了受人追捧的欢愉，然而在这种外在的快乐包裹我生活的同时，我发现自己的内心仿佛不再那么自由了，我开始变得小心翼翼，开始变得更加在乎别人对我的看法，开始变得异常敏感。

我害怕自拍照下的负面评论，害怕朋友拍到我表情怪异的照片，害怕别人看到我之前又丑又胖的样子。我不敢再像从前那样自在地享受食物带给我的快乐，新冒出的一颗青春痘可以让我紧张好几天，关于胖瘦的事情更是成了敏感话题。瘦下来所带来的那种巨大的希望和成功的快乐渐渐消失殆尽，疲倦在我时刻保持警惕的神经之中迅猛扩散。

我的朋友因为我的神经质而渐渐疏远我。有的时候，我甚至想要回到从前，变回那个不受瞩目的胖子，身体虽重却可以活得轻松快乐。

在我意志最消沉的那段时间，我每天睡觉前就在QQ上和P聊一会儿天，听她讲一直埋在她心底的故事。

当初促使P减肥的原因，是因为她喜欢上了班里的一个男生。喜欢的原因很简单，P被班里一群男生起了难听的外号，有些男生甚至过分地在她的作业本和校服上画上猪头。有一次P被一群男生嘲讽的时候，那个男生出手相救，P便喜欢上了对方。P尝试过向对方表白，但遭到了拒绝。其他女生嘲笑她不自量力，P便发誓一定要瘦下来，于是当初的她和我一样，选择了极端的节食减肥。也是在高三毕业那年，她减肥成功。但当她准备鼓起勇气向那位心仪已久的男生表白时，另一个女生也向那位男生表白，最后男生接受了那个女生。那段时间，P伤心欲绝，她把男生拒绝她的原因归结为自己还不够瘦，于是她又开始减肥了，厌食症也就是在这时检查出来的。

我有些心疼P，尤其是在她说“心已经从难过中走出来，但身体却永远停在了那里”这句话时。因为P对减肥上瘾，想要停下来已经变成了一件很困难的事情。厌食症的折磨，让她的身体越来越糟糕。听了这个故事之后，我觉得自己现在寻求P的安慰是多么的自私，相较而言，她更加需要慰藉。

寒假回家，我与P的那次见面成了最后一面，因为她要出国了。P的父母为了让她得到更好的治疗并继续完成学业，决定带P去美国。

听P讲她之所以在那一年没有上学，不是因为她没有考上大学，除了因为病情严重、无法上学，更多的是她为了证明“自己瘦下来可以改变那个男生对自己的看法”。她一直在期待着对方的答案由否定变成肯定。可到最后，她才发现，其实结局早在一开始就已注定。

现在看来，那时的P还真是一个天真幼稚的小女孩。但也不意外，谁年轻的时候不偏执呢？

P临走的时候，发了一条微博：无论你因为什么而决定减肥，当你费尽千辛万苦瘦下来时，你要记住，从现在开始，你要学会为自己而活。

P在那条微博后面@了我的微博ID。

这句话更像是一个总结，把我和P相似的年华统统归纳了进去，不过P的故事更浓烈。或许P的故事只会以这种方式被我记录下来，但值得我向全世界宣告的是，我们都学会了去做一个不为取悦别人而活着的人。

因为在人生的考卷里，取悦别人顶多算是附加题拿了满分，靠附加题答对而拿到满分的试卷，分数虽高但永远是有欠缺的。

你爱的人或许永远也不会爱你，但你可以努力更爱自己。

我们那么努力地去改变自己，不是为了力挽狂澜，让那些不爱自己的人、讨厌自己的人喜欢上自己，而是让我们的灵魂更加独立，让生命因为更好的自身而充满意义。

那就换一种打开方式吧

✽赵不易

生活有无数种打开方式，当一种方式行不通时，另一种方式或许就会让你“柳暗花明”。

1

最近重新迷上了 JK 制服，带点儿日系的风格，活泼又清新。在网上逛了几天，终于筛选出心中最完美无缺的一条棕色格裙，收到货时看到卖家的短信温馨提示：请小可爱试穿合适后再拆除定位线，以防影响第二次销售而不能退货。

定位线是什么？我举起裙子研究，恍然大悟的一瞬间，丢下它冲回房间，翻箱倒柜找出了一套水蓝色的 JK 制服，有点儿哭笑不得。

即便时隔两年，我还是很喜欢它的颜色与质感，只是从未穿过一次。当年我买衣服还不像现在这么随心，会反复想我妈说的：“你那么胖，不要穿浅色衣服。”可还是忍不住，攒钱买下了这一套。

从收到衣服时，我便无比忐忑，在试穿套上百褶裙发现裙摆像花苞一样几乎紧裹着大腿时，我心里一沉：“完了，这也太丑了，我果然不能穿这样的裙子，我太胖了。”但我没舍得退货，一直把它压在柜子里，每年大扫除看到都会难过一遍，也再不敢尝试任何一条制服裙。

直到我大胆买衣服、将我妈绝对化且没理由的言论击垮的现在，坐在床边用剪刀拆完定位线，才从心里过去了这个坎儿。

我下楼溜达了一圈，蹭各种玻璃当镜子照，十分满意，至少，在两年后，我穿出了当初想象中的样子。

那天吹着微凉的风，春日气息飞满心间。我想，即便真实款式真的不符合我又怎样？换作现在，也会毫不犹豫地拆掉那道线，因为这么穿我喜欢。

2

我家现在还摆着一大摞儿，即便我已经磕磕绊绊看完了一遍，却依旧连书名都记不全的名著。

全都是精装版，一掂它们的重量，就知道价值不菲。可惜它们在我这儿，并没有体现出等价的知识量。我没能像同学那样，看完后写出大段感悟，背下深奥精彩的句子，那些茫然枯燥一页页翻阅它们的时光，最多汇聚成了一颗安眠药。

没错，我通常每看 10 页就能睡上 1 小时，看名著的那些年，简直成了我睡眠质量最好的日子。

那些书，有的长大后看进去了一点点，有的至今都没看懂，比起它们教会我的道理，我学会更多的，反而是看书的方法。

“不懂的书就先不去碰它，看自己此刻喜欢的就好。”

不记得是谁说了这句话了，反正当时的我，还在为了对某种深度和成熟的追求，持续购买《百年孤独》那样的书。理由是老师总爱在班上夸奖某某某：“她从来不看青春小说，看的都是外国名著。”而我妈身为一名小学五年级的老师，班上居然有个学生在读《史记》，因为《孙子兵法》她四年级时就读完了。

我被念叨得脸上红一阵白一阵，终于在某个讲坛里听到这句让人释怀的话，一边告诉自己，不是我没档次哦，是名家也这么说的，一边将名著丢回柜子，松了一大口气。

看书的状态自然下来，也慢慢分清，什么是此刻一点儿都不想碰的书，哪本是适合放松心情消遣的书，还有一些，虽然有点枯燥，但此刻的我的确很喜欢，可以慢慢地、不急不躁每天定量看。

总之没必要强求。

我太容易陷进“是不是因为我不够好”的误区里了。

高二有次艺术节，我顶着文学社社长的身份，在暮色时分被学生会的小姐姐突然拦在操场上。她们一行人一边郑重其事在纸上勾勾画画，一边说希望我能出一个文化类的节目。当时虽然心里忐忑，但我还是果断地答应下来。

当晚我便联合社员筛选出了剧本，虽然有点儿投机取巧的成分，最终敲定下来的《牡丹亭》，删删减减后只需要两个演员，但我心里还是挺在意这次机会的。我觉得很好玩儿，也想释放自己按捺在心里张扬的一面。

后来我们一点点努力，用短暂的课余找好了配乐，安排好了服装、道具和一切，甚至从念着台词不断笑场，排练到了可以基本完整地正常表演下来。但这件事却不了了之，因为把详细内容提交给学生会后，那边只回馈了一句：“还不错。”

彼时艺术节已经开始对全校宣传，积极征集节目，班里一个女生没几天就向大家宣布，她的诗歌朗诵节目被选上了。我心里一瞬间扬起期待，几日后又消失殆尽，默默地想，可能是她的节目真的很好吧?

一直到艺术节的表演开始，我尽量说服自己不带私心，用心挑着各个节目的优点，可看完后还是忍不住跟好友说：“感觉很多节目都挺普通的。”“就是啊，大部分都没你排练的那个好。”好友随口答，“你当时应该试试的，但是你也不太感兴趣。”

我怔了一下，轻描淡写地掩饰自己：“我是觉得还要老师和学生会评选，太麻烦了。”

“哪要评选啊？”她转过头疑惑地看着我，“主动找学生会申请就行，喏，”她示意了一下班上那个同学，“她就是啊，学生会还怕节目少呢，来者不拒。”

那天的风很干燥，日光将万物笼罩在一种炙热油腻的气息中，我心里酸酸涩涩的，特别不是滋味。

小时候老师家长都爱教育我们，凡事多从自己身上找问题，可后来从一个环境跳到另一个环境，阅历日增，发现绝大多数事物，不仅没有唯一的答案，问题的根源也来自事物的本身。

写的故事总是过不了稿，会不会是其实写得还不错，只是投稿的杂志不合适，朋友不够多，似乎自己总是不擅长交际，后来才发现，遇到情投意合的人儿，自己眉飞色舞简直成了段子手。

记得有段时间我特别沮丧，看着周围的同学都过得风生水起，考试、滑板、画画，百般才艺摆出来，每一种都让我羡慕得喘不上气来，直到陆陆续续有朋友偶然间告诉我：“其实我好羡慕你。”那一刻我突然明了，有些时光，本就不该急着否定自己。

14 岁没能随心所欲读自己喜欢的世界；16 岁因为怕变成别人那里不值一提的边角，反而先自己站在了阴影中；18 岁开始，我一直错过穿百褶裙的春秋，但之后的岁月，我想我会活得明亮一点。

做数学题时要举一反三，一道题有许多种解法，语文的阅读卷上答案也会给出许多条，推开门看到墙壁时，不妨也换一种打开方式，爬上梯子打开天窗，你看屋顶上，说不定有壮阔而宁静的星空。

总之，别再用对自己的不相信，阻止掉人生中那么多的可能性了。

像和全世界一同背弃了自己

✲粲　宁

1

我猜很多人和我一样，七八岁看飞机掠过天空都会惊奇开心的年龄，却和爸妈争执着永远没有标准答案的事情。

其中不时在深深心海里翻腾着的，是一个明亮的中午，和好友跟着队伍走出校门，我妈一边接过我的书包，一边疾言厉色地问："你昨天的数学怎么考得那么差？"

我有点蒙，在汹涌的人群中拽着她的衣角，想起前一日面对那个90多的分数，家里还挺和谐的。

"刚才我们一群家长聊天，某某考了满分，附加题也做出来了。"那一刻，我妈小学老师的气质被展现得淋漓尽致，"他在家还会主动做家务，周末还有时间学三门兴趣班……"

"可他上次给同学起外号，还欺负人。"我当即打断我妈。

我妈顿了一秒："你怎么就不学点别人的好？"

去往姥姥家的路一下变得漫长，虽然我妈不再言语，但我心里早已起伏了上百次。

其实，我也挺羡慕那个男生的，他好像特别聪明，老师前一秒提问，他后一秒就能立刻报出答案。他会很多事情，人缘也比我好，最让人烦躁的是，被他起外号的同学并不生气。

他的玩笑没有恶意，也确实没伤到人，而欺负的也只是和他一起玩的男生，一边和他聊天，一边用文具砸班上那个内向，因为用中药洗头发，身上有苦味的女孩儿。

但那一刻，我不得不放大一些事实，去向我妈证明，他一点都不优秀。就这样，一边夸大其词，一边内心并没有对他的一丝不满或嫉妒，再看他迎面走来，心里总有点做贼心虚的不安。

挺遗憾的，最纯粹明亮的时光，都没能坦荡地承认别人的优秀。

2

我不知道男生的心理是怎样的，到了中学时，班上很多男生喜欢追寻在某个既会玩又会学的男生身后。

但女生多半不是，我们有自己的小团体，标准是大家统一口径。

彼时不够成熟，想法又有了相对完整的体系，会开始追求莫名的统一，还有点儿要为朋友两肋插刀的义气。

于是，A告诉B班上的谁很讨厌，B会更认真、更神秘地，将八卦传给C，接下来，每个人添上三言两语，直到让大家都清楚，原来她是个这么讨厌的人——

她的腿那么瘦是因为穿了非常紧的瘦身裤；别看她一副简单的模样，她明知道我喜欢某某，却总是跑去跟他说话……

她，不是说讨厌阿澈吗？还总和阿澈在一起。我最清楚她的那些事了，以前我们是同桌。

哎，你看，她的脸其实很方，一点儿都不好看，她的手机也是个破山寨机……

被众矢之的的叫小蒂，我们千言万语汇聚在一起，毫不掩饰，眼神里藏着怪异直指向她。有时她趴在桌上，也会无意中和我们的目光相撞，于是我明了，她知道我们的心里话。

事实上，十几岁的女生太容易产生矛盾了，这种情绪像杂草的藤蔓一样疯长，裹挟住姣好的枝丫，我们异口同声，我们众口一词，被友情捆绑。

至于我对小蒂真实的感情呢？应该说我和她不熟，只知道她成绩一般，挺会玩也挺爱玩的，身材真的很好，虽然造型有点非主流，但当初大家不都这样？

3

年龄是件很奇怪的事物，过了一夜，就从17岁变成了18岁，谁会一夜改变呢，可真的哪里又有了不同。

一只脚迈进了社会，面孔却还很青涩，见人遇事也不够多。对世界充满了期待，可希望不一定会回报理想，或者说，是不一定立刻兑现温柔，于是在不太宽阔的圈子里，心里的天平极容易失衡。

前段时间过生日，好友寄来的礼物里附赠了一本绘本书，她是故事改写的作者。我一边走一边拆快递，看见书脊，瞬间就蒙了，有点儿百感交集。我挺为朋友开心的，也特别不想承认，她的优秀。

似乎别人都在悄悄变好，只有自己停步不前。

但心里分明又开始细数，我能完成的事她并非都能做到，我得到的某些，比她获得的多多了，而她也没那么优秀，百转曲折的心喋喋不休，像极了年幼时的那个午后。

不得不说，承认别人的优秀一直是我十几年来唯一害怕的事情，它隐匿在我的心海，一路成长变换，走进不同的天地，代入不同的角色，步履不停，却始终被困在同一种灰暗的情绪里。

他一点儿都不优秀，如果我承认了，接下我妈纷纷落下的话语，多对不起也在努力的自己呀！

她一点儿都不好，我没勇气为了谁，脱离和大家手挽手一起明媚张扬的青春。

生活已经开始艰难，大家从小时候的抱团变得越发独立，我不能承认别人的优秀，会刺激自己的不甘和些微的嫉妒，连同激发对自己的不满，不然那种感觉，会像和全世界一同背弃自己。

4

某个平静的时刻，我坐在木地板上，心里很透彻，什么都没想，只觉得落地窗外被雨水洗过的树木坚韧又柔美。

朋友忽而发来消息，细细吐槽“她到底哪优秀了，不就是……”

我犹豫着如何回应，一股脑儿想起这些，突然旁观者清地意识到，承认别人优秀，其实是件特别简单的事情。

因为我心里，一直都在承认。逃避的是浅显的表面，深深心海里，早就像确定天空是蓝色的一样，笃定了他们的优秀。

心里一下轻松了许多，天平调整妥当。毕竟关于别人的事实既定了，无须再顾忌他人太多，世界的中心只剩下自己，也只能暗自咬牙努力。

意料之外，我竟然更喜欢自己了，也似乎，这一刻起，才真正站在了自己这边。

不由分说，爱上这个世界

✽艾 润

1

微信后台有读者留言：我多羡慕你，做着我理想的工作，而我却只能在理想和现实之间摇摆不定。在这个城市里觉得特别孤单，到底怎样才能强大起来呢？我按下回复，打了一堆鼓励的话，又一字一字删除。

最后，只说了一句，今天周末，去找点让自己快乐的事情吧。之所以这么回复，是想起前阵子去参加一个分享会，嘉宾是我喜欢多年的一个女作家。读者提问环节，有个女孩子谈到自己的苦恼，想做一个茶艺师，可是爸妈反对，无奈大学毕业后只好做了销售。因为不爱现在的工作，所以不求上进，时常和朋友一起喝得醉醺醺。

她说到醉醺醺的时候，我有点诧异。女作家回答她，既然喜欢，为何不能尝试把它当作自己的副业呢，与其和朋友一起喝得醉醺醺，何不煮茶给朋友喝，在这个过程中逐渐去实现自己的理想呢。

正是我心里所想。

当你控制不住自己的生活，孤单就会潜伏进来，一遍遍提醒你过得有多糟糕。以至于最后你真的过得很糟糕，你又忍不住埋怨生活、追问现实，如此恶性循环，逝去的只有时间。

没从中得到，逝去的时候连惋惜都把握不好姿态。

2

我从一个完全不懂杂志制作流程的实习编辑到后来尝试着去制作一本新杂志，成为杂志主编。说热爱，是真的热爱。从十年前还在小县城读高中的时候，每周都要省钱去报刊亭买杂志开始，就做了一个同杂志相关的梦。以为稿子能够刊登在杂志上是无比快乐的事情，以为能去筛选别人的稿子，编辑加工呈现给读者，是了不得的事情。直到真正进入杂志这一行，纸媒已成式微之势，时不时就能从别人口中听到略带惋惜的喟叹。可还是喜欢啊，丝毫都不介意，依旧暗暗觉得，纸媒有一种旧式情怀，为了这份情怀也要坚守到底。

就这么一直坚守着，累吗，也是真的累。

起初完全不懂的时候，经常哭。害怕做不好，又铆足了劲一定要做好。每天加班，夜晚时穿过城市的猩红灯火去公交站，时常堵车，公交车像打瞌睡一样停着。人挤人的车厢，除了看向窗外，一点办法都没有。

每天只有那个时间段，脑子是放空的。

害怕过不了试用期，每个周末都要跑去书店看杂志，一本本翻过去，研究版式，研究文章风格，寻找目标作者。有一丁点不成形的想法都赶紧拿本子记下来。

亲近的朋友不在一个城市，找不到可以聊天的人。不敢再像从前一样跟朋友肆无忌惮地抱怨，因为成人的世界里不缺烦恼，每个人都想要发泄的空间，别人接收太多由你传递的负能量，也不会太开心。以至于，那段时间，说的话越来越少。

早上上班的时候，对着镜子化妆，都会挤出一个笑容，拍拍脸告诉自己愉快地面对新一天，一定不能颓废。

我觉得自己特别正能量，简直就是闪闪发光去追求美好明天的典范。

直到有一天，在朋友圈发了一些生活照，傍晚的落叶、阴天的树影、流浪的猫……有个朋友评论说，为什么觉得照片背后的你那么孤单。

不知为何，看到这句话，一下子就哭了。

坐在出租屋的小床上哭到天地失色，仿佛受了多大的委屈。可事实上，什么都没有。只是那一刻，不知道该怎么面对自己。仿佛是苦心经营的皮相被人发现是纸糊的，一戳就破。

我试图去黏合，却还是只能看着它破下去。

我不知道美好的生活是什么样子的，但最起码是要悦心的。不一定非要像个陀螺般运转，把自己逼到努力的高地。

我开始尝试往下走。

杂志工作需要源源不断的创意，这些都不是死守在办公室或家里就可以实现的。我开始去参加一些喜欢的活动。周末的时候也给自己腾出时间坐在公园里发呆，冬日有暖阳的时候，总有人在公园里弹吉他，就坐在长椅上一首接一首地听，有大叔唱《同桌的你》，沧桑的眼睛里带着一抹柔软。有孩子在公园里打羽毛球，小小的身体，捡球都费劲，还是乐此不疲。

突然就觉得心境很柔软。

开始认识新朋友。每个月无论多忙，都要约着吃饭。哪怕只是在一起吐槽工作压力，或者漫无目的地闲逛，都会觉得身心舒展了许多。

大概是那时候才懂得什么是有张有弛。

3

心里的负担卸下之后，反倒觉得工作比以前做得出色许多。会在公交车上突然想到一个栏目策划，会在和朋友的聊天中突然提起某个欢喜的作家，心里忙不迭地想，哎，或许可以尝试找他约稿呢。

也有了相熟的作者，大家从事不同的职业，偶尔闲谈，就像是把每个职业都聚拢在一起了。不再把工作一味地只当成工作。可以和作者们成为朋友，可以把审稿的过程当成阅读的过程，甚至于从前最讨厌的校对，也时常会在周末找个安静空间，乐呵呵地进行。

每次给作者寄样刊的时候都会附送一张手写明信片，问候对方最近的生活，分享自己近期的快乐。

就是想通过这样的形式投递热诚，虽然并不怎么收到回复，也并不介意，递出温暖的时候，其实自己也是暖的。

某天，一个作者告诉我，她妈妈把我寄给她的明信片全部都放在了家里的电视柜上，还说，这样用心的编辑，谁都会愿意跟她合作的。

那一刻的感觉，怎么形容呢，真的是心花怒放。总有人会以善意回报你的热情，而热情本身也为热情而来。

我没有筑起一座小城池，和这个城市隔离开来，而是学着融入进去。轻轻松松，不过分用力地去融入，自此看清了这个城市柔软多情的一面，在和它契合的同时，也和曾经那个执拗、凡事都要给自己定下高要求的自己和解了。

就在那个时候，我搬了家，距离公司很近，找了两个室友，都是开朗直爽的女孩子，从不相识到可以分享喜悦，抽空也会一起做饭，也会在有人晚归的时候留着客厅的灯，进门后说一声我回来了，慢慢像是在没有家人的地方生出来家人的感觉。

从前我很抵触和不相熟的人住在一起，过分强调独立空间，宁愿租在距离公司很远的郊区，忍受着日日堵车迟到的风险。

我不知道为什么会生出这样的转变，似乎一切都自然而然地发生了。哪怕是一个独立的大人，其实也可以对生活、对他人生出一些柔软的依赖，不一定要成为软肋，但可以尝试着将柔软赋予柔软，依靠的时候能有温度。

而这一切都不妨碍我依旧是个在社会轨道里横冲直撞的大人，只是孤单在这样尝试的过程中渐渐没有那么浓的存在感。

仍然会因为工作加班，却不再总是满腹牢骚，不过就是要先把事情做完再去寻找属于自己的那一份趣味盎然。

开始收到越来越多的读者来信，他们在信里叽叽喳喳地描绘自己的生活。让我看到了他们16岁的样子，青春蓝得发亮，愁绪迷惘得溢满胸腔。正是为赋新词强说愁的年纪。我把自己的经历一点点讲给他们听，一件件听他们的故事，给他们回信。

渐渐地，他们开始在微博给我道晚安，拍下所在城市的天空发给我看，告诉我那里的天气。山水迢迢，相逢有了相逢的意义。有读者开始叫我“小太阳”，在他们心里，我真的会发光。

我听着他们一声一声地唤我“小太阳姐姐”，更加肯定了这份工作的意义。

给予温暖，收获温暖。陪伴他人成长的同时，自己也停留在了最青春的版块。

4

写这篇文章的时候，刚好收到了一个作者寄来的红楼梦花草日历，她说自己有一本，觉得好看，就想要送我一本。与她交谈不多，但言语间颇多喜欢。因为知道她性格内敛，工作之外很少主动联络。却没想到能够被她惦记。莫名生出一种我见青山多妩媚，料青山见我应如是的自豪感。

说实话，是真的很骄傲的。从进入这个行业，没有大波澜，却有太多小涟漪，为杂志流程哭过很多次，每个月月底都会习惯性紧张，直到杂志下印厂才觉得整颗心散了下来。有次加班到零点，靠在办公室的玻璃门上，默默蹲下来，不想抬头。

目睹很多有过短暂交集的作者出了书，有的甚至成了畅销书作家。虽然他们可能早已将我遗忘，可还是会默默买来他们的书，尽微小余力，以作支持。

不再惧怕黑夜的城市，猩红灯光下，有很多人在赶路，我们素不相识，却曾擦肩而过。如果这就是缘分，下一个独自行走的晚上，记得看下身边，有没有同伴。

愿我们各自长大，在成长里觅得一些圆满。

尘嚣是你，烟火也是你

✽胡优妮

听说谁家的孩子又拿了什么编程大赛的奖项，现在已经去大公司实习了；谁家硕博连读的高才生一毕业就被作为人才引进，成为高校老师；谁家的孩子才毕业几年，已经在深圳买了房、买了车……

餐桌上，阿姨舌绽莲花，然后话尾又捎带问一句："你家的孩子呢？"妈妈笑着摸了摸我的肩膀，说我兴趣挺多，偶尔能写一两篇文章投稿，或是拍一两个微视频，赚一些零花钱。

阿姨也笑了，又问起我这高三学生的学习成绩，顺带还说了她平时是如何督促孩子以学习为重的。我感觉强撑笑容的脸有些僵硬，但在事实面前，我又无从反驳。有亲戚捧场似的把话题转到了育儿经上，我总算松了一口气。

每年的家族聚会，我作为平庸群体的代表，时常有种赴鸿门宴的错觉，也深知没有本事就没有发言权。

离开时，妈妈看出我情绪低落，安慰我，说其实我也有很多方面让她骄傲。正巧其他桌的家长气得拍桌，训自家孩子："你就不能让我省点心吗？"我木木地问妈妈："所以我这叫比上不足比下有余吗？"妈妈笑了笑，没说话。

妈妈比我还看得开，说时代变了，竞争也不一样了，她那个年代，能读个高中就很厉害，而现在拿到硕士学位的人已比比皆是了。

疫情防控期间，停课不停学，我待在家里，却仍躲不开邻居在耳边的唠叨。他家的小姐姐考上了选调生，悠闲地在家等待名单公示。邻居阿姨还现身说法，表示自己只有小学学历，却培养出了两个名牌大学生。高考改变命运啊！

高考在这些萦绕声中疾疾又徐徐，悄然落下帷幕。

等待放榜的日子漫长而枯燥。于是我决定重操旧业。之前喜欢用自己挣钱买的单反瞎拍，现在终于有了足够的空闲，我便把相机里的废片、存稿整理剪辑后，发到一些常逛的网络平台上。

有一天，班长突然找到我，希望我在班级毕业聚会上，拍一期毕业季纪念视频。我怔住了，因为这些朴素羞涩的小爱好一向只被我珍藏，“不足为外人道也”。班长表示刷抖音时看到母校，其中有几个画面之前在我的朋友圈看到过 ，他一下子就认出是我的作品……末尾又夸我是大摄影师。

冲着班长的一番称赞，我还煞有介事地写了分镜头脚本，因为之前的作品大多是心血来潮，仅仅在脑中构思而已。我事先带着三脚架和云台先去模拟拍摄，拟好方案后请同学提建议，又在聚会后花了整整三天时间剪辑，最终出来的作品获得同学们的一致好评，视频也发表在了学校的官方公众号上。

妈妈笑称我之前没选择艺考，损失了一个编导人才。我反问：“难道你不希望我报考时下大火的计算机科学与技术专业吗？”妈妈说不会把自己的想法强加给我，只要我回答一个问题——会后悔当初选理科吗？

这个问题太刁钻了，虽然我从未表露，但每次见到成绩单上拖后腿的理综分数，我都会无比怀念当初靠文科叱咤风云的情景。如果我之前没有盲从，没有随波逐流地觉得学理科出路好，而是客观分析自身实际，坚持自己喜欢且擅长的文科，或许情况会有所不同吧。

好在高考还有机会改变路径。我最终遵从本心，报考了自己喜欢的专业。

我住的是混合宿舍，有学编导的同学佩服我忙得像个陀螺，吐槽上课一直拉片都要吐了，课后哪有什么时间精力去拍片。我很认真地回应，因为这是我热爱的方向，因此乐此不疲，也动力满满。

我后来凭借专业第一的绩点和各种获奖证书，愣是在一群师兄师姐神仙打架的校长奖学金答辩舞台上脱颖而出。

开表彰大会那天，妈妈居然来了学校，还破天荒地发了条朋友圈。妈妈举着手机笑得合不拢嘴，我听见她跟旁边的人说：“她呀，从小就喜欢这些文艺的东西，我也就随她去了，没想到这兴趣还能走这么远。”

后来，阿姨听说我大一就去传媒公司实习了，于是又开始絮叨，说哪个亲戚的孩子大一就接活给人编程序，赚的钱能管自己的学费和生活费了。这次我没有沉默，我说，大家也只是在各个领域拼搏，很多时候没有太多的可比性。阿姨悻悻地嘟哝：“小丫头上了大学，会说话了。”我见好就收，不再说什么，心里想的却是——并不是我会说话了，而是心境变了。

比较很正常，也并不可怕。山外有山，人外有人，这样的现实是肯定的，而机遇和运气有时候也是可遇不可求的，但我们更应该懂得一分耕耘一分收获的道理。假如之前付出很多，现在收获肯定也不会太少。我们要能够认清自己的不足，要时刻鞭策自己，却也别陷入盲目对比的怪圈。凡是过往，皆为序章。专注于自己，坚定地一步步向前走，奋起直追，也能成为后起之秀。

于这繁华盛世，我们都不过是微不足道的颗粒尘埃，却终有一日也能绽放出璀璨夺目的烟花。

运气好，也是一种实力

✲艾小羊

1

10年前，L在一个偏僻的马路旁开了一间小咖啡馆，路旁边是一些二十世纪五六十年代的红砖建筑，充满异域情调。马路是两车道，很窄，晚上9点钟就没什么人了。他一个人守店两年，终于守来了第一批老顾客，才开始请员工。

他做出名气以后，也有一些人在他的店附近租房子，开咖啡馆、小清吧、特色餐厅。然而，这条街的生意一直不温不火，很多店做半年就关张了。后来忽然来了一个神秘的女人，把那些生意不好的店都高价收了。

第二年，这条街改成了欧式步行街，政府大力宣传，成了城市名片。周末的时候，街上人来人往。曾经在这条街上开店，却没有赚到钱的人，看到L，说你小子运气太好了。L却说："如果我坚持不了10年，哪有好运。"别人反驳他，那个在改造前一年收了店铺的女人，总是运气好吧。"她一定是知道内幕消息，这也是人家的能力啊。"L说。

我喜欢L，经常去他的店里消磨时光。L是一个完全不相信有运气这回事的人，有时候我都觉得他太极端，跟他争，怎么会没有运气呢，运气就是偶然性啊，如果你当初没把店开在这里，就算坚持20年，也成不了步行街。他直着脖子说："开店之前的半年，我骑自行车跑遍了武汉三镇，晒得像非洲人一样，最后才选定了这里，怎么能说是运气呢！"

虽然觉得L偏执，但还是喜欢跟他一起玩。

与他相处久了，我也开始相信，好运是一种能力了。

›››› ②

我们身边经常有这样的声音，当某个人做成了一件事，一定有人说，他运气真好。运气，掩盖了很多努力与判断。其实如果你深入了解，不难发现，除了个别天上掉馅饼的特例，大多数时候，我们所说的好运，是慧眼、毅力、自我修为、管理能力的综合表现。

日本《生活手帖》总编辑松浦弥太郎高中肄业去了美国。不到20岁的无业游民，每天混在书店，慢慢发现了商机，将一些欧美旧书、旧杂志，尤其设计类的专业书，带回日本，卖给有需要的人。他慢慢在业界形成了口碑，当大家想要一本外文书却找不到的时候，就会想到，找松浦那小子试试，他一定有办法。

27岁，他有了自己的书店，以贩卖旧杂志和专业书籍为主。一个高中都没毕业的人，不仅成了书店老板，其后还成为畅销杂志总编辑、畅销书作家、美学大师。不了解他的经历的人，一定会说，这个人的运气实在太好了。

他的书，我每一本都看了。他书里经常会写到自己年轻的时候，在美国，吃了上顿没下顿，迷惘无助，不知道明天在哪里。然而，他却没有选择把时间全部放在赚小钱糊口上，而是每天即使只吃一顿饭，也要饿着肚子去书店看书。经年累月地了解书店以及去书店的人，才让他找到了商机，最后成了一个开书店的人。

他人生光亮明媚的后半程，是在那些浓缩了人类文明的审美与智慧的书籍中萌芽的。一个高中都没毕业的男生，在美国的花花世界中，能够坚持每天以知识为伴，这是他异于常人的能力，也是他后来所谓的好运气的基础。

›››› ③

我曾采访过电影导演张艺谋，当时他的《一个都不能少》正在热映。我说魏敏芝这个贫穷山村的女孩，能成为谋女郎，运气实在太好了，你怎么看待运气在成功中的作用。张导认真想了一下，说："这么多年我见过太多成功的人，他们给我最深的感受是，每个人成功都有他的道理。不成功的人，可能因为运气不太好或者时机还没到，但成功的人，肯定不是靠运气好。"

很少有人会跟与自己境况相差很远的人比较，他们经常比较的就是朋友熟人，以前跟自己差不多，忽然发达了，所以"他就是运气好"这句话脱口而出。持这种思维的人，很难成功，不是好运总躲着他们，而是他们缺乏理性判断事物、分析自身不足以及他人成功经验的能力。

我甚至见过这样的人：每天都在盼好运，运气来了根本兜不住。他做了个网站，赶上了互联网红利期，却没有做大，看那些同期出生的网站，拿了风投，很眼红。等做得好的网站都被投得差不多了，就有风投找到了他。那段时间，他意气风发，出入都是有钱人的派头，可惜好景不长，不到一年，钱烧光了，网站还是没做起来。再见面的时候，他说："我这个人运气就是差，风投拿得太晚了。"你瞧，相信运气的人，就是这么自信。他们从不觉得自己的能力需要提高，态度需要端正，而是这个世界，永远欠他们一个好运。

究竟什么是运气？它是量变到质变的一个节点。这个节点到来的时间、方式，有很多偶然性，然而，如果你没有能力选择正确的起点、坚持不懈地进行量变的推进，好运永远不会到来。所以，当你决定仰望星空，谈谈运气的时候，先低头看看自己走过的路。你的脚印是不是够深够直够平整，能让运气之神在九霄云外依然看到你。

你是锦，何必他人来添花

✽刘　斌

1

我刚来新学校时，一切都不太顺利：每晚八点准时锁门的食堂和关闭整改的小吃街，忙碌的我们常常来不及吃饭；冬天，冒着冰雨穿过大半个学校走到澡堂，回宿舍的路上，刚洗好的头发就结了一层薄薄的冰霜；宿舍楼紧紧挨着立交桥，嘈杂声不绝于耳。开学第一天，上铺俏皮地说："从风水上来讲，大桥压顶，把我们的运势都给压住了。"我们竟都鬼使神差地点了点头。男女混用的洗衣机、价格昂贵的小卖部……习惯了故乡的青山秀水，合肥的钢筋水泥让我水土不服得厉害。在故乡，车马都很慢，可以容纳人所有的情怀，但是在快节奏的合肥，巨大的生存压力下，我首先要学会如何去生活。

学校有两个校区，一个在城南，一个在城北，"傲娇"的校车总也赶不上，大部分人只好骑一个多小时的共享单车往返于两地。每每和同伴出行，"我不会骑车"就像一根针，狠狠地扎着我的羞耻心。

大约是小学二年级，身边的小伙伴们开始纷纷改骑自行车上学，街头巷尾都回荡着充满青春活力的车铃声。在我的央求下，爸爸从北京带回一辆当下非常时髦的"Diamondback（大名）"脚踏车，最后却以"不安全"为由，将它束之高阁，只许我远远地望梅止渴。这种尴尬的状态一直延续到研一，在急迫的交通需求下，我才从自行车、电瓶车再到汽车，花了半个学期的时间，一气呵成地学完了，想想真是一件非常丢脸的事。那些过去偷过的懒，最后都变成了生活的巴掌，猝不及防地扇得人眼冒金星，往往只有在尝够了苦头后，我们才会像一个手艺笨拙的新绣娘，一点一点地缝补旧日的空缺。

2

随着年龄的增长，我越来越胆小，瞻前顾后，尤其是当身边的人已经翻山越岭，领略壮阔山河时，自己却画地为牢，无法摆脱当下的困境。我们寝室有四个姑娘，虽然专业相同，白天却绕着各自的星球奔跑。班长是我们寝室第一个脱单的幸运儿，她微醺的脸颊和甜蜜的双眸比怀中的玫瑰还要柔嫩；上铺把精力都投入专业学习中，在书海里览遍世间繁华；寝室长以读书和旅行为坐标轴，慢慢确定了自己的方向。

如果说大学生是一派祥和的羊群共舞，那么研究生则是独自搏击长空的鹰，每个人都有独一无二的蓝天，短短几个月，电影切换镜头似的生活，让我有些力不从心。和三两知己把酒言欢、促膝长谈的场景，已经褪色成我记忆中遥远的童话。我是《边城》里的翠翠，日日夜夜，固执地守在人烟阜盛的渡口，等待着那个不知道何时出现的人。

无数个月夜，我独自从图书馆回来，经过空旷的操场时，皎洁透亮的月光像潮汐后的鱼，在干涸的地面一闪一闪地扑腾着。我用力握紧拳头，抓不住一丝光亮，缓缓松开双手，月华却静静地在掌心流淌。我终于明白，我无法拥有月亮，可是它却点亮了我的生命。

有安全感，不是找到一个志同道合的人，更不是融入某个集体，而是只有自己才可以成全的圆满。你历经千辛万苦，一针一线，把自己织成一块上好的锦缎，便无所谓他人是否来添花了。

3

身边工作的朋友总是对我说："真羡慕你，还在读书，多轻松啊，有大把时间做自己想做的事。"可是，无论在人生的哪个阶段，世界对有梦想的人都是苛刻的。陌生的环境给不了我太多的归属感，我想要的一切都得自己努力争取。

除去学校的课程学习，我还考了雅思、参加竞赛、写稿、教学生功课、在一家杂志社兼职执行主编等，把时间表安排得滴水不漏，无论是精神还是物质，都有一笔较乐观且稳定的收入。我把自己种成一株大榕树，每一根枝儿都能破土生根，变为一株新树，在来往穿梭的光阴里，独自长成一片葳蕤的森林。

我常常赶稿到深夜，累了，就捧一杯热咖啡，趴在阳台的栏杆上，眯眼看着这座偌大的城市。半宿未睡的星子黯淡了，把天空还给了月亮。车水马龙依旧川流不息，给梧桐树披上一身灰尘，当树儿们的肩头冒出点点的嫩芽，春天就呼之欲出了。那些白日里沸腾的情绪，只有在深夜，才会渐渐冷却、沉寂，慢慢地，游丝一般，沿着月光淌下来，如一朵恬静的昙花。这时，连偶尔几阵车笛声也开始变得可爱起来了。

宿舍对面是一栋巨大的办公楼，成片的灯光和星星一般，沉默又明亮。如果你仔细看，依稀能辨得玻璃窗后那些晃动的影子。只有过了十二点，你才会知道这世界上有的灯火是不会熄灭的。每一个有梦想的城市，都灯火通明。

我迷上了听电台，耳机里有慵懒的声线在呢喃："我喜欢这座城市的原因无非是它具有挑战性，跌倒了得自己重新爬起来，即使遇到了太多的艰险，你也得独自承担，好像这座城市天生就适合成长，适合一个人长大。"我渐渐习惯了窗外的喧嚣，接受了这座没有温度的城市，也喜欢上这有烟火气、有声有色的日子，因为在这里，我可以真切地感受到自己血液沸腾，脉搏跳动。

夜空像一湾睡着的深蓝海水，沉浮着不同的人生景致。残月如钩，所有为梦想不眠不休的人都是浮华俗世里沉在水底的鱼。

4

刚读小学那年，我家才搬到城里不久。爸妈每天忙得像个陀螺，他们踏着晨曦出门，披着月色归来，隔三岔五就要去外地出差，七岁的我必须自己起床、上学、放学、睡觉，甚至解决一日三餐。我虽然是独生女，但是从小的家庭教育和多年来的处事经验告诉我，要活成一株木棉，以树的形象立于世间，学会独立，不轻易依附。

一个人坐在满是情侣的电影院、一个人在海底捞吃火锅、一个人大包小包地逛街、一个人半夜胃痛去医院……朋友圈里转发的"最孤独的十件事"，体验后才会发现，不过是尺水丈波，除了能拼命刷存在感外，毫无意义。成长有时候真的是一件小题大做的事情。

两个天体相互以引力牵制彼此达到一种平衡，如果再靠近，打破这种平衡，其中一个天体就会破裂粉碎，这在天文学上被称作"洛希极限"。人与人之间的相处也是如此，你如果太依赖对方，像寄生植物，一旦离开母体，那种疼痛必定扯着筋骨，连着血肉。而独立最大的意义莫过于，你既可以来得潇洒，又能走得从容。

我也曾有过甜蜜的幻想，会有个盖世英雄踏着七彩祥云而来，给予我光和温暖。可更多时候，我害怕别人剥夺我的孤独，因为孤独是很强大的武器，它让我们的心穿上刚硬的铠甲，让我们在不知不觉中成为一个不动声色的大人。